日本語のディスコースと意味

Frames and Conceptualization in Discourse

概念化とフレームの意味論

渡部学

父と母に

目 次

第1章 談話(ディスコース) ことばでつむぐコミュニケーション ... 1

1. ディスコースと言語表現 ... 2
   1.1 ディスコースとは ... 2
   1.2 ディスコースの媒体(モード) ... 3
   1.3 ディスコースの形態 ... 4
   1.4 ディスコースとコミュニケーション機器 ... 6
   1.5 文体 ... 7
2. ディスコースと言語表現 ... 9
   2.1 言語表現と文脈 ... 9
   2.2 文脈の種類 ... 11
      2.2.1 現場文脈 ... 11
      2.2.2 言語文脈 ... 11
      2.2.3 記憶文脈 ... 12
      2.2.4 文脈, 概念化 ... 13
3. 脳, 認知, そして言語(本書の立場) ... 13
   3.1 心と脳 ... 14
      3.1.1 ミラー・ニューロン(mirror neurons) ... 15
      3.1.2 マテリアル・アンカー(material anchor) ... 17
      3.1.3 意識 ... 18
   3.2 概念化(conceptualization) ... 20
      3.2.1 捉え方(construal) ... 20
      3.2.2 身体化(embodiment) ... 23
      3.2.3 超身体化(disembodiment) ... 25
   3.3 概念者(conceptualizer) ... 26
      3.3.1 概念者と言語表現 ... 26
      3.3.2 概念者と時間 ... 28
      3.3.3 概念者と意識 ... 29
   3.4 概念化とフレーム:本書の「表記法」 ... 29
      3.4.1 概念化(conceptualization) ... 30
      3.4.2 フレーム(frame) ... 34
   3.5 概念化と本書の「表記法」のまとめ ... 37

第2章 指示 「世界」のパーツの捉え方・言語と「世界」のインターフェイス....41

1. ことばの「指さし」..42
   1.1 指示とは..42
   1.2 指示のバーチャル性..43
   1.3 指示の心的操作性..46
       1.3.1 空間から切り出される指示対象..48
       1.3.2 時から切り出される指示対象..55
2. 指示性..58
   2.1 言語表現と指示性..59
   2.2 一般化された指示対象（般称），個別化・特定化された指示対象.....61
       2.2.1 一般化された指示対象..62
       2.2.2 個別化・特定化された指示対象..63
   2.3 同定性..65
       2.3.1 現場文脈を参照した同定..68
       2.3.2 言語文脈を参照した同定..70
       2.3.3 記憶文脈を参照した同定..72
3. 指示とフレーム..74
   3.1 フレームの構造と本書での表記..74
   3.2 日本語の裸の普通名詞による指示とさまざまなフレーム..........77
       3.2.1 人や物の物理的な構造に関するフレーム..........................77
       3.2.2 出来事の構造に関するフレーム..79
       3.2.3 産出に関するフレーム..80
       3.2.4 関係と名称に関するフレーム..81
       3.2.5 同定性とフレームの強さ..84
   3.3 メトニミー（metonymy）による指示とさまざまなフレーム.......86
       3.3.1 人や物の物理的な構造に関するフレーム..........................87
       3.3.2 出来事の構造に関するフレーム..90
       3.3.3 産出に関するフレーム..91
       3.3.4 名称に関するフレーム..92
   3.4 取り立て助詞の働きとさまざまなフレーム..................................93
       3.4.1 1つの要素しか持たないフレーム.......................................94
       3.4.2 複数の要素を持つフレーム..95
       3.4.3 対比されるフレーム..98

4. 指示と記憶 99
4.1 ディスコースと作業記憶 100
4.1.1 作業記憶と言語表現 100
4.1.2 作業記憶と指示表現を伴う言語表現 102
4.1.3 作業記憶とコ系の言語表現の特徴（検索範囲） 103
4.1.4 作業記憶とコ系の言語表現の特徴（ディスコースとの関係）.... 106
4.2 意味記憶（フレーム） 108
4.2.1 既出の指示対象とフレーム 108
4.2.2 ソ系の言語表現とフレーム内の既出の指示対象 111
4.2.3 ソ系の言語表現と既出のフレーム内の新出の指示対象 113
4.2.4 ソ系の言語表現と値の不明な指示対象 116
4.3 エピソード記憶 117
4.3.1 エピソード記憶とア系の言語表現 118
4.3.2 エピソード記憶と日本語の固有名詞・代名詞 120
4.3.3 エピソード記憶とその所有者 122
5. 指示と概念化 123
5.1 既出の指示対象とさまざまな言語表現 123
5.2 既出の指示対象と指示表現 126
5.3 指示表現を含む慣用的な言語表現 127

第3章　事態とその概念化素材　「世界」の捉え方・「世界」の切り出し方
.... 129

1. 事態を描き出すための言語装置 130
1.1 事態とは 130
1.2 格 132
1.3 ヴォイス 133
2. 事態と他動性 134
2.1 生物学的な自動行為・他動行為 134
2.2 言語的な自動性・他動性 137
2.3 生物学的な自動行為・他動行為と言語的な自動性・他動性との異同 138
2.3.1 生物学的な自動行為と言語表現 138
2.3.2 生物学的な他動行為と言語表現 142

- 2.3.3 事態と分析的な「を」格 146
- 3. 事態とフレーム **147**
  - 3.1 構成性(compositionality)と述語の意味 147
    - 3.1.1 構成性(compositionality) 148
    - 3.1.2 述語の1次的な意味，より高次の意味 149
  - 3.2 述語と意味 ケース・スタディ 151
    - 3.2.1 「まわる／まわす」 151
    - 3.2.2 「うつ」 153
    - 3.2.3 概念化，捉え方，言語表現 155
  - 3.3 概念化のタイプとフレーム 156
    - 3.3.1 仮想空間へのマッピングを伴う概念化 156
    - 3.3.2 フレームの読み込みを伴う概念化 161
    - 3.3.3 ハイブリッド型の概念化 163
    - 3.3.4 概念化とフレーム 166
  - 3.4 組み立てのタイプとフレーム 167
    - 3.4.1 写実的な言語表現 167
    - 3.4.2 産出系の言語表現 171
  - 3.5 捉え方の転回と言語表現 174
    - 3.5.1 述語の捉え方の転回 175
    - 3.5.2 「まわる／まわす」の転回と意味ネットワーク 177
    - 3.5.3 「うつ」の転回と意味ネットワーク 183
  - 3.6 フレームを表すその他の言語表現 188
    - 3.6.1 内の関係の連体修飾節 188
    - 3.6.2 外の関係の連体修飾節 190
    - 3.6.3 フレーム名詞 191
    - 3.6.4 取り立て助詞 193
  - 3.7 構成性(compositionality)，フレーム，慣用表現 195
    - 3.7.1 述語の1次的な意味と構成性 195
    - 3.7.2 述語の高次の意味と構成性 196
    - 3.7.3 慣用表現と構成性 197
- 4. 事態と概念者 **198**
  - 4.1 事態の中の概念者 199
  - 4.2 文型と概念者 203
    - 4.2.1 ヴォイスとやりもらい 204

        4.2.2　背景化 209
        4.2.3　前景化 211
        4.2.4　文型から見た概念者 212
    4.3　概念者の中の「世界」...212
        4.3.1　概念者の感覚を表す言語表現 212
        4.3.2　現象文 214
        4.3.3　概念者の判断を表す言語表現（認識のモダリティー）.....214
        4.3.4　概念者の知覚・思考を表す言語表現 216
        4.3.5　自発 219
        4.3.6　概念者の一瞬を切り取った事態 220
    4.4　概念化を描く言語表現 221

第4章　接続　事態の関係の捉え方・「世界」の並べ方 225

1. 接続 226
    1.1　接続とは 226
    1.2　形から見た文の接続 229
        1.2.1　縦型の接続 229
        1.2.2　横型の接続（複文）..231
        1.2.3　横型の接続（単文）..232
        1.2.4　日本語の文の接続 233
    1.3　ディスコースの進め方と接続の概念化 234
        1.3.1　概念者のディスコース・プランを基盤とする接続 235
        1.3.2　事象の内在的な性質を基盤とする接続 240
2. 事象の生起順を基盤とする接続 245
    2.1　事象の生起順を基盤とする接続（継起）..................................245
    2.2　継起式の接続と概念者の認識・知覚の働き 249
3. 事象の因果関係を基盤とする接続 252
    3.1　条件文 253
    3.2　理由文 254
    3.3　譲歩文 256
    3.4　疑似条件文 257
4. 架空の世界を基盤とする接続 261

- 4.1 反事実条件文 262
- 4.2 推論否定の逆接 265
- 4.3 反事実条件文と推論否定の逆接との接点 270
5. 誘導推論とフレーム 273
- 5.1 誘導推論(条件文の場合) 274
- 5.2 誘導推論(反事実条件文の場合) 276
6. 言語化されない接続 278
- 6.1 後件が言語化されない場合($LE_{(P)}C$) 278
- 6.2 前件が言語化されない場合($C\ LE_{(Q)}$) 282
- 6.3 前件も後件も言語化されない場合(C) 286
7. 共話 287
- 7.1 共話とは 287
- 7.2 ディスコース・プランを基盤とする共話 288
- 7.3 事象の内在的な性質を基盤とする共話 290
- 7.4 共話と概念者 292

補説　脳の仕組みと働き 295

1. 脳の部位 296
   - 1.1 後頭葉(the occipital lobes) 297
   - 1.2 頭頂葉(the parietal lobes) 297
   - 1.3 側頭葉(the temporal lobes)と大脳辺縁系(the limbic system) 298
   - 1.4 前頭葉(the frontal lobes) 300
2. 脳と脳神経系 301
   - 2.1 ニューロン(neuron) 302
   - 2.2 シナプス(synapse) 303
   - 2.3 ニューロンの活動 304

参考文献 307
索引 315
あとがきに替えて 317

第 1 章

談　話（ディスコース）

ことばでつむぐコミュニケーション

> 　隣り合わせの房の囚人が2人，壁をたたいてコミュニケーションを図る。壁は2人を隔てるが，同時にコミュニケーションの道具ともなる。
> 　神と我々の関係も同様である。我々を隔てるもの。それが我々をつなぐ。
>
> 　Two prisoners whose cells adjoin communicate with each other by knocking on the wall. The wall is the thing which separates them but is also their means of communication. It is the same with us and God. Every separation is a link.
>
> 　　　　　Simone Weil（1909 – 1943）フランスの哲学者
>
> 　良き仲間と良き対話は，まさに徳の源泉である。
> 　Good company and good discourse are the very sinews of virtue.
>
> 　　　　　Izaak Walton（1593 – 1683）イギリスの作家

1. ディスコースと言語表現

　我々は，日々，他者とコミュニケーションをとりながら生活している。このとき，我々がコミュニケーションのために使う道具の1つが言語であり，この言語を使ったコミュニケーションのことを本書ではディスコースと呼ぶ（日記研編 2009b: 3）。言語を操作する能力は，人類が進化の過程で獲得した能力の1つで，我々ホモ・サピエンスと呼ばれる人類にとって特徴的なことは，言語を使ったコミュニケーション活動が，その生活の多くの部分を占めていることである[1]。そこで以下では，本書の中心的概念の1つであるディスコースについて，その概略を見ることにする。

1.1　ディスコースとは

　ディスコースとは，言語を使ったコミュニケーションのことであり，本書ではこのコミュニケーションの道具[2]として使われる言語のさまざまな形態的レベル，たとえば形態素，語，あるいは節や文などを総称して，言語表現（LE, Linguistic Expression(s)）と呼ぶ。また本書では，そのような言語活動を通して産出された言語的，意味的なまとまりのこともディスコースと呼ぶ場合がある（日記研編 2009b: 3）。つまりディスコースとは，人がいろいろなレベルの言語表現を用いて，コミュニケーション活動を行うことであり，そのようなコミュニケーション活動を通して産出された言語表現が1つのまとまりを作るとき，そのまとまりのこともディスコースと呼ぶ。

　一般に，ディスコースは複数の文からなることが多いが，単語や単文などの短い言語表現だけからなるディスコースも存在する。このような場合，ディスコースは一見，言語的には形態素，単語，単文などの短い（単数の）言語表現からなっているように見えるが，機能的には文よりも大きな単位であるディスコースである（Langacker 2008: 457; 日記研編 2009b: 3; 田窪他 2004: 94）。

---

[1] ただし，本書ではホモ・サピエンス以外の人類（Hominin）が言語を使っていなかったと主張するものではない。
[2] もちろん，言語表現とは言語を形づくる部品・道具ではあるが，ディスコースや意味の問題を探るための「窓」としての性格もある（Lakoff 2009: 231）。本書では，言語表現は研究対象であり，またそれを通してディスコースや意味の特徴を研究するための道具である。

1.2 ディスコースの媒体(モード)

　言語表現を伝える媒体によって，ディスコースは以下の4つの種類に大きく分けられる。

＜音声言語＞

　ディスコースを構成する最も一般的な言語表現の媒体の1つは，音声である。人は，呼気を声帯，口腔，鼻腔などの諸器官を経てさまざまに加工し，音声的な言語表現を作り出す。一般に，音声を使った言語表現にはさまざまなレベルがあり，音素(phoneme)，形態素(morpheme)，語(word)，文(sentence)などの，記号上の異なったレベルがある。

＜手話言語＞

　言語使用者の聴覚に障害があるような場合，手話による言語表現が使われる場合がある。手話は，手や指の動きなどで表される言語表現であり，脳内では音声言語と同じように処理されている(斉藤 2007: 3, 13; 武居 2009: 35)。手話には，手によって表す「手指記号」，それ以外の体の部位の動きで表す「非手指記号」があり(斉藤 2007: 16)，音声言語の音素や語などと同様に，対応するさまざまなレベルの言語表現がある(原 2009: 16-23)。また手話では，顔の表情や口の形(松岡他 2011: 154, 158)なども言語表現であり，たとえば日本手話では，眉を上げてうなずくと，それがイエス・ノー疑問文であることを示す(斉藤 2007: 17)。これは音声を媒体にした日本語でいえば，終助詞の「か」に対応する働きを持っており，手話言語には複数の言語表現をほぼ同時に表すことができるといった特徴がある。

＜文字言語＞

　ひらがなやカタカナなどの仮名やアルファベットのような表音文字と，漢字のような表意文字では，その音声と文字との関係に多少の違いはあるが，文字は，基本的に音声言語を視覚的に表そうとした努力の中で生まれてきた。ただし，文字の登場は人類が言語を獲得してからの年月と比べるとごく最近のことであり，現在でも文字を持たない言語が少なくないことから，文字によるディスコースは，音声によるディスコースと比べると，発生的には副次的な性格を持っていると考えられる。音声を持って文字を持たない言語はあっ

ても，文字を持って音声(あるいは手話)を持たない言語は，通常ありえないからである。一方，文字によるディスコースにも，その誕生以来，音声や手話によるディスコースとは異なった性質や特徴が生まれ，言語表現を伝える媒体としての独自の進化をとげつつあるという側面もある。

＜点字言語＞

言語の使用者の視覚に障害があるような場合，言語表現を表すのに点字が使われることがある。たとえば，日本点字は表音文字であり，紙や金属などの凹凸によって日本音声言語の音声が表されている。

手話も点字も，ディスコースを構築する重要な言語表現ではあるが，本書では特に断らない限り，日本音声言語とそれに基づいて発展した文字言語を主な対象とし，簡略化してそれぞれ「話しことば」「書きことば」と呼ぶ場合がある。言語表現の種類，媒体，そしてそれぞれの媒体に関連する感覚器官を簡単にまとめると，以下のようになる。

表1.1：言語表現の媒体とディスコースの種類

ディスコースの種類	言語表現の媒体	媒体を知覚する感覚
音声言語(話しことば)	音声	聴覚(耳)
手話言語	手・指・表情など	視覚(目)
文字言語(書きことば)	文字・記号など	視覚(目)
点字言語	点字	触覚(指)

1.3 ディスコースの形態

人の生活の中でディスコースが起きるとき，そこには話し手，書き手，手話者など，ディスコースのその段階で言語表現を使って他者に情報を発信している側と，聞き手，読み手など，他者の発した言語表現を解析して情報を受け取っている側の2つに大きく分けられる。本書では，ディスコースの特定の段階で情報を発信している側の人物を概念者[3]，情報を受け取っている側の人物を受け手と便宜的に一般化して呼ぶことにする。ディスコースは，こ

---

[3] ただし，それぞれの受け手も，本書で概念化と呼ぶ過程を行っているという意味で概念者でもある。概念者については，3.でもその性格について詳しく述べる。

の概念者と受け手の関係によって，独話，モノログ，ダイアログ(対話)の3つの形態に分けられる。

<独話>

　独話とは，「痛っ」や「あっ，忘れた」などのように言語表現が概念者の口をついて出てくるような場合である。ただしこの場合，必ずしも概念者がディスコースの場に1人でいる必要はなく，周囲に人がいても(ディスコースの脇の参加者)，「よいしょ」とか「それ，がんばれ」などのように，概念者が自分を受け手として言語表現を発している場合もあるし，自分を受け手として意識していない場合もある。

<モノログ>

　モノログとは，ディスコースの場に概念者と受け手の両方が存在していながら，概念者が概念者と受け手の交替を想定していないタイプのディスコースである。たとえば話しことばでは，概念者が一方的に受け手に話しかけるタイプの講義や講演，あるいは書きことばでは，新聞記事やお知らせなどがモノログの例である。

<ダイアログ>

　ダイアログとは，ディスコースの場に概念者と受け手の両方が存在し，かつ，ディスコースの中で概念者と受け手の交替が想定された[4]タイプのディスコースである。我々が日常生活で頻繁に行っている雑談や手紙，電子メールなどが，この例にあたる。

　ディスコースの形態と概念者と受け手の関係，そしてその典型的な例を簡単にまとめると，以下のようになる。

4　通常のダイアログでは，言語表現の文法的単位の1つである文を介して交替が起こると考えられる場合が多い。しかし，実際の話しことばの多くでは，文法的には不十分な文内部で概念者と受け手の交替が起こることも多く，このような現象(共話)の一部については，第4章でもう一度見る。

表1.2：ディスコースとその形態

ディスコース形態	受け手	概念者と受け手の交替	ディスコースの例
独話	概念者あるいはゼロ		つぶやき，ひとりごと，感情表出，メモ，日記，など
モノログ	概念者以外の受け手	交替を想定しない	講演，講義，落語，報道，お知らせ，文芸作品，など
ダイアログ		交替を想定	会話(雑談)，対話[5]，電話，会議，書簡，電子メール，チャット，など

1.4 ディスコースとコミュニケーション機器

　音声や手話を使った言語表現は，現在でも我々の生活にとって最も基本的なディスコースを伝える媒体(モード)である。しかしこれらの言語表現には，概念者と受け手が同じ時間に同じ場所にいなければならないという制約がある。この欠点を補うために生みだされた言語表現が文字や点字などで，それらは言語を視覚や触覚を通して表現する仕組みである。たとえば文字によるディスコースでは，その内容を記録として長い間保存しておけるようになったし，参加者が同時刻に同じ場所にいなければならないという制約も取り払われた。あるいは葉書や書簡などの文字によるダイアログでは，通常，概念者(書き手)はその場にいない受け手(読み手)に向かってディスコースが進められているし，小説や詩歌のような文芸作品あるいは宗教上の聖典などの書物は，その場にいない受け手というより，時空を超えた不特定多数の受け手に向かっての1つのモノログである。

　また，近年の電子通信機器の発達が，ディスコースにも新しい形を生み出し始めている。たとえば電話，あるいは skype や ichat などのコンピュータソフトを使えば，音声あるいは音声と画像を遠く離れた人々に届けることができるようになり，(物理的に)遠く離れた人々の間で同時にダイアログを成立させることが可能である。更に，音声や画像を記録する留守番電話やビデオ通信などの機能を使えば，遠く離れた人々が，空間的な位置だけでなく時間も隔てて，ダイアログに参加することも可能である。

　文字を使ったディスコースにも，技術革新の恩恵がある。たとえば電子

---

[5] 言語的文献の定義ではないものの，平田 2010 では，対話を「(略)価値観の異なるときに起こるすり合わせ(平田 2010: 2)」，会話を「(略)価値観や生活習慣なども近い，親しい人同士のお喋り(平田 2010: 2)」と呼び分けており，その本質を知るのに興味深い。

メールは，言語表現の送信に時間的，量的制約があったディスコースを瞬間的かつ大量に送ることを可能にし，文字を媒体にしたディスコースの即時性を高めた。更にコンピュータのチャットなどの機能を使えば，文字を使ったディスコースでも，ほぼ同時期に送信，受信ができ，（擬似的ではあるが）即時性の伴ったダイアログを行うことが可能である。

1.5　文体

　ディスコースとは，言語表現を伴ったコミュニケーション活動であり，その意味で言語表現は，次節で見るようにディスコースの構成要素の1つに過ぎない。しかし，人にとって言語が特別な存在であるのと同様，言語表現そのものの特徴がディスコースの特徴となっている場合もある。このようなディスコースを特徴づける言語表現の言語的な特徴を，本書では文体と呼ぶ。文体差を生み出す要因としては，（概念者の）属性，媒体，ジャンルなどの要因が重要な働きを担っている（日記研編 2009b: 193）。

　たとえば属性とは，概念者の年齢，ジェンダー，職業，方言などのことであり，使われる言語表現が概念者のジェンダーや方言により異なる場合がある。日本語の話しことばの場合，属性の典型的な例の1つが，その人称表現の豊富さに表れており，日本語では1人称と2人称を表す言語表現が他の言語と比較してもかなり多い。1人称と2人称及び3人称を表す日本語の言語表現の一部を，形態の特徴と単・複を基準にして分類すると，以下のようになる。

表1.3：日本語話しことばの1人称表現

	単数	複数
わたし系	…わたくし，あたくし，わたし，あたし，わたい，あたい，わちき，あちき，わっし，あっし，わっち，あっち，われ，わし，わい，あし，わ…	…わたくしたち，あたくしたち，わたしたち，あたしたち，わたいたち，あたいたち，わっしら，あっしら，われわれ，わしら，わいら…
おれ系	…おれ，おら，おい，おいら…	…おれたち，おらたち，おいたち，おいらたち…
ぼく[6]系	ぼく	ぼくら，ぼくたち
その他	…個人名，てめえ，自分，朕（ちん），麿（まろ），余（よ）…	…てめえたち，自分たち，自分ら…

6　小松1998では，「ぼく」は当初，江戸の儒者のような人によって使用され，それがやが

表1.4：日本語話しことばの2人称表現

	単数	複数
あなた系	…あなた，あんた，ああた，あだ…	…あなたたち，あんたたち，あんたら，ああたたち，あだがた…
おまえ系	…おまえ，おめえ，てめえ…	…おまえたち，あめえたち，おめえら，てめえたち，てめえら…
その他	…個人名，自分…	…個人名さんたち，自分たち，自分ら…

表1.5：日本語話しことばの3人称表現

	単数	複数
かれ系	彼，彼女	彼ら，彼たち，彼女ら，彼女たち
その他	…個人名，この人，その人，あの人…	…個人名さんたち，この人たち…

　これらの表を一見して明らかなことは，日本語の1人称，2人称を表す言語表現はその数が実に多いのに対して，3人称を表す言語表現の数は（個人名）固有名詞を除くとかなり限られていることである。このことが日本語の話しことばの中の属性のきわだった特徴の1つとなっている。

　そしてこれらの言語表現には，同じ概念者であっても，時と場合によって，使い分けているという側面もある。たとえば，妻には自分のことを「ぼく」と呼んでいる男性概念者が，公的な場では「わたし」，親しい友人の間では「おれ」と言語表現を使い分けている場合もあるし，自分の実家では「わ」を使っている概念者が，妻の実家では「ぼく」を使っているような場合もある。受け手を表す言語表現の選択に関しても，職場では同僚に「きみ」や「鈴木さん」などを使っている概念者が，酒席などでは同じ相手に「おまえ」を使うといったこともある。

　このようなことから，日本語の話しことばでは，人称を表す言語表現が概

て江戸の武士から地方の武士へと広まり，明治以降標準語として普及したとの分析を示している（小松 1998: 668, 675, 679, 680, 683-684）。この分析に従えば，「ぼく」は「わたし」系や「おれ」系の1人称表現と異なり，歴史的・地理的にバリエーションを生む余地がなかったことになる。

念者や受け手のそのとき置かれた社会的な関係の中で選択され，使い分けられているという側面があることが分かる。このことは反対に，概念者がどの言語表現を使っているかで，概念者や受け手の社会的関係が反映され，これらの使い分けには，概念者が他者との関係の中で使い分ける，インター・パーソナル(本多 2005: 172-174)な側面もあることになる[7]。

その他，属性に関わる言語表現の種類には，ジェンダー(男性語・女性語)，年齢(幼児語・若者語・老人語)，位相などがある(日記研編 2009b: 203-208)が，本書では詳しく述べない。

2. ディスコースと言語表現

1.で見たように，言語表現はディスコースを構成する重要な要素ではあるが，ディスコースが言語表現だけで構築されているわけではない。概念者の方から見れば，言語表現は，自分の脳裏にあるディスコースのほんの一部しか表現していないし，受け手の方から見れば，概念者の伝えようとしていることを言語表現からだけで理解することはほぼ不可能である。このとき言語表現とともにディスコースを構成する重要な要素を，本書ではおおまかに文脈と呼ぶ。言語表現は適切な文脈に参照されることにより，初めてディスコースの中で機能し始める。

2.1 言語表現と文脈

言語表現は適切な文脈を参照しなければ，その意味が分からないことが多い。たとえば，以下のような極めて短い話しことばによるディスコースでも，概念者が託した意図を推し量るには，さまざまな文脈情報が必要である。

(1) ［宝くじの当り番号を新聞で見て，妻が夫に］残念だったわね。また今度がんばってね。

---

[7] 更に，これらの人称を表す言語表現が引用文の中でも使い分けられている場合もあり(本多 2005: 173-174)，これらの使い分けには，単なるインター・パーソナルな使い分けを越えた「役割語(金水 2003)」的な性格が読み取れる場合もある。その場合，概念者は特定の言語表現を使うことにより，そのディスコースの中で自分(あるいは受け手)に特定の「役柄」を演じさせている。

(1)の発話の概念者である妻の意図を理解するのに，受け手である夫は，話しているときの妻の様子，表情，声の調子など，発話の現場から得られるさまざまな情報を注意深く観察している必要がある。また，夫の知る限りの妻の性格，直前まで2人で話していた話の内容なども妻の発話の真意を理解するのに重要な情報である。受け手である夫は，このような実にさまざまな情報を勘案し，妻がこの発話で自分を「からかっている」のか，「呆れている」のか，「同情している」のか，あるいは「励ましている」のかなどを判断しなくてはならない。

　したがって，電子メールなどの書きことばによるディスコースでは，その文脈の一部が制限されることにより，発話の適切な理解が困難になる場合がある。

　(2)　　［学内メールで］旅費の精算は本日午後3時までお願いします。尚，時間まで出されない場合には，経費として精算できない場合があることを申し添えておきます。

(2)のような文字によるディスコースでは，基本的に概念者は受け手に伝えたい必要最低限の情報を送ることはできる。しかし受け手は，概念者のそのときの様子や口調，表情などから参照すべき情報を得られないために，概念者の真意を図りかねる場合も少なくない。(2)でも，概念者の2つ目の文は概念者の親切からのことばなのか，受け手に対する厭味を込めたものであるかは，概念者の性格，概念者と受け手との今までの人間関係などのさまざまな知識を総動員してみなければ判断のしようがない。概念者が親切のつもりで書き添えたものが，受け取りようによっては受け手の心情を損なう場合[1]もあり，このような例からも，ディスコースが言語表現だけからなるものでないことは明らかである。

　一般に文脈は個人ごとに異なり，概念者，受け手がそれぞれ異なる情報を文脈として想定している場合も多いが，文脈がある程度，社会的，文化的に共有されているような場合もある。たとえば，以下の極めて短いディスコー

---

[1] 一般に，電子メールでの通信では誤解や感情的な行き違いが起こりやすく，これは，一見通常の会話を行っているように見えても，実は文脈がかなり制限されていることに気がつきにくいからであろう。更に電子メール，チャットなどの文体的特徴が，話しことばと書きことばの中間的（日記研編 2009b: 195, 199, 202-203）であることも，概念者や受け手の誤解を助長している可能性がある。(2)は筆者がかつて勤務していた大学でのメールを書き換えたものであり，このときには関係者の間でかなり激しい感情的な行き違いが発生した。

スでは，概念者の社会的な知識が重要な働きを担っている．
(3)　　［葉書で］暑中お見舞い申し上げます．　　　（日記研編 2009b: 7）
(4)　　［図書館に置かれた辞書の背表紙に］禁帯出　（日記研編 2009b: 7）
これらの例では，日本では夏に葉書を交換して互いの健康をねぎらいあう習慣があるとか，図書館には借りられない図書もある，などといった社会通念が重要である．概念者は受け手のそのような社会的な知識を前提とした上で，ディスコースを進めている．反対に受け手にそのような知識を想定できないときは，適切なディスコースとして成立しないことになる．

2.2　文脈の種類

　一般に文脈とは，発話された言語表現の理解に必要なさまざまな情報の総和のことであるが，本書では参照される情報の性質から，現場文脈，言語文脈，記憶文脈の3つに大別する（日記研編 2009b: 6-7）．以下，これらの3つのタイプの文脈について，ごく簡単な例からその内容を考える．

2.2.1　現場文脈

　現場文脈とは，参照すべき情報が発話の現場から得られる場合である．一般に，現場文脈は，視覚，聴覚，嗅覚などさまざまな感覚を通して得られる情報の総体であり，たとえば以下で，概念者は自分の手のひらに乗っている特定のキャンディーを「これ」という言語表現で示している．
(5)　　［キャンディーを手のひらに乗せて］これ，あげる．（日記研編 2009b: 6）
(5)で概念者は，受け手が自分と同じように現場の状況を把握していると想定した上でディスコースを進めている．反対にこのメカニズムを受け手の方から見れば，受け手は概念者と共有している現場の状況を参照しつつ，概念者が「これ」という言語表現で概念者の手のひらに乗っている特定のキャンディーを指していると理解することになる．このような発話が行われた現場から得られるさまざまな情報を現場文脈と呼ぶ．

2.2.2　言語文脈

　言語文脈とは，参照すべき情報がそのディスコースで言語的に表現された内容の中から得られる場合である．以下は，言語文脈が参照されて，言語表現の意味が分かる例である．

(6)　　田中くん，さっき，経理の佐々木さんから領収書の件で電話があったよ。彼，とても急いでいるみたいだから，早目に連絡しておいて。
(7)　　A「今日，Cさんミーティングに来られないそうだよ」
　　　　B「それは困った」

(6)で，言語表現「彼」は，先行するディスコースの中で言語的に表現された「経理の佐々木さん」のことであり，(7)で「それ」の内容は，「今日のミーティングにはCさんが来られない」というAの発話の中で表された内容である。

　これらのメカニズムを概念者の方から見てみると，概念者は，ディスコースの内容を受け手が一時的に記憶しており，その上で自分の使った「彼」，あるいは「それ」という言語表現が「経理の佐々木さん」や「今日のミーティングにはCさんが来られない」という内容を意味していると，受け手が容易に理解してくれるだろうと想定していることになる。反対にこの過程を受け手の方から見ると，受け手は概念者が言った内容を一時的に記憶しておいて，その内容と照らし合わせてみて「彼」が「経理の佐々木さん」，「それ」が「今日のミーティングにCさんが来られないこと」であると判断しなければならないことになる。

2.2.3　記憶[2]文脈

　記憶文脈とは，参照すべき情報が概念者や受け手の記憶の中に蓄えられた長期的な知識の中から得られる場合である。たとえば以下では，概念者も受け手も「経理の佐々木さん」と呼ばれた人物を知っていることを前提として，この発話が行われている。

(8)　　田中くん，さっき，経理の佐々木さんから領収書の件で電話があったよ。急いでいるみたいだから，早目に連絡しておいて。

(8)で，概念者は受け手も「経理の佐々木さん」と呼ばれた人物を知っており，「経理の佐々木さん」と言えば受け手も容易にこの人物のことを思い浮かべるだろうと想定している。このメカニズムを受け手の方から見れば，受け手は必要に応じて自分の記憶の中から必要な情報を取り出して参照し，概

---

[2] 更に本書では，言語文脈を作業記憶（の一部），記憶文脈を意味記憶とエピソード記憶に分けて考えている。これらの文脈と記憶の内容と本書の枠組みとの関係については，3.で詳しく見る。

念者がこの言語表現で誰のことを念頭においているかを特定する。このような情報が記憶文脈である。

2.2.4 文脈，概念化

2. で見たように，言語表現の意味はさまざまな文脈からの情報を参照することで得られる。このような言語表現の意味を作り上げる過程を本書では概念化と呼び，本書で想定している文脈と意味，そして概念化の関係を簡単にまとめると以下のようになる。概念化については，次節以降で詳しく見る。

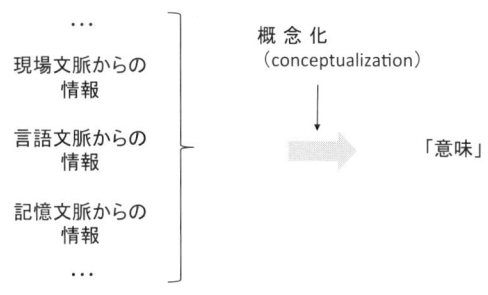

図 1.1：文脈と意味（概念化）

3. 脳，認知，そして言語（本書の立場）

本書では，言語表現の意味や言語表現の産出に関わる過程は，ブローカ野（Broca's area）やウェルニッケ野（Wernicke's area）と呼ばれているような，一般に脳の言語処理に特化したと考えられている部位以外でも，脳の広い範囲で同時並行的に（あるいは連続的に）処理されていると考えている。そこで本節では，本書で提案するいくつかの概念[1]について，その内容をごく簡潔にま

---

[1] 理論的枠組みはかなり異なるが，Barwise and Perry 1983 はここでのコメントに値するだろう。同書は言語表現の「意味」における外界の役割を重視し(16, 27, 94, 226, 257-258, 264, 274, 278)，集合論に基づいた数学的な理論(27, 95, 97, 119-120)を展開している。その一方で，同書はそれ以前の Frege や Russell などから発展した可能世界意味論などの立場とは一線を画し(ix, x, xviii, 4, 293)，「意味」を言語主体と環境との関係性の中に見出す，ecological psychology（生態心理学）的な見方をその重要な理論的背景としている(x, xviii, 11, 94, 119, 214, 232-233, 273-274, 286, 294)。ただし同書が述べているように，当時は本書が前提とし

とめ，第 2 章以降の議論で具体的な例とともに述べていくことにする。

　ここで，本書の用語の使い方について，一般的な立場を明らかにしておきたい。まず英語の用語に対応する日本語での一般的な訳語がある場合には，日本語の用語を使用し，それに対応する英語のスペルを（　）の中で付記する。これは読者の方々が，これらの用語を英語の文献で確認・検索する場合に，その作業を容易にするためである。一方，特定の用語に平易で定着した日本語がない場合，あるいは専門的な内容のため日本語を使うとかえってその内容が誤解されてしまうようなおそれのある場合には，英語の用語をカタカナで表記し，日本語の訳語のときと同様に（　）の中に英語のスペルを付記することにする。本書でカタカナ表記される専門用語には，たとえば，ミラー・ニューロン（mirror neuron），マテリアル・アンカー（material anchor），フレーム（frame）などがある。本書のタイトルの一部ともなっている，ディスコースも同じ理由でカタカナ表記とした。

3.1　心と脳

　本書の最も基本的な考え方は，我々が一般に心と呼んでいる現象は，究極的には，人間の膨大な脳神経系（ニューロン・ネットワーク）の中で起こる（個人個人でかなり固定化された）神経活動パターンの中に内在するということである（Barwise and Perry 1983: 172, 230-231, 242, 245; Feldman 2006: 21, 91, 94; Gibbs 2006: 39; Lakoff and Johnson 1999: 102; Langacker 2008: 31, 524, 535; 明和 2012: 2; Starosta 1988: 4; 山鳥 2002: 161）。一般に我々は，知覚・思考・記憶・言語などの心的活動を操る場を，感覚的に心と呼んでいる。心は我々の内にあり，我々の外界の認識や記憶，そして言語が出会う場という性格を持っている。本書でもこのようなさまざまな心的な働きの起こる（と我々が感じている）場所をごく大雑把に心と呼ぶが，それは脳神経系が活動するときに起きる生理学的な現象であると考える。つまり我々は，自分の脳神経系の活動の中に立ち現れてくる現象を感じ，それを心と呼んでいることになる。

　したがって，このような考え方に立てば，本書の中心的関心である言語とその意味も究極的には脳神経系の活動パターンの中にあることになり，生

ているような脳神経系の働きに関する知識は十分ではなかった（242, 273, 286）。もし当時，今我々が知っている程度の脳生理学的な知識があれば，同書の理論的道具立てが，どのように変容していたか（あるいは変容していなかったか）は，個人的にとても興味がある。

物の進化の過程で徐々に積み重ねられてきた数々の認知能力が(ヒト[2]の場合には)言語を操る能力としても結実したものであると考えられる[3](岩田 2005: 100, 107; Ramachandran 2011: 118, 161, 172-173, 175)。したがって，確かに言語はヒトにとっての有益なコミュニケーションのための道具ではあるが，言語の獲得以前からヒトがコミュニケーションを取っていた，より一般的な，言語の操作に先立つ先駆的な脳神経系的な仕組みがあったはずである。現在，その仕組みの1つと考えられているのが，ミラー・ニューロンである (Corballis 2011: 62; Ramachandran 2011: 144)。

3.1.1　ミラー・ニューロン(mirror neurons)[4]

　ミラー・ニューロンとは，自分で行為をするときと，そのような行為を他人がするのを見たり，見たことを思い出したり，夢で見たり，あるいは言語表現を通して聞いたりするときにも，同じように反応する脳神経細胞群[5]のことを言う。ミラー・ニューロンは，我々が他者の動きや感情を理解するための脳神経系の一般的基盤の1つと考えられている(Carlson 2013: 273-275; Corballis 2011: 60-62; De Waal 2009: 78-79; Gazzaniga 2008: 178; Hall 2010: 126-129; Iacoboni 2008: 33-34, 76, 132, 162, 265; 明和 2012: 155-163; 鈴木 2013: 196-199; Thompson 2007: 394-395)。

　ミラー・ニューロンの発見の過程は，すでに多くの文献で紹介されている

2　現在，この地球上に唯一生存している現生人類であるホモ・サピエンス(Homo sapiens)は，今から20万年ほど前にアフリカで誕生し，今から8万年から6万年の間にアフリカから他の地域へと移住し始めたものと考えられている。となると，理論上，この大移動の始まる前にホモ・サピエンスは，すでに現在のような言語を獲得していたことになる。

3　このような進化と言語との考え方を，本書でも認知言語学と呼ぶことにする(本多 2005: 1; Iacoboni 2008: 27, 36-37, 78, 86)。これに対してChomskyやその弟子の1人であるPinkerなどを中心とする生成文法学派では，言語は人類の進化の中で遺伝子の突然変異などで特異的に発達した能力であると考えている(Ramachandran 2011: 165)。

4　実際のミラー・ニューロンは単独の脳神経細胞(neuron)ではなく，それらが結合しシステムとなった脳神経細胞群のことである。この意味で，英語で書かれた文献では，mirror neuron systemsと表記されることが多い。本書ではカタカナで表記するときには，簡便にミラー・ニューロンとする。

5　更に，スーパー・ミラー・ニューロンの存在も指摘されている(Iacoboni 2008: 202-203; Lakoff 2009: 203)。スーパー・ミラー・ニューロンは，自分の行為のときにはより強く活動し，他人の行為を見るときにはあまり活動しない(Iacoboni 2008: 133, 265)。つまりスーパー・ミラー・ニューロンの働きは，脳が他者の行為を自分の行為と勘違いしないように，自分と他者を識別するスイッチのようなものである(Iacoboni 2008: 203)。

ので (Feldman 2006: 68; Gazzaniga 2008: 32, 63; Iacoboni 2008: 10-12; 正高 2006: 104; Ramachandran 2011: 121; Rizzolatti et al. 2008: 79-80; Ward 2008: 123-124)，ここではそのほんのさわりだけを簡単にまとめる。ミラー・ニューロンは，イタリアのパルマ大学の Giacomo Rizzolatti 氏を代表とする研究グループによって1996年に発見された。この発見は，他の多くの優れた科学上の発見のように，いわば偶然の発見 (serendipity) という側面があり，このときグループは，マカクザル (macaque monkey) がものをつかむときの脳の活動の様子を，サルの前頭葉 (the frontal lobes) に実験器具を装着することで観察していた。

サルの脳に思いがけない変化が起こったのは，研究グループの1人が実験道具の1つをうっかりと実験途中につかんだときのことである。この研究者が道具をつかむと，何もしていないサルの運動を司っていると考えられていた脳の部位 (F5)[6] に強い活動が起きた。つまりサルの脳 (F5) は，自分がものを握ったり，抱えたり，操作したりといった目的を持った行為を行うときと同じように，他者のそのような行為を見たときにも活動したことになる。

ヒトの場合にも，このような活動をする脳の部位があることが知られており，たとえば，ビデオで他人が口を動かしているところを見ると，自分では口を動かしていなくても，自分が口を動かすときに活動する脳の部位が活発に活動することが報告されている (Buccino et al. 2001: 401, 404)。

ミラー・ニューロンとは，このように，自分である目的を持った一連の行為をするときと，他人がその行為をするのを見たときに同じように反応する脳神経細胞群のことであり，一般にミラー・ニューロンの働きとは，他者の行っている行為を自分の脳内でシミュレートして理解する働きだと考えられている (Gazzaniga 2008: 159; Iacoboni 2008: 17, 55, 73, 77, 111; Lakoff 2009: 39, 101, 117)。ミラー・ニューロンという名称は，脳が他者の行為をまるで鏡に映すように反応することから名づけられ，ミラー・ニューロンは脳の全体に広く分布しているとの指摘もある (Gazzaniga 2008: 178; Hall 2010: 127; Ramachandran 2011: 145, 182)。

---

6 F5は，ヒトの場合，ブローカ野と呼ばれる言語を司るとされている領域に相当する。このことからミラー・ニューロンの発達が人間の言語の獲得につながったのではないかと考える研究者もいる (Iacoboni 2008: 37, 62; Ramachandran 2011: 172-173, 175, 182)。

3.1.2 マテリアル・アンカー(material anchor)

3.1.1 のサルの例で見たのは、他者の動きや表情を見るといった視覚からの情報であったが、ヒトの場合、それ以外にもある種のモノが人の脳神経系に一定の活動パターン(意味)を引き起こすと考えられる場合がある。そのような物を、一般にマテリアル・アンカーという。マテリアル・アンカーとは、人の脳神経系(心)の中に一定の活動を起こす(アンカーする)物(マテリアル)といった意味である。

たとえば、我々はお墓の前に立つと、手を合わせ故人を偲び、祈りを捧げる。日本の仏壇に置かれる故人の戒名が書かれた位牌もそのような心の動きを喚起する物である。しかし、墓や位牌そのものは石であり、木であり、たとえば庭に置かれた石やドアに使われた木と本質的に違うわけではない。ただ、我々の心が墓石や位牌に特別の意味を見い出し、そのような文化的な学習を経て、一連の心の動きを感じるようになるだけである。

もう少し社会化・慣習化されたマテリアル・アンカーもある。我々は、横断歩道で信号の色の変わるのを待っていて、信号が青になると、無意識かつ自動的に歩きだす。このとき、何も信号機の青の色に人を歩かせる意味(人の歩行を喚起させるような働き)が内在的にあるわけではなく、横断歩道、信号機、3色のライトといった社会的に共有された意味・概念を学習したために起こる動きである。

更にヒトの場合、言語表現を聞いたり、読んだりしても同じような脳神経系の活動が喚起される場合がある (Aziz-Zadeh et al. 2006: 1818, 1821; Carlson 2013: 487; Corballis 2011: 62; Iacoboni 2008: 12; Gazzaniga 2008: 187, 199; 正高 2006: 114-116; Ramachandran 2011: 99, 159, 181; 山鳥 2002: 125)。たとえば我々は、映画の主人公がレモンをかじる場面を見ても、レモンの匂いを嗅いでも、友人が「レモンを思いっきりかじったら、すごく酸っぱかった」と言うのを聞いても、自分ではレモンをかじってはいないのにもかかわらずレモンの味を思い出し、口の中が酸っぱいような気持ちになることがある。これはマテリアル・アンカーが本質的に特定の媒体(mode)によらず、ヒトの場合、言語表現を見たり聞いたりした場合にも、自分の脳神経系の中からそれぞれの「意味」を引き出し、ミラー・ニューロンを活動させることで全体の意味をシミュレートして理解するからと考えられる。つまり言語表現自体が、ある種の高度に洗練されたマテリアル・アンカーとしての性質を持っていると考え

られるのである (Fauconnier and Turner 2002: 210-214; 正高 2006: 108)。

　このことは，言語だけが高度に（特異的に）発達したヒトの認知能力なのではなく，（たとえその記号性が高度であったとしても）言語の獲得と使用は生物が段階的に進化・発達させた脳の認知機能の1つだという本書の考え方に添う。また言語表現の「意味」は身体（脳神経系の活動パターン）の中に存在するという本書の基本的な考え方[7]は，何も言語表現の意味だけに限らず，ヒトの認知活動一般にあてはまるものである。

3.1.3 意識[8]

　このように，我々が知覚・思考・記憶・言語などを司る場所として一般に心と呼んでいる現象は，究極的にはその身体的基盤である脳神経系に内在するものとして本書では考えた。しかも我々は経験的に，その心の活動のすべてを意識・把握しているわけではないことも知っている[9]。したがって本書でも，さまざまな先行研究で想定されているように，心には（少なくても）以下のような質の異なる2つのレベルを想定することにする。その1つは，我々が意識的に体験できる現象論的 (phenomenological) なレベルと呼ばれているもので，感覚器官を通した感覚・感情・動作などのさまざまな体験を（意識的に）しているレベルである (Gibbs 2006: 40; Lakoff and Johnson 1999: 103)。もう1つは，無意識のレベルである。

---

[7] ただし，認識 (cognition) が本当に頭蓋骨の中（脳神経系）だけで起こる現象なのか，それとも脳神経系，肉体，そして環境との相関の中で起こるものなのかについては，極めて重要な理論的な論考がある。たとえば Gibson 1966, 1979 では，主体が外界の様子を視覚を通して知るのには，主体の動きと主体と外界との関係が重要とする点で，認識は肉体と環境の中にあると考えている。Chemero 2009 も Gibson 1966, 1979 の立場を受け継ぎ，主体と環境の相関に認知の本質を見ている (Chemero 2009: xi, 31 (Box 2.1), 38, 129, 212 (Note 8))。あるいは Rowlands 2010 では，amalgamated mind という概念 (Rowlands 2010: 83, 85, 126, 129, 214) を提唱して，後者の立場を主張している。

[8] 脳神経科学的研究では，意識とは脳の異なる部位（たとえば感覚を司る部位，運動を司る部位，感情を司る部位など）に属するニューロン群が同時に活動（共振）するときに我々が経験する現象という考えがある (Gazzaniga 2008: 32, 279, 281-283; Lane 2009: 248-249; Thompson 2007: 230, 240, 257, 330-338, 340, 354, 375)。もちろん，本書ではこのような意識をめぐる脳神経科学的な議論に深入りする余裕はないが，たとえば大きな交通事故などで脳の活動が低下すると意識がなくなることからも，意識とは脳の生理学 (physiology) 的な現象の1つであると考える (Carlson 2013: 3)。

[9] Lakoff 2009 では，心の中で意識できる対象は，そのたった2%，つまり心の98%は無意識であると述べている (Lakoff 2009: 3, 9)。もしこの数字が正しいなら，我々は心（脳神経系の活動）の大半を意識していないことになる。

この2つの意識のレベルを本書の主たる関心である言語現象にあてはめて考えてみると，(言語現象の)現象論的なレベルとは，我々が言語を使って意識的に考えたり，意味を理解しようとしているレベルに相当する。それに対して，(言語現象の)無意識のレベルとは，たとえば，使いなれた言語であれば，いちいちその文法を考えなくても適切な文を作ったり，耳で聞いて相手の言ったことをその場ですぐに理解できてしまう現象に相当する。あるいは言語表現を音声や手話で産出するさいに，それらに関わる舌の動きや声帯や喉の使い方，あるいは指や手や口の動きなどをいちいち考えずに，自動的に行っていることも無意識のレベルの言語現象である。

　このように考えると，実は我々が行っている言語現象の大半は実は無意識のレベルで行われているということになる(Gibbs 2006: 49; Lakoff and Johnson 1999: 103)。つまり，無意識のレベルで行われる言語現象とは，たとえば，(サッカーで)ドリブルをする，ダンスを踊る，柔道で受け身を取るなど，多くの身体的に習得された運動能力と同様に，一定の練習を積み重ねたあとにのみ，一連の動作として滑らかに(そしてその動きの大半は無意識で)行われる種類のものであり，その意味で膝を軽くハンマーでたたくと足が前方に向かって動く「反射(reflexive reaction)」と呼ばれる身体的な反応と，脳神経系の働きとしては原理的には同じことになる。

　このことは，極度に緊張したとき，あるいは感情が高ぶっているときなどには，いかに意識でコントロールしようとしても，なんでもない腕の動きが滑らかにできなかったり，ことばが思うように出て来なかったりすることからも間接的に見てとれる。つまり言語を含むこれらの身体的な活動は，通常無意識のときの方がはるかに滑らかに行われ，意識的にコントロールしようとすると却って滑らかにできない場合もある。

　最後に，意識の特徴の1つとして，通常，意識そのものは特別に意識しなくてもそこにあり，必要がなければ意識そのものを特に意識することはないという点が上げられる。つまり意識は，通常，自分の意識以外を対象とし，(特に意識的に意識しない限り)自分の意識そのものを意識することは稀であるということである。これは意識そのものにも，客観的な対象として捉えられる意識と，主観の中に埋め込まれた意識の2つがあることになる。この意識の捉え方は本書の枠組みの中でも重要なので，次節以降で言語表現の「意味」に関わる概念化とその主体である概念者の特徴から，詳しく見ていくことにする。

3.2 概念化(conceptualization)

　本書の中心的な興味は，言語表現の「意味」にある。そして本書では「意味」とは，究極的には同時あるいは連続して起こる脳神経系の活動パターンの中に立ち上がってくる存在(emergent structure)だと考えた。したがって，本書で言う概念化とは，日本語の「概念」という語が往々にして受け取られがちな静的・抽象的な内容ではなく，生体が外部からの情報をどのように受け取って処理していくかといった，脳神経系の活動を含む動的・身体的な概念である[10]。以下，本書の想定している概念化の諸相について，概観する。

3.2.1　捉え方(construal)[11]

　概念化とは，記憶や知覚あるいはディスコースの中からさまざまな情報を取り込み，そこから言語表現の意味を作り上げていく心的な(ということは脳神経系で起こる)過程である。このとき，この概念化の主体が取り入れるさまざまな種類の情報のことを本書では，概念化に必要な素材という意味で，一般化して概念化素材(conceptual content(s))と呼び，概念化の主体は概念者(conceptualizer)と呼ぶことにする(Langacker 2008: 4, 30-31)。

　ここで概念者とは，具体的には知覚・思考・記憶・言語などのさまざまな認知機能を操り，ディスコースのその時点で言語表現を産出(発話)している話し手・手話者・書き手などであるが，ディスコースによっては複数の概念者が言語表現を共同で産出しているように見える場合[12]もある。またディスコースのその時点では，主に他者の言語表現を解析している主体(聞き手・読手話者・読者など)もまた，概念化と呼ばれる過程を行っているという意味で概念者であるが，本書ではそのディスコース上の役割から受け手と呼ぶ。

　このような概念化の考え方に立つと，言語表現とその意味との関係は決して固定的ではなく，そのときそのときでどのような概念化が起こるかという側面が大切になってくる。そこで，このように概念者によって捉えられた

---

[10] この意味で，英語の動詞 conceive が多義的であり，その意味の違いが2つの異なる名詞形に表れていることは興味深い。conceive の名詞形の1つである concept は，概ね日本語の「概念」という語の意味に相当するが，もう1つの名詞形 conception は，「受け取ること」「受胎」などといった具体的な事物の関わる意味も表している。英語の conceptualization は，この後者の過程を表していると考えられる。
[11] 本書では，本多 2005 を参考に，捉え方を construal の日本語訳とした。
[12] 送り手としての概念者・受け手としての概念者の垣根が曖昧になった，ディスコースの共同的な概念者については，第4章7.の共話に関する節で述べる。

「意味」のことを，本書では捉え方(construal)と呼ぶことにする。捉え方とは，したがって，概念者によって捉えられた「意味」のことであり，言語表現と「意味」との関係が概念者とディスコースによって無限のバリエーションを持つという側面を捉えた用語[13]である(本多 2005: 39-41; Langacker 2008: 4, 43, 55)。言語表現の「意味」は，その一部が辞書や辞典に一般化して記述されているものの，実際には概念者それぞれ，あるいは同じ概念者であってもディスコースによって異なるということになる。

更に言語表現と捉え方が結びつけられ，心的な複合体を作る過程を，本書では一般化して組み立て(construction)と呼ぶことにする(Feldman 2006: 288; Lakoff 2009: 251; Langacker 2008: 161, 357; Thomasello 1999: 125-129; 山鳥 2002: 85, 92, 153)。組み立てとは，マテリアル・アンカーである言語表現(音声・文字・手話など)がそれぞれの捉え方と一連の脳神経系に起こる活動パターンあるいはネットワークとして「組み立てられていく」過程である。ここまでに登場した用語の関係を，前節で見た図 1.1 の内容に補充してまとめると，以下のようになる。

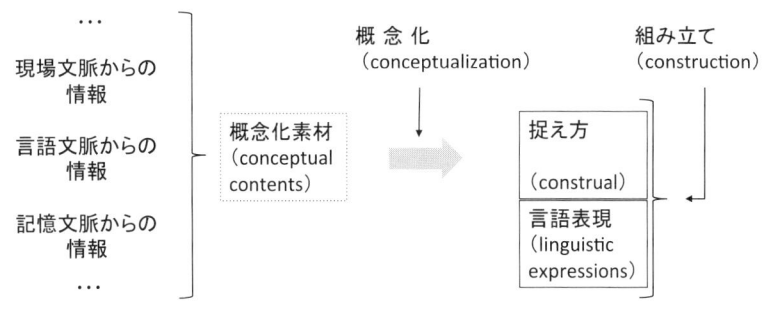

図 1.2：概念化，捉え方，組み立て

ここで大切なことは，言語表現には，音素(phoneme)，形態素(morpheme)，語(word)，文(sentence)などの，記号上のさまざまな異なったレベルがあることである。したがって捉え方にも，言語表現の言語的なレベルに対応する

---

13 面白いことに，本書とは枠組みのかなり異なる Barwise and Perry 1983 でも efficiency of language という用語で同様の概念が述べられている(Barwise and Perry 1983: 5-6, 32, 115, 121)。

形で，さまざまなレベルがあることになる。本書では概念化といった過程を経て，そのときそのときのディスコースの中で捉えられた特定の名詞句・述語・接続の「意味」を一般化して呼ぶときは，捉え方と呼ぶことにする。

更に，概念者は概念化と並行して，さまざまなレベルの言語活動も行っている。たとえば，概念者はさまざまなレベルの言語表現を加工して，名詞や節や文と呼ばれる文法的な単位を作っていく。このとき，言語的に加工される対象は言語表現のみであるが，言語表現と捉え方は組み立てられているので，概念者の行っている操作は，実質的には「意味」も操作していることになる。

また，概念者は受け手に言語表現を伝えるため，言語表現を何らかの媒体で産出していく必要がある。たとえば音声言語の場合，概念者は肺や喉，あるいは口内の筋肉を巧みに操作して言語表現を音声化するだろうし，手話言語の場合，概念者は手や指，あるいは顔の筋肉を巧みに動かして言語表現を視覚的に表現していく。このような概念者の言語的な活動の全体を，本書では言語化と呼び分けることにする。実際，このようなさまざまな概念化や言語化に関わる操作は，概念者の意識の中ではほんの一瞬で起きてしまうように思われるが，脳神経系の活動としては，1ミリ秒(1/1000秒)を単位とした時間(Carlson 2013: 45; Feldman 2006: 37(Table 3.1))がかかる。本書では，このような概念化及び言語化に関わる時間[14]を処理時間と呼ぶ。概念化と言語化の本書で意図する関係は，以下の通りである。

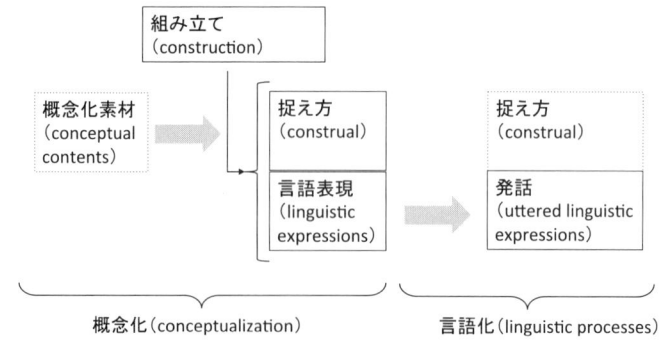

図1.3：概念化と言語化

---

14 詳しい説明はないが，Langacker 2008 でも，言語の概念化と産出に関する時間を分けて図示している(Langacker 2008: 80 (Figure 3.13))。

概念化の具体的な過程や捉え方については，以降の章で具体的な例とともに探ることにして，ここではその考え方の一部として，身体化と超身体化という2つの概念に絞って，ごく簡単にその内容を紹介する。

3.2.2 身体化(embodiment)

身体化とは，我々の身体が概念化に重要な働きを担っているという考え方である。考えてみると自明のように，心を脳とその神経系の中に起こる現象と捉えると，その心の主体は概念者となり，概念化には我々の肉体の存在が不可避である。なぜなら心が生まれるとされた脳とその神経系は，何といっても，我々の肉体の一部であり，肉体の中に存在しているからである。

一般に，このような人間の心と肉体の不可分の関係を，認知科学系の文献では身体化(embodiment)と呼んでいる(Corballis 2011: 179; Feldman 2006: 68, 94, 103, 186, 338; Hall 2010: 29, 45; Iacoboni 2008: 92-93, 95, 287; Gibbs 2006: 39; Lakoff and Johnson 1999: 102; Langacker 2008: 524)。身体化とは，肉体を持った存在としての我々が，その肉体を通して外の世界と接し，そのときの肉体の動きや感覚から得た経験・体験・感覚を通して，それぞれの言語表現の「意味」を作り上げていくという考え方である(Langacker 2008: 524; 山鳥 2002: 17, 83, 97)。この考え方は，本書でも重要な考え方の1つになっている。

身体化に基づく概念化の典型的な例は，我々の感覚を通した経験に基づいてその捉え方が形づくられていく例である。たとえば，「赤」や「明るい」といった言語表現の意味には，(少なくともその一部には)我々の視覚を通した感覚がその概念化素材となっていると考えられる。というのも，色や明るさといった感覚は，我々は視覚を通してしか感じることができないからである。このことは反対に，何らかの理由で概念者の視覚に障害がある場合には，「赤」や「明るい」という言語表現の概念化がかなり困難であることを意味する。

しかし，このような身体化を通した概念化は，何も感覚だけに限らず，道具を目にすると，その道具を使うときに使う筋肉に対応する脳の部位が活動するとの指摘がある(Gazzaniga 2008: 260)。金槌を見ると，たとえば，金槌を使うときの腕の筋肉の動き，用途，重さの感覚などを司る脳の部位が活動し(Damasio 1999: 220)[15]，椅子を見ると，椅子の形や機能・役割といった比較的一般化しや

---

15 ヒトの赤ちゃんは，生後一年後くらいから特定の物の機能や操作に関連する行為を獲

すい百科事典的知識のほか，手で触って腰かけてみたときの感触，押して移動させようとしたときに感じた重さの感覚などが喚起される[16]。

　あるいは，レモンなどの食べ物の場合は，その外見，色，香り，手で持ったときの感じ，食べたときの感触や味覚，どのような食べ物や飲み物といっしょに調理するかなど，実にさまざまな肉体を通した体験・経験・感覚が喚起される。本書では，このようなさまざまな身体的記憶の積み重ねが概念化素材として働き，金槌や椅子あるいはレモンといった言語表現の捉え方となると考える(Feldman 2006: 186)。

　更に，一般にはあまり気づかれにくいが，概念化には脳の感情を司る部位の活動を含む，広汎な脳神経系が関与しているとの指摘もある(Gibbs 2006: 39; Lakoff and Johnson 1999: 102; Ramachandran 2011: 99, 159; Thompson 2007: 354, 395)。たとえば，先ほどの「レモン」の例をとれば，我々は誰かが「あっ，このレモン，酸っぱい」と言うのを聞いたりすると，(自分はレモンをかじってはいなくても，以前に食べた)レモンの味を思い出して，自然に口中に唾がわいてきたりする。その場合，人によってはその味を好ましいものとして感じるだろうし，人によっては顔をしかめてしまうかもしれない。このような場合には，我々の脳内では扁桃体(amygdala)を中心とした，人の感情を司る大脳辺縁系(limbic system)が活動して，それが自分にとって好ましい感覚なのか，好ましくない感覚なのかを(無意識的ではあろうが)判断しているはずである。

　となると，本書で概念化や言語化と呼んでいる過程も，ブローカ野(Broca's area)やウェルニッケ野(Wernicke's area)と呼ばれる，一般に脳の言語処理に特化したと考えられている部位以外でも，脳全体で同時に(あるいは連続的に)処理されていると考える方が自然であろう(Carlson 2013: 13)。一般に脳は常にさまざまな処理を同時並行的に行っており，(直接に関係するかどうかは別として)概念化はその脳全体の活動のほんの一部と考えることもできる。従来このような広汎な範囲での脳神経系の活動は，言語的には直接関係があるとはあまり考えられてこなかったが，本書では身体化あるいは概念化の一部であると考えることにする。

　　得し始め，その後，そのダイナミックな行為に発話が伴っていくとの指摘がある(明和 2012: 190)。
16　一般に，このような主体の行為を可能にするさまざまな環境的な特徴を affordances と呼ぶ(Chemero 2009: 98, 108, 135-137, 140-141, 147, 151: 本多 2005: 5, 56, 113)。

最後に身体化とは，何も概念者の身体の外だけに存在するわけではない。なぜなら我々の身体の内部にも，「外」の世界は存在するからである。たとえば，「痛み」は身体が刺激を受けたときに感じる感覚の 1 つであるが，その感覚を引き起こす刺激は，扉に頭をぶつけるとか，窓に指をはさむといった，肉体と外の世界との接触で引き起こされるだけでなく，泳いでいて足の筋肉が痙攣したときに感じる痛み（こむらがえり）や神経痛，あるいはないはずの手足の痛みを感じる幻肢（phantom limb）と呼ばれる疾患にも表れているように，身体の「中」にも存在している。このように，身体化する「外」の世界とは，我々の物理的な身体の中（皮膚の内側）にも存在し，厳密に言えば，脳以外のすべてであると言っていい。

3.2.3　超身体化（disembodiment）

　更に，我々の言語表現の「意味」（捉え方）が，基礎的な身体化のレベルを超え，対象と身体との相互関係を超えた高度なレベルに達している場合もあるだろう。本書では，このような基礎的な身体化のレベルを超えた抽象化された意味にいたる概念化のプロセスを，超身体化と呼ぶことにする。

　たとえば，「家具」という言語表現の意味を考えてみると，我々は「椅子」「机」「ベッド」などと呼ばれる個別の家具とは直接身体を接して接触することができるが，「家具」という個別の物体は存在しないので，「家具」を直接身体化することはできない（Feldman 2006: 186）。つまり「家具」という言語表現の意味を理解するには，一般に「家具」と呼ばれるさまざまな対象（たとえば椅子や机など）との直接的・身体的体験・経験から，（無意識ではあるが）より高次の概念化を経て，その捉え方を作り上げていかなければならない。猫に対する「猫族」「動物」「生物」などの言語表現の意味も同様であり，我々は猫と接触することはできても（Lakoff 2009: 233），「猫族」や「動物」「生物」とは（そもそもそのような個体が存在しないので）身体的に接触することはできない。

　あるいは「楽しさ」といった一般に抽象名詞と呼ばれる言語表現の意味も超身体化された捉え方の 1 つと考えられる。「楽しさ」は，我々が直接手にとって触れられる対象ではないからである[17]。しかし我々は，天気の良い日

---

[17] ただし，ここで言う超身体化といった用語と一見矛盾するようだが，超身体化された「意味」にも身体的・脳神経系的な基盤を想定することはできる。たとえば，人が楽し

に戸外で食事を取ったり，湖畔でコーヒーを飲みながら静かに本を読んだり，友人宅でパーティーをするなどといった身体を通じた体験・経験・感覚を通して，そこから生まれた感情的体験に共通項を見い出し[18]，それを「楽しさ」という言語表現で表現するようになる(組み立て)。このように，我々が知的生活の中で扱う概念の多くは，身体や感覚を通して直接的に得られたものではなく，すでに直接的な身体的経験から離れ，身体化を超えた，超身体化された意味である(Langacker 2008: 525)と考えられる。

3.3　概念者(conceptualizer)

3.2で見たように，概念化のいくつかの過程を概観しただけでも，概念化といった過程のほとんどが無意識の中で行われていることが分かってくる。反対に，特に取り立てて考えてみない限り，概念化とは，あるいは「意味」に関する現象とは，一般に無意識で処理されていると言った方がよい。このような概念化の性質は，概念化を行う主体である概念者[19]にも色濃く現れており，以下では，概念者と言語表現あるいは概念者と時間といった観点から，概念化の特徴を探ってみることにする。

3.3.1　概念者と言語表現

概念者とは，言語表現を産出・解析している主体であり，この意味で，概念者がいなければそもそも言語活動は行われず，言語活動にとって概念者は必須である。その反面，概念者そのものには，概念者の意識の客観的な対象となっている場合と，概念者の意識の中に溶け込んで概念化の客観的な対象にはなっていない場合がある。たとえば，以下では概念者は自分自身を客観的な観察の対象と捉え，文中にその姿を言語的に描き出している。いわばこれらの例では，概念者は，文の描き出す状況の中に現れる登場人物である。

　　い経験をするとドーパミン(dopamine)と呼ばれる神経伝達物質が脳内で分泌され，そのときの身体的経験が概念化素材の1つとなるといった考え方である(Lakoff 2009: 27)。他に考えられる神経伝達物質としては，アセチルコリン(acetylcholine)，ノルエピネフリン(norepinephrine)などがある。ノルエピネフリンは，「退屈」「飽き」といった感情と結びつけられて考えられている。ドーパミン，アセチルコリンは記憶との関係も指摘されている(山鳥 2002: 120, 145)。尚，ノルエピネフリンはアメリカでの用語であり，日本では一般にノルアドレナリン(noradrenaline)と呼ばれている。
18　山鳥 2002 では，この過程を「抽象(する)」と呼んでいる。
19　この意味で，概念化者と呼ぶ文献もある。本書では，より平易な概念者とした。

(1)　［喫茶店で。サラリーマンが相手に名刺を渡して］はじめまして，<u>私</u>は佐藤一郎と申します。
(2)　［会社の会議で。担当者が］何かご質問があれば，後で<u>私</u>の方までよろしくお願いいたします。

それに対して，概念者が全く言語表現の中に反映されていないことも少なくない。たとえば，以下では，概念者あるいは概念者の意識といったものは言語的に表現されておらず，概念者は自分の存在を際立たせることなく，自分の見た状況や感覚を率直に表現している。

(3)　あ，雨が降ってる。　　　　　　　　　　　　　（日記研編 2003: 202）
(4)　［立ちあがった拍子に机の角に頭をぶつけ］痛っ。
(5)　あ，バスが来た。　　　　　　　　　　　　　　（日記研編 2009a: 199）

興味深いのは，言語的にはこの中間の状況として，概念者の姿が言語表現の中から間接的に読み取れる場合もあることである。以下では，周囲の状況から「雨が降りそう」とか「バスが来たかも」と判断している人物は概念者であり，その意味で概念者の意識が言語表現から見てとれる。

(6)　［玄関で。空を見上げて］あ，雨が降りそう。
(7)　［バス停で。学生が遠くを見て］あ，バスが来たかも。

概念者とは，このようにその姿が言語表現の描き出す世界の中で言語的に表現されている場合から，ディスコースの背景に埋もれ意識されていない場合まで，かなりの幅を持って存在している。Langacker 2008 では，このような概念者を，「客観的に捉えられた概念者（objectively construed conceptualizer）」や「主観的に捉えられた概念者（subjectively construed conceptualizer）」と呼んでおり，前者が自己の意識に客観的に捉えられた概念者，後者が自分の主観的な意識の中に埋め込まれた，いわば無意識の概念者である。また本多 2005 では，意識は必要があれば自分の意識や感覚を通して直接に感じられることから，「直接知覚される自己（本多 2005: 24, 40）」という言い方をしている。本書では特に誤解がない限り，意識や自己という言い方を避けて，概念者（conceptualizer）という用語を使うことにする[20]。このような概念者の複雑

---

20 用語は異なるが，使用者の主観の中に埋没した対象と，意識の中で客体化された対象という概念については，Rowlands 2010 に哲学者の視点からの詳細な議論がある（Rowlands 2010: 9, 158, 169, 181, 185, 190, 196-197, 215）。特に同書ではこの概念についての Frege, Husserl, Sartre らの議論が簡潔にまとめられており（Rowlands 2010: 170-180），20 世紀のヨーロッパにおいて，自然科学と哲学がこの問題について手を携えて考察を深めていっ

な組成については，第 3 章の 4. でより詳しく見る。

3.3.2 概念者と時間

　時間もまた，概念者によって意識されている場合と意識されていない場合があり，本書では概念者が意識している時間を対象時間(objectively construed time)，概念化の中に生じる概念者が意識していない時間を処理時間(processing time, subjectively construed time)と呼ぶ。この 2 つのタイプの時間を，以下のディスコースの断片から考えてみる。

(8)　　[自宅で。刑事に昨夜の様子を訊かれて] えっと，昨日は，午後，そう，<u>午後 10 過ぎに入浴してから</u>，[考える間] それから，それから，えっと，<u>すぐに寝たかな</u>。

(8)で，概念者は自分の記憶の中から昨夜の出来事を思い出して，その内容を言語的に表現している。ここで上の下線の部分「10 時に入浴したこと」「(その後)就寝したこと」という 2 つの出来事は，概念者は時系列上の順番を持った出来事として捉え，またそれらの起きた時間を客観的に捉えている。このように概念者が客観的に捉えている時間が(概念者の意識の対象となる)対象時間である(Langacker 2008: 77)。

　これに対して，客観的に見れば時間の流れは存在するが，通常は概念者に意識されていないタイプの時間が処理時間である。上の例で，概念化及び言語化の過程の一部として，概念者が記憶の中から昨夜の出来事を思い出し，それらを言語表現で表現するといったことにかかる時間は，概念者の感覚の中では一瞬の間に起き，通常はそれを時間の流れとして捉えることはない。

　しかし，このような概念者の活動も，脳神経系がその基盤となっているとする限り，その活動に要する時間も想定できるはずである(Chemero 2009: 122; Langacker 2008: 79, 110)。たとえば，車を運転している人が目の前に障害物を発見して体が反応するまでには，運転者の目の網膜に映った情報が脳に送られ，この情報を脳が前方に障害物があると判断し，そして脳から足に指令が出され，足の筋肉が動いてブレーキが踏まれるといった一連の活動が想定できる。この神経及び筋肉の活動には，おおよそ 0.5 秒の時間がかかるとされ(Feldman 2006: 88)，1 つのニューロンは概ね 1 ミリ秒(1/1000 秒)[21]を単位にして活動す

　た過程を概観するのに便利である。
21 1/1000 秒とは，超ハイスピードカメラで撮影された銃弾が的にあたる瞬間をゆっくりと

るので(Carlson 2013: 48; Feldman 2006: 37(Table 3.1))，0.5秒(500ミリ秒)とは，単純に考えれば500あまりの脳神経系の活動を想定できる長さである[22]。すると，上で見たような概念化及び言語化に伴う処理時間にも，同様の1ミリ秒(1/1000秒)を単位とした，脳神経系の活動が想定できることになる。

3.3.3 概念者と意識

このように見てくると，概念者といった存在そのものも，その活動の多くが概念者の無意識の中に埋め込まれていることが分かる。むしろ，概念者の営みの中には意識的に捉えられる部分もあるといった方が，現象のより正確な記述になるのかもしれない。ここで概念化とは，このような特徴を持った概念者の営みであった。したがって，概念化の多くが無意識の中で行われているというのは，いわば当然の帰結である。

本書が目標としていることの1つは，このようにほとんどが無意識で行われてしまう概念化という過程をなるべく明示的に表記して，その特徴を考えていく方法を探りたいというものである。そこで以下では，本書で概念化を視覚的に表現するために利用する表記法について概観する。

3.4 概念化とフレーム：本書の「表記法」

概念化とフレームという用語は，本書のサブタイトルにもなっているように，本書の枠組みの中ではとても重要な役割を担っている。概念化とは，概念者が記憶や知覚あるいはディスコースの中からさまざまな情報を取り込み，そこから言語表現の意味を作り上げていく心的活動のことである。またフレームとは，本書では概念者の記憶に蓄積された構造化された知識[23]のことを意味する(Coulson 2001: 20, 35; Fillmore 1982; Hall 2010: 239; 金水・今仁 2000: 167-168; Lakoff 2009: 22; Lakoff and Johnson 1999: 116; 籾山 2009: 2, 17; 鍋島 2011: 32(脚注16), 87)。

一方，これらの概念はその内容が抽象的であり，ともすれば(ことばを連ねて述べるだけでは)分かりにくいきらいがある。そこで本書では，概念化及

観察できる程度の速度である。
22 もちろん同時に起こる活動ではなく，連続した脳神経系の活動と仮定してのことである。
23 Barwise and Perry 1983では，同様の概念がscheme(スキーム)という用語で表現され，理論上重要な役割を担っている(Barwise and Perry 1983: 90, 94, 101, 104, 166, 242, 252, 279, 286, 293)。

びフレームの内容の一部を「図」を使って視覚的に表すことにより，その内容を「見て」も直観的に分かるようにしたいと考えている。この意味で本書の「図」には，楽譜，地図，数式，分子構造図，樹形図，回路図，イメージ・スキーマなどのさまざまな「図」に通底する，説明と理解を助けるための道具(heuristic)としての目的と働きを持たせている(Langacker 2008: 10-12)。以下では，このような意図を持たせた本書での概念化やフレームの「表記法」について見る。

3.4.1　概念化(conceptualization)

上で何度も見たように，概念化及び言語化といった過程は，概念者の主観の中では一瞬の間に起こってしまう現象である。一方，概念者そのものは生身の存在であり，概念者はもっと長い単位の時間の中に生きている。概念者は，この生きている時間の中で生活をし，その瞬間，瞬間に感じたことや体験したことなどの中から大事なものをやがて記憶(知識)として蓄積していく。この(概念者の)現在の時間，生きている時間，そして記憶の関係を極めて簡明に表したのが，図 1.4(山鳥 2002)である。

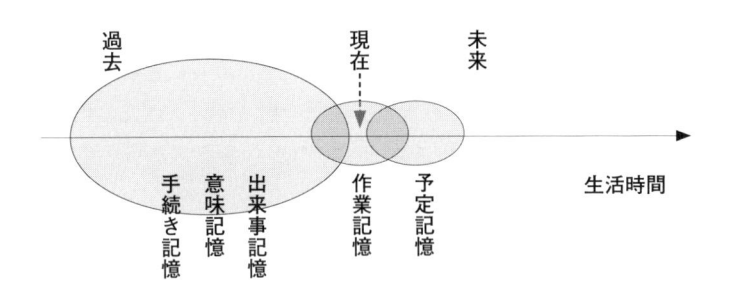

図 1.4：時間の流れと諸記憶との関係(山鳥 2002: 175, 図 46)

山鳥 2002 で言う生活時間とは記憶の主体の生きている時間のことであり，作業記憶とは主体の現在の(一時的な)記憶のことである。この生活時間の中で情報は最初，作業記憶に一時的に記憶され，その中で重要なものは出来事記憶や意味記憶あるいは手続き記憶となって主体の過去の記憶に積み重ねられていく。作業記憶の一部は，未来に起こるとされたことに関する記憶で，山鳥 2002 では予定記憶と呼ばれている。

ここで記憶に関する用語を一度整理しておくと，一般に認知科学や生理学などでは，記憶にその特徴から手続き記憶(procedural memory)，意味記憶(semantic memory)，エピソード記憶(episodic memory)などの区別が提唱されている(Carlson 2013: 462-463, 466-468; Corballis 2011: 84, 88, 98; Gazzaniga 2008: 303-304; Ramachandran 2011: 284; Rowlands 2010: 40（Box 2.1 内))。手続き記憶とは，自転車に乗ったり，ピアノを弾いたりするときのように一定の順番をもって肉体を動かすようなときに必要な記憶で，一般にその習得と再生は無意識下で行われる[24]。意味記憶とは，宣言的知識(declarative knowledge)とも呼ばれ，概念者の「世界」に関するさまざまな知識のことである。エピソード記憶とは，概念者が過去の出来事を個人的な経験の中で捉えた記憶である。山鳥 2002 の中では出来事記憶と記されている[25]。

　山鳥 2002 の作業記憶は言語以外の活動にも関連する一般的な一時記憶を想定しているが，言語とその概念化を中心的な課題としている本書では，作業記憶をディスコースの内容を当座に保持しておくための一時的な記憶と読み替え，山鳥 2002 の基本的な考え方を踏襲した以下のような図で概念化及び言語化を表すことにする。ただし，概念化や言語化は作業記憶の中で起こる一瞬の出来事ではあるが，本書の興味にしたがって，その部分だけを拡大している。

---

24 本書では，言語表現の操作に関わる言語化も手続き記憶の 1 つであろうと考えている。たとえば，ある言語表現を音声あるいは手話で示す場合には，その言語表現の産出に関係する調音器官や筋肉が正しい順番で正確に動かなくてはならない。つまり，言語表現は肉体的には，関係する筋肉の同時及び連続した動きとして記憶されていると考えるわけである(Carlson 2013: 13, 484, 499; Corballis 2011: 70; Iacoboni 2008: 103)。

25 更に，これらのさまざまな種類の記憶には，脳の異なる部位が関わっている可能性も指摘されている(Feldman 2006: 78; Ramachandran 2011: 284)。たとえば，作業記憶は前頭葉の dorsolateral prefrontal area と呼ばれる部位にあるとの指摘がある(Carlson 2013: 451; Gazzaniga 2008: 233; Ramachandran 2011: 65, 161, 265)。この部位には脳の司令塔としての役割や新規の行為の遂行に関連する働きもあるとの指摘もあり(Iacoboni 2008: 103, 227, 251; 鈴木 2013: 78)，人間の高度な認知機能を担っていると考えられる。意味記憶は側頭葉(the temporal lobes)を中心にして保存されていると考えられている(Carlson 2013: 468)。一般に，語の意味の検索に関わる部位として指摘されることの多いウェルニッケ野(Wernicke's area)は，側頭葉の左半球側にある。エピソード記憶については，仮にその活動に側頭葉と大脳辺縁系(the limbic system)の活動が関わっていると仮定すれば，更に広汎な脳の部位が関わっていることになる。大脳辺縁系は，人の感情に関する活動を司る部位とされている。ここで登場した脳の具体的な部位の名称や構造については，補説(p. 295 ～)を参照されたい。

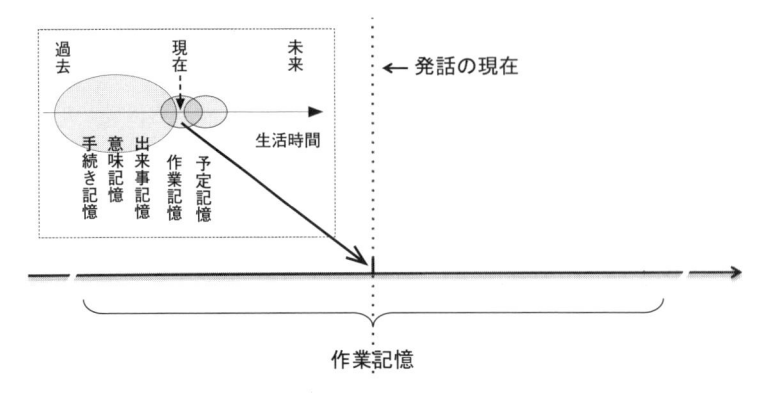

図 1.5：生活時間と作業記憶（山鳥 2002: 175，図 46 と本書の表記法の比較）

　本書では，この作業記憶の上下のスペースに概念化と言語化の過程の一部が表記される。たとえば，ディスコースの中ではさまざまなタイプの記憶が読み込まれて，概念化が行われる場合がある。下の図は概念者の意味記憶の一部（ここではPと表す）が概念化に読み込まれたことを示したものである。意味記憶は実際には概念者の生活時間の過去に保存されたものだが，これを「思い出して」「考えて」概念化する過程を，本書では作業記憶のスペースにPとして転写されたものとして示すことにする。概念化された「意味」（捉え方）は，作業記憶の上に一時的にPとして保持される。

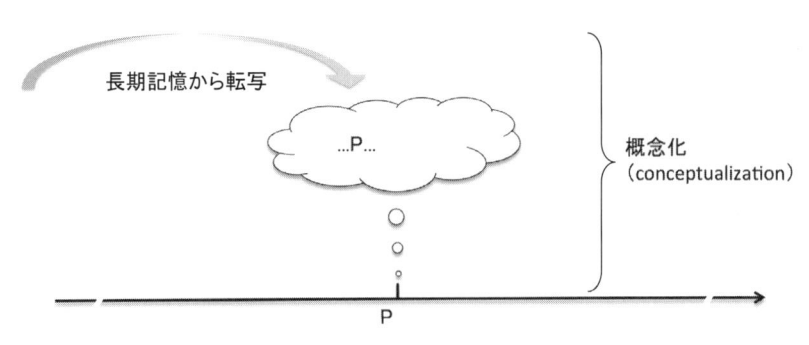

図 1.6：記憶情報の概念化への読み込み

　知覚からの情報は発話の現場から瞬間的に概念化へ読み込まれると考えられるので，以下のように示す。

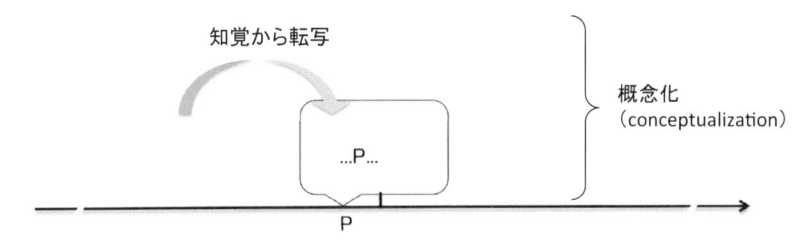

図 1.7：知覚情報の概念化への読み込み

　この概念化の過程に対して，言語化では，たとえば言語表現の操作・発話といった言語的な活動を想定している。このとき実際の言語化の操作・発話の対象は言語表現だけであるが，言語表現は概念化された捉え方と組み立てられているので，言語化では実質上，言語表現と捉え方に対応する神経細胞群の両方が，同時にあるいは連続して活動していることになる。言語化は横軸の生活時間の下のスペースに表記する。

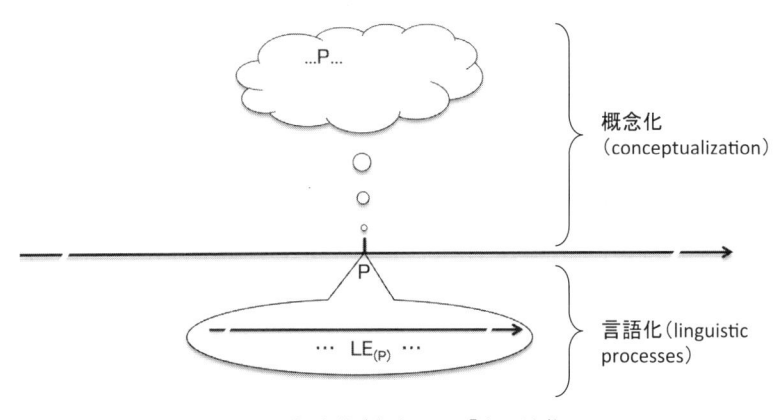

図 1.8：概念化(本書での「表記法」)

図 1.8 で，吹き出しの中の $LE_{(P)}$ は P の内容を言語的に表した言語表現であることを示している（LE は Linguistic expression の略）。吹き出しの中の時間軸は概念者の発話の中に現れた言語表現の生起する時間であり，上の図では，概念化された P を言語的に表した言語表現 $LE_{(P)}$ が，概念者の発話の時間の中で言語化されたことを示している。
　このような概念者の作業記憶で起こる概念化及び言語化に必要な処理時間

3. 脳，認知，そして言語（本書の立場）

は，概念者の主観に埋め込まれた時間であり，概念者がその時間を対象として意識することは通常はない。これに対して，作業記憶の中に読み込まれた過去の出来事が生起した時間は，概念者が対象として捉えている対象時間である。

3.4.2 フレーム(frame)

フレームとは，意味記憶の一部であり，概念化に概念化素材として読み込まれる[26]。フレームのより詳細な内容については，以降の章で具体的な例とともに述べていくとして，ここではフレームの一般的構造と，本書におけるフレームの表記の仕方をごく簡単に説明しておく。本書ではフレームを「(そのフレームに含まれる指示対象や事態などの)要素」「(要素の)役割」「(役割相互の)関係」の集まったものと考え(Lakoff 2009: 22)，それぞれの「要素」「役割」「関係」をリストのようにして示す場合がある。このフレームの表記の仕方を(フレームの)リスト表記と呼び，以下は本書のリスト表記を一般的に示したものである。

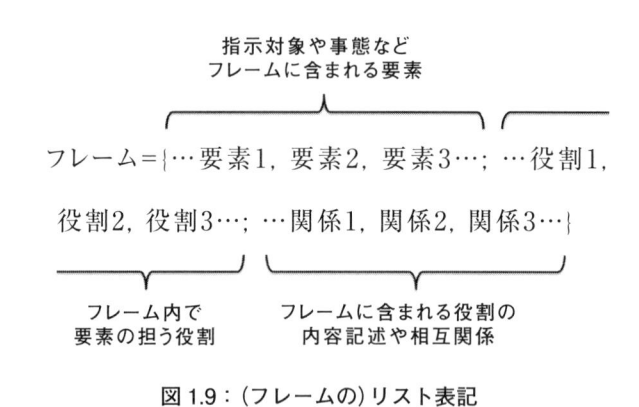

指示対象や事態など
フレームに含まれる要素

フレーム＝{…要素1，要素2，要素3…; …役割1，役割2，役割3…; …関係1，関係2，関係3…}

フレーム内で
要素の担う役割

フレームに含まれる役割の
内容記述や相互関係

図1.9：(フレームの)リスト表記

「要素」とはフレームに含まれる，たとえば指示対象や事態などであり，

---

[26] 本書で言うフレームは，Fillmore 1982 や Fillmore and Baker 2010 などに見られる「フレーム意味論（Frame semantics）」のフレームとは，一見かなりその意味が異なっているように見える。しかしたとえば，Fillmore and Baker 2010 の 313 ページから 316 ページまでの記述を読むと，本書のフレームと基本的な考え方においてかなり通底するものがあり，そのような例については，第 3 章の 3.6 で見る。

「役割」とは，そのフレームの中でそれぞれの要素が割り当てられている名称，働きなどのことを言う。「関係」とは，それぞれの役割相互の内容を記述したものである。たとえば，我々の生活に最も身近なフレームの1つとして，家族のフレームが上げられる。家族のフレームには，概ね以下のような「役割」と「関係」が含まれていると考えられる。

(9)　　家族のフレーム = {…(略)…；…父，母，長男，次男，長女…；…夫と妻は夫婦，長男と次男と長女は兄弟…}

要するに家族には「父」と呼ばれる人物，「母」と呼ばれる人物がいて，それぞれ「夫婦」と呼ばれる関係を結んでいるといった内容である。

今，このフレームの「役割」と「関係」に概念者が知っている5人の人物 a, b, c, d, e を「要素」として結びつければ，フレームは概念者の世界に関する知識の一部を記述できることになる。下で「役割」の横のカッコは，その「役割」と「要素」が結びつけられていることを示す。

(18)　　X家の家族のフレーム = {…a, b, c, d, e…；…父(a)，母(b)，長男(c)，次男(d)，長女(e) …；…夫(a)と妻(b)は夫婦，長男(c)と次男(d)と長女(e)は兄弟…}

本書では，フレームはリスト表記で示す場合が多いが，同じ内容を示すのに図の方が分かりやすい場合には，以下のような図で示す場合もある。たとえば，(18)の家族のフレームは，Langacker 2008 の表記法[27]に従えば，以下のように示すことが可能である。

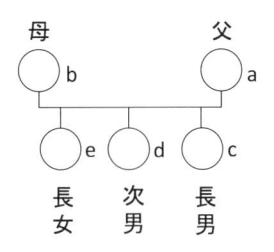

図1.10：家族のフレーム (Langacker 2008: 67-68 を参考した表記法)

---

[27] このような図を一般にイメージ・スキーマ(image schema)と呼ぶことが多い。イメージ・スキーマを本書との関連で言えば，イメージ・スキーマはフレームの表し方の1つであり，フレームに含まれる役割と関係を，簡単な図形とそれら相互の関係で視覚的に示したものである。

同様の家族のフレームの内容は，Fauconnier 1997 のメンタル・スペース（Mental Spaces）式の表記法で表すこともできる。以下が，その例である。

```
父 a
母 b
長男 c
次男 d
長女 e
夫婦 ab
```

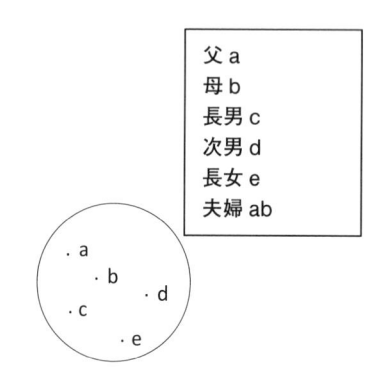

　・a
　　・b
　　　・d
　・c
　　・e

図 1.11：家族のフレーム（Fauconnier 1997 を参考にした表記法）

　これらの異なった表記法で表したフレームは，その見かけこそ異なるものの，概念者の世界に関する構造化された知識を示す方法としては，その内容が同じであると考える（Langacker 2008: 12）。ただし，これらのフレームの表し方には一長一短があり，内容によってはこのうちのどれかが一目で分かりやすい場合があったり，あるいは説明のポイントを明確に示せるなどといった利点がある。そこで，本書では基本的には本書のリスト表記を採用し，必要があればイメージ・スキーマ方式の表記法を援用する。

　また，フレームの構造上の特徴の1つとして，「役割」が全体と部分といった関係になることが多いことが上げられる。たとえば，以下のような空間の相対的な位置関係を表すフレームはその典型的な例で，空間構造の全体を考えないとそれぞれの部分の意味が理解できないという意味で，フレームが全体と部分という構造からできあがっている。空間のフレームの例をイメージ・スキーマ方式の表記法で図示すると，以下のようになる。

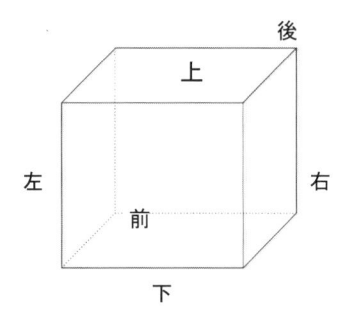

図 1.12：空間のフレーム

　上の空間のフレームで，たとえば，「上」という言語表現の意味は，上の 3 次元空間全体の構造を知り，「上」と「下」の関係，あるいは「上」と「右」の関係も同時に知っていなければ理解できない。この意味で空間位置に関する知識はそれを断片化することができず，全体と部分の構造を持つ 1 つのフレームとして，まずその全体を理解している必要がある。反対に部分を表す言語表現の意味を理解するには，部分と全体の関係を理解していなければならない（山鳥 2002: 95）。

　このようにフレームとは，我々が我々の周囲の世界の様子を理解して記憶に留めておく際の重要な仕組みの 1 つであると考えられる。そして，もし我々の知識の多くが（もちろん無意識ではあるが）フレーム化されて記憶されていると考えれば，このようなフレームがどのような言語現象に反映されていて，フレームを想定することでどのような言語現象の説明に役立つのかを示すことが，本書の重要な目的の 1 つとなる。フレームとは，したがって，本書では記憶に関する認知的な概念[28]であるとともに，さまざまな言語現象に関わる言語的な概念である。

3.5　概念化と本書の「表記法」のまとめ

　最後に本節のまとめとして，上で見たディスコースの断片を例として本書の概念化及びフレームの表記法についてまとめてみることにする。以下に (8) を繰り返す。

---

[28] 更に，本書のような立場では，フレームとは脳神経細胞群の中に見られる同時及び連続的に活動する一定の活動パターンである（Lakoff 2009: 197）。

(8) ［自宅で。刑事に昨夜の様子を訊かれて］えっと，昨日は，午後，そう，午後10過ぎに入浴してから，［考える間］それから，それから，えっと，すぐに寝たかな。

先にも見たように，この例では2つの過去の出来事が語られている。その1つは概念者が体験した「(概念者が)昨夜午後10時過ぎに入浴したこと」であり，もう1つは「(概念者が)入浴後に就寝したこと」である。これらの2つの出来事は，それらの出来事が起きた時間の生起順とともに記憶されているといった意味で，ここでは説明を簡単にするために一種のフレームであると考えておく。この短いディスコースの中で概念者は自分の記憶の中からPとQといった出来事を思い出し，その内容を言語的に表現している。この過程を本書の表記法で示すと，概ね以下のようになる[29]。

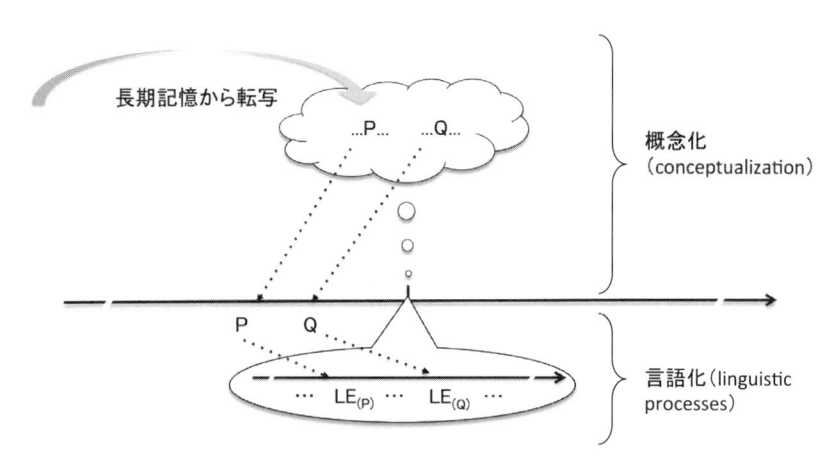

図1.13：対象時間と処理時間，そして概念化と言語化

ここでPとQといった出来事に関する記憶は，概念者の過去の時間と結びつけられて記憶されており，その時間は概念者に客観的に捉えられているという意味で対象時間としての性格を持っている。これに対して，概念者が自

---

[29] ただし本書では，概念化と言語化は必ずしもこの図の点線で示したように順を追って起こるとは考えていない。手続き記憶を使って言語表現を先に（数ミリ秒早く）操作しながら，同時にあるいは遅れて概念化が起こる場合もあろうかと考えている。つまり，話しながら考え，考えながら話すような場合である。

分の記憶からPとQといった出来事を思い出して概念化していく過程，あるいは概念化されたP，Qの内容を発話の時間軸の上で$LE_{(P)}$及び$LE_{(Q)}$として言語化していく過程に関わる時間は，概念者の意識には捉えられない一瞬の間に起こる処理時間である。

　このように概念化及び言語化の過程を視覚化して示すことには，本来は脳神経系の中で起こっているであろう，目に見えない現象のそのおおまかな全体像を直観的に捉えて理解するといったメリットが期待できるように思われる。本書では，このようにして概念化のおおまかな全体像をつかまえた上で，言語の「意味」に関する現象により丁寧で細部に目を配らせた議論をしたいと思っている。

第 2 章

指 示

「世界」のパーツの捉え方・
言語と「世界」のインターフェイス

> 語とは，概念をちょっと掛けておく「釘」のようなものである。
> Words are pegs to hang ideas on.
> 　　　　Henry Ward Beecher(1813 - 1887) アメリカの作家

1. ことばの「指さし」

1.1 指示とは

　ディスコースには，さまざまな人や物が登場する。指示とは，このようなディスコースに登場した(あるいは，これから登場する)さまざまな人や物(以下，指示対象)を概念者が言語表現を用いて受け手に示すことである。概念者は受け手がさまざまな文脈情報を駆使して自分の意図した指示対象を理解できるように発話する。反対に受け手は概念者が意図した(と考えられる)指示対象をさまざまな文脈情報を参照して捉えようとする。たとえば以下の短いディスコースでは，発話の現場にあるいくつかの人や物などが指示されている。

(1)　［机の上に置かれた本を指さして。妻が夫に］ねえ，<u>これ</u>，誰の？

(2)　［川の対岸にいる人物を指さして。散歩中の夫が妻に］<u>あそこ</u>にいる，<u>あの人</u>，どっかで見たことない？

(1)では机の上に置かれた本が，(2)では対岸の空間的領域の一部やその領域にいる人物が指示されている。ただし一般にこれらの例のように，発話を行っている場に指示したい対象がある場合には，概念者は言語表現を使わなくてもその対象を示すことができる。たとえば(1)の概念者は，身振りや視線などで，今自分が何について話したいのか，あるいは話していこうとしているのかを十分に受け手に伝えることはできる。そこで本書では，特に断らない限り，言語表現を使って概念者が受け手にその対象を伝えることを，指示と呼ぶことにする。

　だが言語表現には，発話の場にない対象も指示できるという，言語ならではの利点もある。以下の例では，4人の人物が指示されている。

(3)　［カフェで。同僚が職場の噂話をして］
　　A「<u>山本くん</u>，今度のキャンペーンで，急遽，札幌に異動らしいよ」
　　B「えー，でも<u>山本くん</u>，最近，結婚したばかりじゃないか。<u>奥さん</u>も一緒に行くのかい」
　　A「それが，<u>奥さん</u>，身重らしくてこっちに残るらしい。<u>部長</u>もひどいことするよ。それでいて，<u>加藤くん</u>は東京に残すらしい」

上のディスコースでは(登場順に)，「山本氏」「(山本氏の)奥さん」「(山本氏

の所属する部の)部長」「(山本氏の同僚の)加藤氏」といった4人の人物が指示されている。しかしこの4人の人物は誰も，この会話の場にはいない。このような例では，対象となる人物はその場にいないので，概念者が身振りや視線を使って受け手にそれらの人物を指示することは不可能である[1]。概念者は対象となっている人物とそれらを示す言語表現を受け手も知っている，あるいは山本氏の妻の場合には，受け手がさまざまな知識を駆使して理解できる[2]と想定して指示を行い，ディスコースを進めている。このように指示とは，話し手や書き手のような送り手としての概念者が，言語表現を使ってその対象を受け手としての概念者に伝えることである[3]。

1.2　指示のバーチャル性

　言語表現の指示する対象は現実の世界に存在する事物であることが多く，一般に指示とは，現実の世界の対応物をことばで示すことと考えられやすい[4]。しかし，指示の本質は，実はそのバーチャル性にあり，本書で言う指示対象とは，概念者や受け手が文脈(現場文脈・言語文脈・記憶文脈)を参照して，ディスコースの中に読み込んだ言語的な，ということは，「心的な」対象である。

　このような指示対象のバーチャル性は，以下のようなディスコースによく現れている。

(4)　佐々木は意を決して，地下室の重い木のドアを開けた。中は暗くて見えない。佐々木は手探りで，室内の電気を探った。たっぷり12, 3秒はかけて死にそうな古い蛍光灯が点くと，部屋の隅に折りたたみ椅子が3つと汚れたソファーがあるだけだった。

1　ただし，たとえば部長を指示するのに親指をたて，(山本氏の)奥さんを小指をたてて指示するなど，(音声言語の)言語表現以外の代替の表現も可能ではある。
2　受け手が想像を巡らせる必要のあるこのような指示については，3.で見る。
3　指示の本質をこのように捉えれば，人間の言語表現だけが指示性を持つわけではない。たとえば，Cheney and Seyfarth 1990 では，サルの一種(East African vervet monkeys)が翼のある捕食者，ネコ科の捕食者，蛇類などの異なる捕食者を音声的な表現で表し分けている例を紹介している(Corballis 2011: 40; Gazzaniga 2008: 60; Rizzolatti and Sinigaglia 2006: 157)。これらの音声的表現が(少なくとも)群れの中で固定的に使われているなら，このサルの群れの中では特定の音声表現で特定の対象を指示していることになる。
4　このような見方は言語の意味の記述をする場合，必ずしも特別な見方ではなく，むしろ言語の記述的な面にそくして考えるなら，一般的な見方である(日記研編 2010: 8)。

上の短い小説のようなディスコースの断片では，ディスコースが進むにつれ，「佐々木」「地下室のドア」「（地下室の）中」「佐々木」「室内の電気（スイッチ）」「（地下室の）蛍光灯」「部屋の隅」「折りたたみ椅子」「ソファー」といった人や物が次々と指示されていく。しかし，これらは小説であるから当たり前ではあるが，これらの指示対象は概念者あるいは受け手の心の中にしか存在していない[5]。

しかも，上のような小説といったやや特殊なジャンルのディスコースでなくとも，日常生活のディスコースの中には，現実の世界に対応物を持たないバーチャルな指示対象も少なくない。

(5) 今僕は車を持っていないが，もし買うとすれば，<u>それ</u>はきっと環境に優しいハリブリット車か電気自動車のはずだ。

(6) 僕には弟はいないが，もしいたとすれば，<u>その弟</u>はきっと僕に似て優しいところのある男だと思う。

(5)で「それ」は，ディスコースの中で概念者が想定した，実際には存在していない車を指示している。また「僕に似て優しい弟」とは，現実には概念者には弟はいないとディスコースの前段で言っているので，このディスコースの中で概念者が仮定した，架空の弟のことである。したがって，このような言語表現の指示対象とは，ディスコースの中で概念者と受け手の心の中に一時的に作り出された，（現実の世界には対応物を持たない）バーチャルな対象ということになる。

ただし，指示対象のバーチャル性は，現実の世界に指示対象に対する対応物がない場合に限らない。以下がその例である。

(7) ［ベランダに出た妻が，キッチンでお茶を入れていた夫に］
あら，今夜は月が出てるわよ。

(7)で受け手である夫は，「月」という言語表現を聞いて，自分の脳裏に月を思い浮かべる。ここで月とは，我々の住む現実の世界に存在する本物の月ではなく，受け手の月のイメージであり，その意味でバーチャルな対象である。受け手は「月」という言語表現に反応して，自分の記憶文脈を参照し，そのような指示対象を心に思い浮かべている。

---

5 Barwise and Perry 1983 では，このような純粋に心的な指示対象を fictitious referent(s) と呼び，カフェやレストランなどで近くのテーブルに座る他人の会話を盗み聞いて楽しむといった状況から，その「心的」な性格を説明している (Barwise and Perry 1983: 200)。

次に，受け手は自分の「月」のイメージが，我々の住む現実の世界に存在する特定の物体(月)と対応することを知っており，そこから「月が出てるわよ」という言語表現で，世界の在り方の1つ(事態)が概念者により描き出されたと理解している。

　ここで，指示という行為の本質を理解するのに大切なことは，受け手が行っているこれらの心的操作が，受け手の心の中だけで完結しているということである。受け手は言語表現から概念者の伝えようとしている内容を自分の脳裏に描き出し(シミュレートし)，それを(現実の世界に対応する対象がある場合には)現実の世界に対応させて理解している。このことを模式的に表すと，以下のようになる。

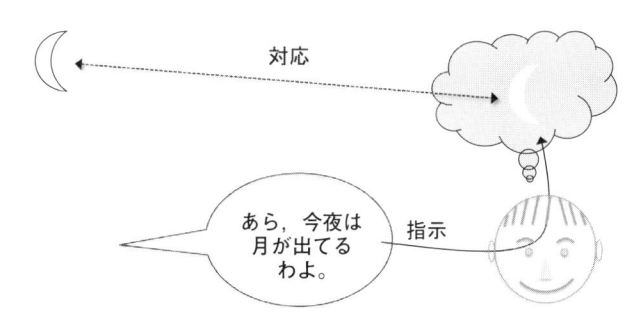

図 2.1：指示と指示対象 1

　言語表現と指示対象，そして概念者・受け手が指示対象に対応すると考えている現実の世界の事物との関係を整理して図式化すると，以下のようになる。

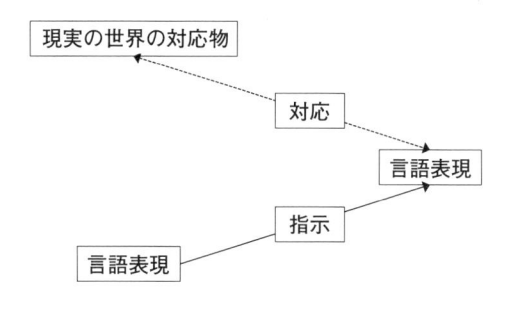

図 2.2：指示と指示対象 2

1．ことばの「指さし」　　45

ここで大事なことは，言語表現は現実の世界の対象を直接に指示しているわけではないということである(Coulson 2001: 28)。言語表現は，あくまで心的な対象である指示対象を指示している。その上で指示対象は，(そのような対応物が現実の世界に存在すると考えられている場合には)現実の世界に存在している対応物と結びつけられて理解されている。

　また指示対象とは，第1章で見たように，究極的には人々の脳神経系に生じる特定の活動パターンの中に存在すると考えれば(Langacker 2008: 31, 441)，マテリアル・アンカーとしての言語表現が脳神経系の中に起こす特定の活動パターンのことと考えられる。これを心という用語を使えば，概念者が言語表現を伴って受け手の心の中に喚起する(本質的にはバーチャルな)心的対象ということになる。

　このように指示とは，本書では概念者及び受け手の心の中に指示対象を喚起する働きであると，とりあえず捉えておくことにする(Coulson 2001: 20)。ただし，5.で，指示対象とは概念化を通して捉えられる言語表現の「意味」(捉え方)の一部分であるという考え方も示す。

1.3　指示の心的操作性

　1.2で見たように，指示の本質はそのバーチャル性にある。ということは，たとえ指示対象に対応する(と考えられる)対応物が，ディスコースの成立とは無関係にすでに外界に存在しているような場合でも，指示対象は何らかの心的な操作を経ていると考えることになる(本多 2005: 6-7, 271)。

　(8)　　［公園を散歩していて，木陰を指さして。夫が妻に］あそこなら涼しそうだ。

(8)で概念者は，自分の目に見える空間的領域の一部を認知的に切り取り，その(心的に切り取った)領域を「あそこ」という言語表現で指示している。すなわち概念者は視覚的に取り込んだ外界の状況の中から，その一部を自分の位置を基準にして心理的に加工し，それを指示対象(捉え方)とし「あそこ」という言語表現で表現している(組み立て)。

　この概念者による心理的な加工は，たとえば画像をスキャナーでコンピュータに取り込み，(トリム機能のような)画像処理機能を使って，元画像の一部を新しい画像として用いることに似ている。したがって「あそこ」の指示対象に対応する空間領域は，物理的にはこのディスコースの成立以前か

ら存在していたとはいえ，このディスコースと無関係に存在するものではなく，ディスコースのこの段階で概念者によって言語的(ということは，つまり心的)に作り出された対象である。また，このような指示対象を指示する言語表現には，その形態的な特徴からコ系の指示表現，ソ系の指示表現，ア系の指示表現がある(日記研編 2009b: 20-21)。本書では，コ系の指示表現及びコ系の指示表現を伴う言語表現をまとめてコ系の言語表現と呼び，ソ系の指示表現及びソ系の指示表現を伴う言語表現をソ系の言語表現と呼ぶ。ア系の指示表現及びア系の指示表現を伴う言語表現はア系の言語表現と呼ぶ。

　指示という行為の面白いところは，このような人為性，抽象性の高い指示対象でも一度指示対象としてディスコースの中で確立されれば，それ以降のディスコースの中でディスコースの参加者の誰もが自由に使うことができることである。これが指示の大きな特徴の1つである。以下は，ア系の言語表現を使った例である。

(9)　　［公園を散歩していて，木陰を指さして］
　　　　夫「あそこなら涼しそうだ」
　　　　妻「そうね，あそこならよさそうね」

(9)で，「あそこ」という言語表現の指示対象(夫が自分に見える空間的領域の一部を心理的に切り取って作った対象)は受け手である妻によっても概ね正確に捉えられ，妻の発話の中でもその言語表現を繰り返すことで同じ指示対象が指示されている。つまり，妻は夫の作り出した指示対象を，当座のディスコースの中でそのまま引き継いで使っていることになる[6]。

　このような心的加工を伴う指示対象は，普段は気がつかないだけで，実は決して少なくない。一般に方向や場所，あるいは時間を表す言語表現の指示対象は，必然的に心的加工を伴う。

(10)　　［手を振って］ねえ，こっち来て。　　　　　　　　　(方向)
(11)　　［腕を大きく振って］こっちにあるのが市役所。あっちに見えるのが県庁です。　　　　　　　　　　　　　　　　　　　　　　　(場所)
(12)　　［腕時計を見て］明日の今ごろは，ハワイか。　　　　(時間)
(13)　　［事務所で。カレンダーをめくって］このところ，ひまだねえ。(時間)

(10)や(11)の例では，概念者の目に見えている空間領域の一部が方向や場所

6　Iacoboni 2008 には，通常，ダイアログの方がモノログより容易に感じられるのは，言語もミラー・ニューロンと相互模倣(reciprocal imitation)に基づいた行為だからという指摘があり(Iacoboni 2008: 97-98)，本書のここでの関心からも興味深い。

として指示されている。しかし，方向や場所といった指示対象は，概念者や受け手の位置関係と無関係に現実の世界に存在しているわけではない。方向や場所といった内容を含む指示対象は，概念者と受け手の位置関係を考慮して初めて浮かび上がってくる概念(捉え方)である。

　時間もまた，心的な操作を経た指示が行われる例である。たとえば(12)では，現在の発話の時間を基準とし，それから日本時間の24時間後の時間帯が指示対象となっている。また，(13)では発話の時間を基準にして，前に数日間の幅を持たせた時間帯が指示対象となっている。このように方向や場所，あるいは時間も，本来は特定のディスコースの成立とは無関係に存在しており，指示対象としてディスコースの中で何らかの心的操作を伴って捉えられ，概念者・受け手の心の中に作り上げられたものである。

　「幸せ」「悔しさ」「痛み」などの抽象的な概念を表す名詞の指示対象も，心的加工を伴う。

(14)　幸せとは，自分でつかみ取るものだ。　　　　　　　　(概念)
(15)　悔しさは成功の礎だ。　　　　　　　　　　　　　　　(感情)
(16)　痛みは，健康を守るための身体からの信号である。　　(感覚)

たとえば，我々はコーヒーを飲みながら静かな湖面を眺めていたり，野球の試合でサヨナラホームランを打ったり，あるいは家族で旅行をしたりしていろいろな体験(身体化)をし，そのような体験から共通に経験した感情の状態の1つを取り出して(超身体化)，やがてそれを「幸せ」という言語表現と結びつけて呼ぶようになる(組み立て)。すなわち「幸せ」の指示対象は，我々の心の中に起こる心的な事象であることになる。そこで以下では，空間と時といった，本来は連続的な対象から，心的に切り出される指示対象とその言語表現に焦点をあて，その心的操作性について見ることにする。

1.3.1　空間から切り出される指示対象

　我々は空間の中に存在する。しかし，我々は我々の周りの空間をそのままの手つかずの形で現場文脈，あるいはそこから切り出した指示対象として使用しているのではなく，実はさまざまな空間的構造を重ね合わせて使用している。つまり，現場文脈にある空間領域と対応する指示対象も，実は複数の空間構造が重ねられた，その意味でバーチャルな指示対象ということになる。たとえば概念者aと受け手bが，以下の図のように空間的に配置されていたとしよう。

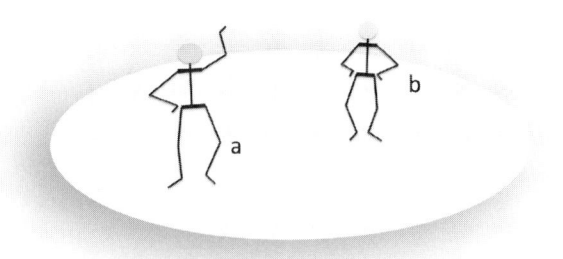

図 2.3：概念者の 1 次的な空間認識

　この空間構造を仮に概念者の 1 次的な空間認識と呼ぶとすると，日本語では少なくとも概念者と受け手の空間的位置をもとにした，2 つの異なる言語を通した空間認識が可能である。その 1 つは図 2.4 のような対立型の空間認識で，対立型の空間認識では，概念者と受け手がテーブルに向かい合って話をしているときのように，概念者と受け手の位置を相対的・対立的に捉えている（日記研編 2009b: 27）。対立型の空間認識は，概念者の空間的な位置に関するフレームの 1 つと考える。

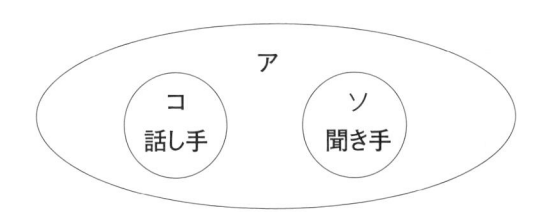

図 2.4：対立型の空間認識 1（日記研編 2009b: 27）

　ここで，対立型の空間認識を，図 2.3 で見た概念者の 1 次的空間認識に重ね合わせると，以下のような，より高次の空間認識が生まれる。このタイプの空間認識の中では，概念者 a に近い対象にはコ系の，受け手 b に近い対象にはソ系の，そして概念者からも受け手からも遠い対象にはア系の言語表現が使われる。

1．ことばの「指さし」　49

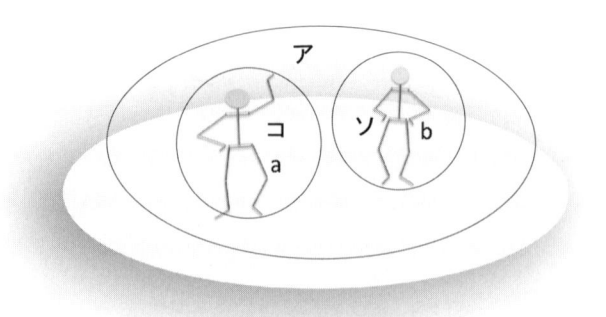

図 2.5：対立型の空間認識 2

以下は，対立型の空間認識に基づいた指示表現の例である。
(17)　［持っている本を指さして］｜この本／これ｜，君の？
(18)　［相手の足下を指さして］気をつけて，そこに穴がある。
(19)　［遠くを歩いている人影を指さして］｜あれ／あの人｜山本さんじゃないかな。

(17)では，概念者 a は自分の近く（コの空間領域）にある本をコ系の言語表現で指示し，(18)では，受け手 b の近く（ソの空間領域）にある穴をソ系の言語表現で指示している。そして(19)では，概念者 a からも受け手 b からも遠く（アの空間領域）にある人をア系の言語表現で指示している。

このような現場情報から概念者の知覚を経て得られた 1 次的空間認識と，対立型の空間認識を通して概念化された指示対象（仮にそれを n と呼ぶ）は，以下のような図に表される。

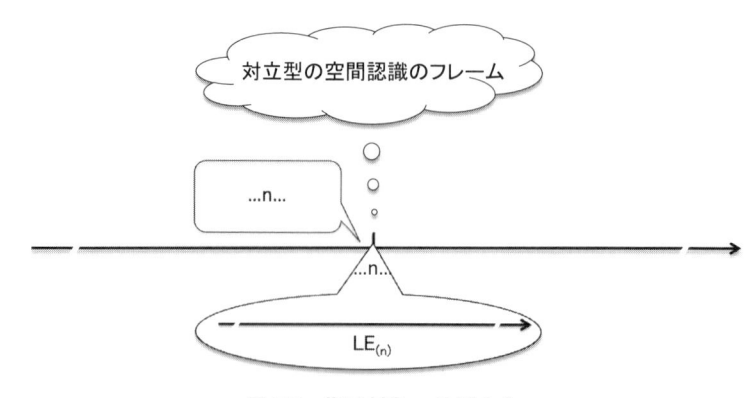

図 2.6：指示対象 n の概念化

これに対して融合型の空間認識（日記研編 2009b: 28）では，同じ1次的空間構造が異なったより高次の空間認識として捉えられている。融合型の空間認識では，たとえば以下のように，概念者と受け手が車の運転席と助手席に座って，同じ方向に向かって移動しているときのように，概念者と受け手は同じ空間的位置にいると捉えられている。

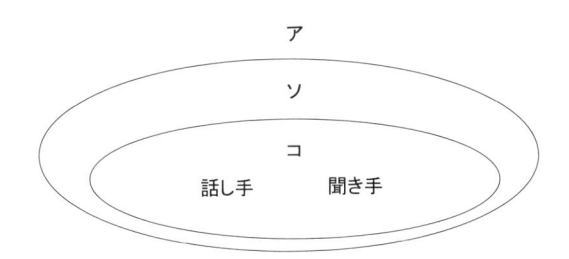

図 2.7：融合型の空間認識 1（日記研編 2009b: 28）

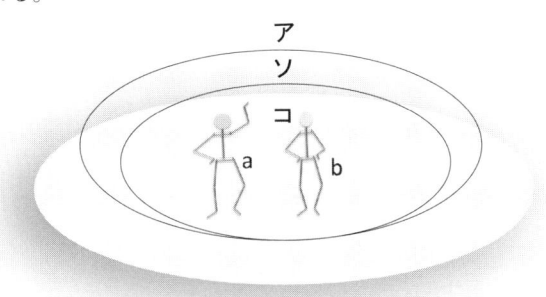

　融合型の空間認識を先の1次的空間認識に重ね合わせると，以下のようなより高次の空間認識が得られる。このタイプの空間認識の中では，概念者 a と受け手 b に近い対象にはコ系の，概念者 a と受け手 b からはやや遠い対象にはソ系の，そして概念者 a と受け手 b の両方から遠い対象にはア系の言語表現が使われる。

図 2.8：融合型の空間認識 2

以下は，融合型の空間認識に基づいた指示表現の例である。
　（20）　［お客が。タクシーの運転手に］すみません，ここで停めてください。
　（21）　［お客が。タクシーの運転手に］すみません，そこの酒屋さんの前で停めてください。

(22)　［お客が。タクシーの運転手に］すみません，あそこの，交差点の向こうのビルの前で停めてください。

　このような心理的な操作を経た，より高次の空間認識に基づいた指示対象は以下のような「…前，後，上，下，左，右…」などの場所や方向を意味する普通名詞によっても指示される。たとえば，「…前，後，上，下，左，右…」などのような場所や方向を意味する普通名詞の場合，以下のような相対的な空間認識のフレームが想定されている。

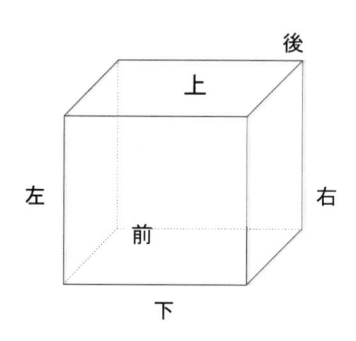

図2.9：上下左右前後の空間認識1

　この立体空間認識を概念者や受け手の周りの1次的な空間に重ね合わせると，以下のような，より高次の空間認識ができあがる。

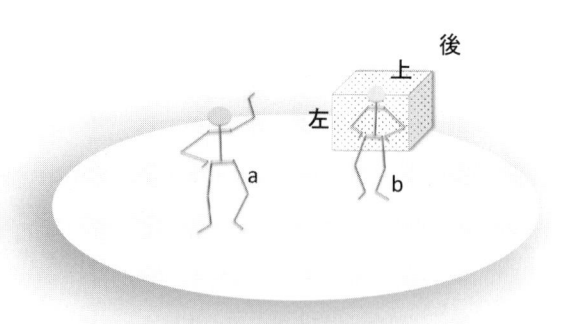

図2.10：上下左右前後の空間認識2

　この，より高次の空間認識とそれらを表す言語表現を用いた例が，以下のような例である。

(23)　［映画のリハーサルで。俳優がセットの江戸の町を歩いていく。監督が

俳優の背中に向かって]はい，そこで下に曲がって。
- (24) [子供が空を見上げて歩いている。母親が子供に]上ばかり見ていたら，危ないわよ。
- (25) [路上で。歩行者に銀行の場所を尋ねられて]ここをまっすぐ行くと，郵便局があります。その後に銀行がありますよ。

このような心理的な操作を経た，より高次の空間認識というのは，たとえば，概念者と受け手がテーブルに向かいあって座っているのか，あるいは車の運転席と助手席に並んで座っているのかなどといった，概念者と受け手の存在する物理的な空間認識を基準に行われることも多い。しかし，その1次的な空間認識がどちらともとれるような場合や，あるいは心理的な要因や動機で異なる空間認識が重ね合わされることもある(日記研編 2009b: 29)。以下は，実質的に同じような位置関係にいる概念者(夫)と受け手(妻)が，同じ指示対象を異なる言語表現で指示している例である。

- (26) [妻に抱かれた自分の娘を指して]本当，この子は僕らの宝だよ。

（日記研編 2009b: 29）

- (27) [妻に抱かれた子供を指して]本当に，その子は僕の子供なのかい？

（日記研編 2009b: 29）

(26)では，融合型のコ系の言語表現が使われることで，概念者(夫)の子供への愛情が強く表されているように感じられるのに対し，(27)では対立型のソ系の言語表現を使われており，概念者である夫の「話し手が指示対象をもはや自分に所属していないものと感じているような(日記研編 2009b: 29)」ニュアンスが感じられる。また，もしこのような概念者の心理状況までが，概念者の表情や声音からだけでなく，言語表現の違いからも読み取れるとすると，そこから概念者の心理状況が間接的に伝えられている。

同様に概念者らの心理状況が加味された，より高次の空間認識の違いと考えられるのが，以下の例である。一般に概念者が自分の身体の一部を指示する場合には，コ系の言語表現が使われるが，状況によっては概念者の身体の一部がソ系の言語表現で指示される場合がある。

- (28) [診察室で。医師が患者と向かいあって]「今日はどうしました。どこか痛みますか？」

   [患者が首の後ろをさすって]「ここが痛みます」
- (29) [患者が医師に背を向けて座っている。医師が患者の背中を触診して]

　　　　「じゃあ，ここはどうですか？　痛みますか？」
　　　患者「あっ，そこは大丈夫です。痛くないです」

この(29)の医師と患者の例のように，一時的でも患者が自分の身体の一部を他者に委ねているような場合，対象(背中)が自分に近いという意味を示すコ系の言語表現ではなく，受け手(医師)に近いという意味を示すソ系の言語表現が使われる場合がある。

　このような現象に説明を与えたのが，金水・田窪 1990/1992 である。金水・田窪 1990/1992 では，「ある要素が「聞き手側である」と認定されるための契機(金水・田窪 1990/1992: 132(ページ数は 1992 版による))」があれば，ソ系の言語表現が使われる場合があるとしている。この場合の「契機」とは，患者が医師に背を向けて座っていることや，この状況では診療という医師の職域に関わる専門行為が行われていることなどが考えられる。つまり，患者が医師の触診を受けているような状況では，たとえ自分の身体の一部であっても，概念者(患者)は自分の背中が心理的に受け手(医師)の領域に属していると考えている，と説明することになる。

　ただし，このような言語現象には，金水・田窪 1990/1992 のような概念者の心理的な要因に基づく説明だけでなく，以下のような概念者の空間認識と心理要因が，複合的に働いていると考える説明も可能である。

　一般に，指示で実際の指さしや仕草あるいは視線などを伴う場合，概念者は自分の指先にある対象をコ系，受け手の指先にある対象をソ系の言語表現で指示する。

(30)　［Aが教科書の一部を指さし］A「次の試験では絶対にこの表が出ると思うな」
　　　［BがAの指先を見て］B「それは絶対出ないって」

　更に道具などを使って，概念者が自分の指先を心理的に延長しているような場合には，遠く離れた対象であってもコ系の指示表現で指示する場合がある。

(31)　［防災シンポジウムで。大勢の聴衆を前に講師が］それでは前回の震源地についてお話しさせていただきます。前回の震源地は…えっと…。
　　　［前方のスクリーンに映った海底地形図の一部をレーザー・ポインタの光で示して］…えっと，前回の震源地は，この近くの海域でした。

(31)では，概念者はレーザー・ポインタから発せられた赤い光でスクリーンの一部を指さしている。もちろんこの「光の指」は概念者の本当の指ではな

いが,レーザー・ポインタという道具を使うことにより,観念的に現れた「概念者の指先」[7]だと考えることはできる。

このような日本語のコ系・ソ系の言語表現の一般的な原則から見れば,上で見た医師と患者の例も,概念者である患者が,受け手である医師の指先の領域を意識して,その領域をソ系の言語表現で指示していると考えることもできる。このような説明では,概念者の心理的な要因と空間的な要因が概念化素材として,言語表現の選択に複合的に働いていると考えることになる。

1.3.2 時から切り出される指示対象

我々は空間の広がりとともに,過去から現在,未来へと連続する時間の流れの中にも存在している。一般に,言語的に表現される時間は,言語表現の発話時を基準として指示対象が決まる相対的な時間と,そのような基準を必要としない絶対時間に分けられる。以下のような例は,言語表現が発話された時間(瞬間)を指示対象とする,最も基本的な相対的時間を表す言語表現である。

(32) A「田中さん,今,時間ありますか」
　　　B [時計を見て]「えっ? 今って今ですか?」

更に以下のような言語表現は,発話された時間を中心に幅を持たせた時間帯が指示対象となっている。

(33) [突然,突拍子もない行動を取る友人を話題にして。友人たちが] ¦このところ／このごろ／ここのところ¦田中はずいぶんとおとなしいね。
(34) [インターネットの宿泊予約サイトで。確認をクリックして] A「やっぱり高いから,この部屋,やめる?」
　　　[驚いて] B「えっ,なんで,今ごろ,そんなこと言うの」
(35) これより,本日のメインイベントが始まります。
(36) さあ,これから,何して遊ぶ?

このような言語表現は,発話の時間だけを指示対象にしてはおらず,発話の時間を中心にした広がりを持った時間を指示対象にしている。しかし,これらの言語表現の指示対象も発話の時間を基準としているので,ここでは概念者の1次的な時間認識に基づいた指示対象と考えておくことにする。

---

[7] 実際この現象には,脳神経メカニズム的な背景も考えられる。たとえば,自分の身体からは遠くにある対象に道具などを使って手をのばすと,脳が「近くにあるもの」として反応する例が報告されている(Rizzolatti and Sinigaglia 2008: 74-76)。

これに対して，以下のような絶対的な時間を表す言語表現は，24時間の時間概念や暦などの，本書でフレームと呼ぶ概念を知らなければ指示対象を特定できないという点で，より高次の心的操作を伴う．

(37)　　1時，1日，1月，平成元年，2000年，21世紀，江戸時代，正月，
　　　　クリスマス，誕生日，春，日曜日，など　　　　（日記研編 2009c: 87）

たとえば「1時」という言語表現の指示対象は，1日を24時間で分割したときの，その中の一部の時間帯である．つまり「1時」という言語表現の指示対象が分かるためには，まず1日を24時間で分割する時間概念を理解しなければならない．あるいは「日曜日」という言語表現の指示対象を理解するには，1日(24時間で構成される単位)が7つ集まった単位である「週」をまず理解した上で，その「週」の中の1日であると理解しなくてはならない．このように絶対的な時間を表す言語表現の指示対象は，(慣れてしまえば気がつかなくなるものの)高次の心的操作性を必要としていることが分かる．

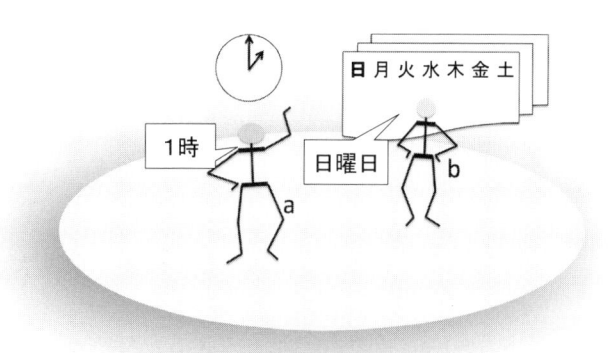

図 2.11：フレームを伴う絶対的な時間の指示対象

一般に以下のような，相対的な時間を表す言語表現の指示対象の多くは，基準となる発話時と24時間の時間概念や暦などのフレームとが組み合わされ，更に高次の心的操作を伴っている．

(38)　　…去年，先月，先週，先日，昨日，今年，今月，今週，今日，明日，
　　　　来週，来月，来年…

たとえば，「今日」という言語表現の指示対象は発話時を含む「1日」のことであり，「昨日」という言語表現の指示表現は発話時を含む「1日」の前日である．同様に，以下のような言語表現も，より高次の相対的な時間を指示

対象としている。

(39) |この前/この間|，先生を京都で偶然お見かけしたよ。（近い過去）
(40) <u>この三月</u>に卒業しました。（近い過去）
(41) 私は<u>この三月</u>で定年退職を迎えます。（近い未来）
(42) |この/ここ|数ヶ月でめっきりやせてしまいました。（近い過去）
(43) |この/ここ|一週間でいっきに片づけてしまおう。（近い未来）

更に，心的操作を伴って連続する時の中から切り出される面白い特性を持った言語表現に「今ごろ」がある（田窪 2002: 202-203/2010: 326-327）。「今ごろ」は，発話の現在時ではなく，発話以外の日で現在時に対応する時間帯を指示対象としたり，概念者の想像の中で現在時に対応する時間帯を指示対象とする言語表現である。このような高次の時間認識を含む指示対象に，「今」という言語表現は使えない。

(44) ［次回のミーティング時間を相談して］

えっと，田中さん，来週の火曜日の|今ごろ/*今|はどう？

(44)で指示されている時間帯は，発話の現在時，たとえばこの稿を書いている 2012 年 5 月 5 日（水）の午後 3 時頃といった現実の時間ではなく，発話の翌週の火曜日で発話の現在時に対応する時間帯（2012 年 5 月 11 日（火）の午後 3 時ごろ）ということになる。この時間認識を図示すると，以下のようになる。

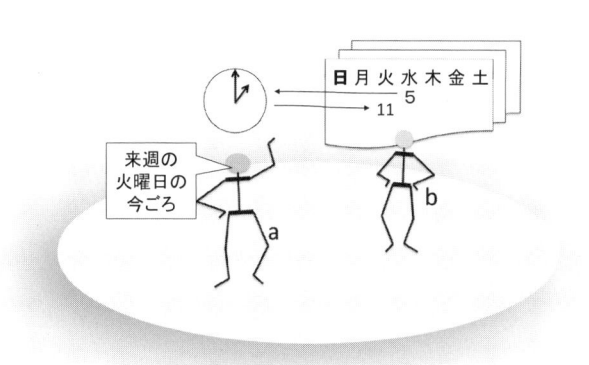

図 2.12：「来週の火曜日の今ごろ」の指示対象

また(45)では，概念者が直接は確かめられない，概念者が想像を加えて推定した時間帯が「今ごろ」の指示対象となっている。

(45) ［空港で見送った恋人を思い］|今ごろ/*今|，あの人はロンドンに

ついただろうか。

このように，指示という言語行為には，どんなに基本的な概念だと思われるような場合でも何らかの心的操作性が関わっている場合が多く，このようなバーチャル性と心的操作性が，指示という言語行為の本質であると考えられる。

2. 指示性

前節では指示対象のバーチャル性と心的操作性を，指示という言語行為の認知的基盤として考えた。そこで本節ではこの考え方を前提として，指示性（referentiality），総称（generic），特定の指示対象（specific referent），同定（identifiable）などといった意味論と呼ばれる分野の文献でたびたび議論されてきた概念が，本書の枠組みでどう位置づけられて，説明されていくかについて考える。本書では，概略，言語表現の中には指示性のない言語表現と指示性のある言語表現があり，指示性のある言語表現はその指示対象が一般化されたものか，個別化・特定化されたものかに分かれると考えている。言語表現の指示対象が個別化・特定化されている場合には，その指示対象が受け手によって同定できると想定されているか，できないと想定されているかで異なる。以下が本書の想定している概念の関連図である。

言語表現 Linguistic expressions

指示性のある言語表現
Referential linguistic expressions

個別化・特定化された指示対象
Specific referents

記憶文脈／現場文脈／言語文脈
Memory/Environment/Text

指示性のない言語表現
Non-referential linguistic expressions

一般化された指示対象
Generic referents

同定できない指示対象
Non-identifiable specific referents

同定できる指示対象
Identifiable specific referents

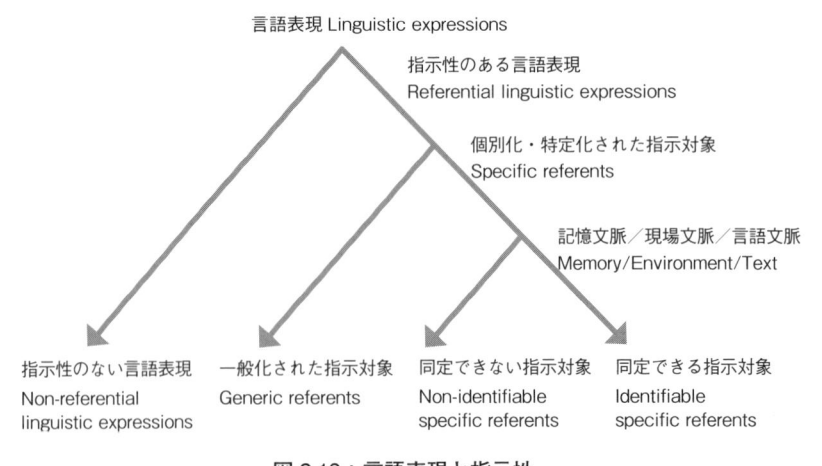

図 2.13：言語表現と指示性

2.1 言語表現と指示性

　一般に名詞及び名詞句は，そのディスコースの中で指示対象を持つことが多い。しかしディスコースの中に現れるすべての名詞がそのディスコースの中で指示対象を持っているわけではない。このとき，ディスコースの中で指示対象を持つ言語表現を，指示性がある名詞あるいは名詞句と呼び，指示対象を持たない言語表現を，指示性がない名詞あるいは名詞句と呼ぶ (Du Bois 1980: 208-209)。たとえば，特定の人物の趣味について述べられた以下の文では，文法的に見れば「山本社長」「古伊万里」「目」という3つの名詞が含まれている。

(1) 　山本社長は，古伊万里に目がない。

ここで，「社長」と「古伊万里」はこのディスコースの中で特定の人物や特定のタイプの陶器を指示していると考えることができるが，「目」は，「目がない」という慣用句の中で「趣味として収集している」とか「とても愛している」といった意味を表しており，特定の人物の「目」を表しているわけではない。この日本語の慣用表現の意味を知っている受け手にとっては，このディスコースには「山本社長」「古伊万里」といった2つの指示対象があり，その2つの指示対象の間に成立する関係（AがBに目がない）が叙述されていることになる。すなわち「山本社長」や「古伊万里」という名詞には指示性があり，「目」には本書の立場では指示性がない。

　(1)のディスコースの中で「目」に指示対象がないことは，以下の例からも明らかである。一般に指示性のある言語表現の指示対象をディスコースの後段で再び言及することは可能であるが，ディスコースのある時点で指示性のなかった言語表現の指示対象をディスコースの後段になって言及することは不自然である。

(2) 　　A 「あっ，目の上にごみがついてるよ」
　　　　 B 「えっ，どっちの目？　右目？　左目？」
(3) 　　A 「山本社長は，古伊万里に目がない」
　　　　 B ??「えっ，どっちの目がないの？　右目？　左目？」

(2)で言語表現「目」は指示性があり，Bはその指示対象を特定しようとしている。それに対して，(3)では言語表現「目」には指示性がないので，ディスコースの後段でその指示対象について言及しようとしても不自然な発話になってしまう。

名詞句の指示性はそのディスコースによることが多いので，指示性を持たない名詞句としてその文法的な環境をリストにすることは難しいが，一般に慣用表現の中に現れる名詞句は，指示対象を持たないことが多い。ただしディスコースによってはその判断が曖昧になる場合もある。

(4)　　A「田中さんが，今朝，目を回して倒れた」
　　　　B?「えっ，どっちの目？　右目？　左目？」
(5)　　A「田中さんが，びっくりして目をパチクリしてたよ」
　　　　B「えっ，どっちの目？　右目？　左目？」
　　　　A「両方」

(4)の例では「目を回す」は慣用的な意味で解釈されるのが普通であり，田中さんのどちらかの「目」を指示しているとは考えにくい。それに対して(5)の「目をパチクリする」の中の「目」は，田中さんの「目」の具体的な動きと解釈されうる場合もある。そのような解釈が可能な場合には(あるいはそのような解釈を概念者が想定していると考えられる場合には)，「目をパチクリする」の「目」も指示対象を持っていることになる[1]。

　Du Bois 1980 では，指示性を持たない英語の名詞として，いくつかの例が上げられている。

(6)　　…<u>nobody</u> ever smiles…　　　　(Du Bois 1980: 210 (7), 下線は渡部)
(7)　　Can you swim <u>a mile</u>? When you can swim <u>a mile</u>…
　　　　　　　　　　　　　　　　　　　(Du Bois 1980: 211 (12), 下線は渡部)
(8)　　I pronounce you <u>man and wife</u>.　(Du Bois 1980: 212 (17), 下線は渡部)

たとえば(6)の nobody は，文の否定のスコープに入るので，指示対象を持たず，(7)の a mile も特定の1マイルを指示しているのではないので指示性はない，と考えられている。また(8)では，代名詞である I と you は現場に

---

[1] 本節のこの件を考えていた頃に(2009.12.24)，筆者は以下のような親子の会話を，偶然耳にした。
　　［バス停で。バスを待っている娘が父に］「お父さんの顔，黒いね」
　　父「お父さんは，お腹も黒いよ」
　　［妻が夫のことばに噴き出す］
　　［母の笑った理由が分からず，娘が］「お父さんの髪も目も黒いよ」
　　この場合，父の発話の中に現れた「お腹」は夫と妻にとって，指示性のある意味とともに指示性のない慣用句としての意味があったが，娘には指示性のある意味しかなかった。また一般に日本語の慣用表現では「腹黒い」とは言うが，「お腹が黒い」とはあまり言わないことを考えると，言語表現の形と意味はこの例ではかなりゆるやかに結びついていることが分かる。

いる特定の人物を指示しているのに対し，名詞句である man and wife は結婚という状態を表現する慣用表現であり，特定の指示対象を持たない，とされている。

例は上げられていないが，Du Bois 1980 では，述語に使われた名詞句も指示対象を持たないとされている(Du Bois 1980: 209)。ただし，文脈によっては述語に現れた名詞(句)に指示性がある場合もあり，その判断は微妙である。

(9)　　田中さんは，医者だ。
(10)　　[数人の男性が座っているところを指さして]田中さんは，ほら，あそこの，赤い帽子をかぶっている人です。

たとえば(9)の日本語の名詞述語文では，少なくとも 2 つの解釈が可能である。1 つ目の解釈は，「医者」は田中さんという人物の人間的な資質について語っていて(たとえば，「背が高い」とか「若い」とか「車好き」であるとかと同様に)，田中さんはいつでもどこでも医師としての使命感にあふれているといった内容を表しているというものである。もう 1 つは「田中さんは，医者と呼ばれる人々の集合に含まれる，1 個人である」という解釈である。前者の場合，「医者」という言語表現には指示性はないと考えられるが，後者の場合には，「医者」という言語表現には一般化された医者の集合という指示対象を指示しているとも考えられ，次節で述べる，言語表現が一般化された対象を指示対象とする場合と意味が近似する[2]。

一方，(10)の「赤い帽子をかぶっている人」という言語表現は現場にいる特定の人物を指示しており，「田中さん」という言語表現も「赤い帽子をかぶっている人」という言語表現もどちらも特定の人物を指示対象としているという意味では，指示性がある。このように言語表現が指示性を持つかどうかは，(もちろんある程度の傾向はあるものの)その言語表現の形式的特徴や機能から一概に言えるものではなく，そのディスコースの中で見てみなければ分からないということが分かる。

2.2　一般化された指示対象(般称)，個別化・特定化された指示対象

言語表現に指示性があるとき(あるいは概念者及び受け手によってそのように捉えられているとき)，その指示対象はおおまかに分けて，2 つのタイプの

---

[2] 面白いことに，対応する英語の表現である，Mr. Tanaka is a (medical) doctor. には，前者の解釈がしにくいようである。

意味に分けられる。1つは一般化された対象をその指示対象(generic referent)とするものであり、もう1つは個体化・特定化された対象をその指示対象(specific referent)とするものである。一般化された指示対象とは、特定の個人や個体ではなく、対象を一般化し、その全体集合や概念を指示対象(捉え方)としたものである。個体化・特定化された指示対象では、概念者が特定の個人や個体(あるいは個人や個体の集合)をその言語表現の指示対象(捉え方)としている。

2.2.1 一般化された指示対象

一般化された指示対象とは、対象を一般化し、その全体集合や概念を指示対象としたもので、日本語では対象を特定化する働きを持つ修飾成分(指示表現や形容詞あるいは関係節など)を伴わない普通名詞(以下、裸の普通名詞)で一般化された指示対象を指示することが多い。

(11)　猫はこたつで丸くなる。

(12)　人間は愚かな動物だ。

(11)では「猫」は特定の猫について述べられているのではなく、猫という動物一般(猫の個体の集合)に共通の性質について述べられている。(12)の例も同様に集合・集団としての「人間」の特徴が述べられている。

省略も一般化された指示対象を持つことが多い(日記研編 2009b: 45)。省略とは、文中に本来あるべき言語表現を省略することによって指示をする方法であり(日記研編 2009b: 43)、以下がその例である。ϕは本来あるべき省略された言語表現の統語上の位置を表している。

(13)　(ϕが)歩くのは、健康にいい。　　　　　　　　(日記研編 2009b: 45)

(14)　大気汚染を防ぐため、(ϕは)できる限り公共の交通機関を使うべきだ。　　　　　　　　　　　　　　　　　　　　　　　(日記研編 2009b: 45)

いずれも省略された言語表現の指示対象は、一般化された「人」という概念、あるいは個人ではない集合・集団としての「人」と考えられる。

このように、言語表現が一般化された対象(概念や集合)として捉えられた内容を指示対象とする場合、言語表現の指示対象は基本的に文脈によって異なり、どのタイプの意味を表す名詞(あるいは省略)が一般化された対象を指示対象とするのかを一般的に言うのは難しい。こうした言語の一般的特徴は、たとえば英語のように、個別化された特定の対象や不特定の対象を文法的に

示すとされる言語でも同様であり，一般化された対象を指示対象とする言語表現は文法的にはさまざまな形を取りえる(Du Bois 1980: 224)。

(15) <u>Houses</u> are very expensive in Honolulu.

(16) <u>A fox</u> will chew off its own leg to escape a trap.

(Du Bois 1980: 225（61），下線は渡部)

(17) <u>The lion</u> is the king of beasts.　(Du Bois 1980: 225（62），下線は渡部)

(18) As <u>the child</u> grows, <u>he</u> learns to be independent.

(Halliday and Hasan 1976: 71，下線は渡部)

上の例の名詞句は，それぞれ複数形(houses)，不定冠詞を伴ったもの(a fox)，定冠詞を伴ったもの(the lion, the child)，そして代名詞(he)と，文法的には実にさまざまな形を取っている。しかし，これらの名詞句は文法的な形は異なるものの，指示対象は一般化された対象(概念や集合)であり，言語表現の文法的形式と意味は必ずしも一致していないことが分かる。

　更に，日本語では裸の普通名詞で，一般化された対象に含まれる，不特定の個人や個体が指示対象として指示される場合もある。

(19) ［友人にどんな人と結婚したいか訊かれて］優しい<u>人</u>と結婚したいなあ。

(20) ああ，<u>お寿司</u>，食べたい。

(21) <u>車</u>，欲しいなあ。

上で，概念者は特定の「人」「お寿司」あるいは「車」を脳裏に浮かべて，それを指示対象としているわけではない。一方，これらの言語表現は一般化された対象をその指示対象としているわけでもない。たとえば(19)では「優しい人」ならいいが，「優しい猫」ならいやと言っているわけではない。「人」「寿司」「車」と呼べる個人や個体の1つであれば，とりあえず概念者の指示対象と捉えることができる。その意味で，これらの言語表現は不特定の個人や個体を指示対象としていると考えられる。

2.2.2　個別化・特定化された指示対象

　一方，概念者はディスコースの中で特定の個人や個体を念頭において，それを言語表現の指示対象とすることもできる。固有名詞は，基本的にこのように個別化された特定の指示対象を表す典型的な例である。固有名詞は，人やものなどの，すでに個別化されて認識された特定の対象に与えられた名称(言語表現)であり，その言語表現を使うことで特定の対象を指示する。

(22)　バッハは，偉大な作曲家だ。　　　　　　　　　　　　（人名）
(23)　東京スカイツリーは新しい東京のシンボルです。　（建築物の名称）
(24)　日本の首都は東京です。　　　　　　　　　　　　　　（地名）
(25)　日本言語学会のホームページが更新された。　（団体・組織の名称）

これらの例で「バッハ」「東京スカイツリー」「東京」「日本言語学会」は，すでに概念者の中では個別化・特定化された対象である。たとえば「東京スカイツリー」は，「東京タワー」「エッフェル塔」「ロンドン塔」「通天閣」などの類似の建造物と対比され，その上で東京にある特定の建造物を，それに与えられた名称(言語表現)で指示している。

一方，日本語では裸の普通名詞やさまざまな指示表現などの言語表現が，文脈によっては個別化・特定化された対象を指示対象とする場合もある。

(26)　社長が社長だから，我が社は海外の企業との競争に勝てないんだ。
　　　　　　　　　　　　　　　　　　　　　　　　（概念者の会社の社長[3]）
(27)　[向こうから猫が歩いてきたのを見て] あっ，猫。　（歩いてきた猫）
(28)　[落ちていた本を拾って] これ，誰の？
　　　　　　　　　　　　　　　　　　　　　　（概念者の目の前に落ちていた本）
(29)　[教師が教室に入ってきて。学生に] ここ，ちょっと暑すぎませんか。
　　　　　　　　　　　　　　　　　　　　　　　　（概念者や受け手のいる場所）
(30)　中に入ってみる？　（概念者と受け手の前にある建造物の内部）

上の例で「社長」「猫」「これ」「ここ」「中」といった言語表現の指示対象は，概念者にとって特定の，ということは他の人物や猫や本，あるいは場所・空間などとは区別された対象である。

また先に述べた一般化された対象と紛らわしいが，文脈上，個別化・特定化された対象が1つのまとまりを作る場合も，個別化・特定化された指示対象であると考えられる。

(31)　昨日，画廊でドガの3枚の絵を買った。　（昨日買った3枚の絵）
(32)　税務署から調査官が3人やってきた。
　　　　　　　　　　　　　（税務署から概念者のもとにやってきた3人の調査官）

たとえば(31)で昨日買った絵は，「特定の3枚」の絵であり，(32)で税務署からやってきた調査官は，「特定の3人の調査官」である。日本語ではこの

3　この例では，2つ目の名詞(「社長」)が特定の人物を指示している場合を示している。しかし，1つ目あるいは両方の名詞が特定の人物を指示する場合もありえる。

ような意味を表すとき，数量表現が名詞の前に来る場合が多いようである。英語でも音楽グループの名前や国名などでこのような指示対象を持つ言語表現が使われることがあり，面白いことに，その場合，単語は形態的に複数形であっても文法的に単数としても扱われる場合がある。

(33)　　Here comes the Beatles[4].

(34)　　The Philippines is an independent country.

しかし，このような一般化された指示対象と個別化・特定化された指示対象とは意味的には連続的であり，先の日本語の例でも見たように，同じ言語表現が文脈や概念者の捉え方によっては違う指示対象を持つことが多い。英語でも，以下のように同じ言語表現が，文脈によっては，一般化された対象に含まれる不特定の個人・個体を指示する場合と，特定化された個人・個体を指示する場合がある。

(35)　　Susan wants to marry a Norwegian.

(Du Bois 1980: 224 (59), 下線は渡部)

上でスーザンが結婚したい相手が(たとえば国籍取得の偽装結婚をするために)ノルウェー国籍を持つ人物であれば誰でもいいというのであれば，言語表現 a Norwegian は一般化されたノルウェー人という人間の集合に含まれる，不特定の個人を指示対象としていることになる。これに対して概念者がこのディスコースでスーザンが結婚したいと思っている特定の人物を念頭においていて，その人物をその国籍によって(「スーザンにはアメリカ人と日本人のボーイフレンドがいるけど，結婚したいのは例のあのノルウェー人さ」といった具合に)指示しているのであれば，言語表現 a Norwegian は個別化・特定化された指示対象を持っていることになる[5]。このように言語表現と指示対象には，(言語ごとに異なるものの)形式と意味(「組み立て」)に決まった結びつきがあるわけではなく，文脈及び概念者の捉え方が大きな役割を担っている。

2.3　同定性

概念者がディスコースの中で個別化・特定化された指示対象を念頭におい

4　もちろん，個々のメンバーの集合と考えたような場合は，「The Beatles are funny guys, aren't they?」のように複数形でも表現される場合もある。

5　文献によっては，前者を opaque(不透明)な読み，後者を transparent(透明)な読みと呼ぶことがある。受け手に概念者の意図している対象が見えているか(透明)，いないか(不透明)といった側面を捉えた用語であろう。

ている場合，概念者が受け手も自分の意図している指示対象が分かると想定している場合と，していない場合がありえる。同定性とは，このような送り手としての概念者の受け手の概念化に関する想定であり，受け手が概念者の意図している指示対象を特定することを(受け手による言語表現の指示対象の)同定と呼ぶ。したがって指示対象が同定可能とは，概念者が(そのディスコースの中で)受け手も自分の意図している指示対象を，言語表現の形態的特徴や文脈から同定できる(はずだ)と想定していることであり，指示対象が同定不可とは，概念者が，受け手は自分の意図した指示対象を(そのディスコースの中では)同定しなくてもよいと考えていることである(Du Bois 1980: 207, 217-218)。

同定性に関する一般的な特徴の1つが，同定性という意味に関する現象が言語によっては実にさまざまな形態・文法的な方法で表されていることである。同定性が文法化された例として，英語の定冠詞や所有格などの形式[6]がよく知られている。たとえば，英語では受け手が指示対象を同定できると概念者が考えたとき，定冠詞 the や所有代名詞の his などを伴った名詞句が使われる。

(36)　［遠くに見える男性を指さし］Hey, look at the man.
(37)　　John loves his wife.

たとえば(36)では，the man という名詞句は発話の場にいる特定の人物をその指示対象としており，概念者は受け手も現場の文脈を参照して，その指示対象を同定できると考えている。(37)では，たとえば概念者は受け手も以前から John とその妻を知っているなどといった理由から同定ができると考えている。

更に高度な文法的手段で同定可能な指示対象が示される場合もある。たとえばタガログ語では動詞の形態的な形(自動・他動詞を示す接中辞)と限定詞[7]

6　一般に，このような文法的な形式は definite と呼ぶことが多い(たとえば Lyons 1999)。しかし，定冠詞 the を伴う表現が必ずしも同定可能な指示対象を指示するわけではないので，本書では，definite を言語表現の形態的な仲間，同定性(identifiability)を意味的な概念を表す用語として使い分けることにする(Halliday and Hasan 1976: 3, 70-73; Du Bois 1980: 207-208, 220-221, 224)。

7　本書では，限定詞(determiner)とは，名詞句の右端及び左端に現れる統語的なカテゴリーと定義する。英語の a や the などの冠詞，あるいは his や her などの所有格代名詞も統語的には限定詞であり，同定性に関する意味的な機能も併せ持つ。それに対して，タガログ語の ng や ang，あるいはトンガ語の限定詞は，修飾される名詞が普通名詞か固有名

の組み合わせという統語的な手段によって，同定可能な指示対象が示される．

(38) B-um-asa ang lalaki ng diyaryo.
　　　読 -um- む　限　男　　限　新聞　　　　　　（限＝限定詞）
　　　「(その)男が新聞を読む」　　　（Starosta 1996，日本語訳は渡部）

(39) B-in-asa ng lalaki ang diyaryo.
　　　読 -in- む　限　男　　限　新聞
　　　「(その)男がその新聞を読む」　（Starosta 1996，日本語訳は渡部）

(38)で -um- は自動詞を作る接中辞であり，(39)で -in- は他動詞を作る接中辞である(Starosta 1996)．つまりタガログ語では，自動詞文の場合には同定不可能と捉えられた指示対象が，他動詞文の場合にはその目的語に立つ名詞句は同定可能と示すことになる．以下のトンガ語(40)(41)やチャモロ語(42)(43)でも，タガログ語のように同定性が文法的に示されている．

(40) Na'e kai ika 'a Sione.　　　　　　　（'= /ʔ/ glottal stop）
　　　過去　食べる　魚　ABS　ジョン　　　　　（ABS = absolutive）
　　　「ジョンは魚を食べた」
　　　　　　　　　　　　（Hopper and Thompson 1980: 258 (19b)，日本語訳は渡部）

(41) Na'e kai 'e Sione 'a e ika.
　　　過去　食べる　ERG　ジョン　ABS　Def　魚
　　　　　　　　　　　　（ERG = ergative, Def = definite, ABS = absolutive）
　　　「ジョンはその魚を食べた」
　　　　　　　　　　　　（Hopper and Thompson 1980: 257 (19a)，日本語訳は渡部）

(42) Siña yo' man-li'e' palao'an.
　　　可能　私　見る　　　女性
　　　「私は 1 人の女性が見える」　（Topping 1973: 91，日本語訳は渡部）

(43) Siña yo' man-li'e' i palao'an.
　　　可能　私　見る　　冠詞　女性
　　　「私はその女性が見える」　　（Topping 1973: 91，日本語訳は渡部）

日本語の場合には，上で見た英語やタガログ語などの例に比べると，同定性は文法的な方法はあまり取らずに文脈的な手段で示されることが多い．しかし，同定性が文法的に反映されていると考えられる例もないわけではない．一般に日本語では，ディスコースに初出の普通名詞は，「は」で表され

かなどで使い分けられ，統語的な情報を表す場合が多い．

る主題にはなりにくいという現象がある。

(44)　＊千円札は道端に落ちていた。　　　　　　　（日記研編 2009a: 184）

たとえば，概念者の目の前に千円札が落ちていて，概念者が受け手にそのことを知らせようとするような場合には，以下のような言い方が自然であろう。

(45)　あっ，千円札が落ちている。

反対に普通名詞に「は」が伴われると，ディスコースに既出の，つまり受け手に同定できる指示対象を示しているように感じられ，子供が警察官に拾った千円札がどこにあったか尋ねられたような場合には，以下のような表現も自然な発話となる。この場合には，「千円札」の指示対象は同定可能である。

(46)　［交番で。警察官が子供に］「この千円札はどこに落ちていたの？」
　　　　子供「この千円札は，道端に落ちていたの」

そこで以下では，文脈の種類ごとに現場文脈，言語文脈，記憶文脈の3つに分け（日記研編 2009b），日本語の同定性を考えていくことにする。

2.3.1　現場文脈を参照した同定

現場文脈とは，ディスコースの場で参照されうるさまざまな情報の総体のことである。現場文脈指示とは，そのような情報を参照して指示が行われることであり，基本的には，現場にある対象が指示対象（の対応物）としてディスコースの中に読み込まれる。これを同定性という観点から見れば，概念者は受け手も自分の意図する指示対象（の対応物）を，現場文脈を参照して同定できる（はずだ）と想定して指示を行っていることになる。

典型的な現場文脈指示では，ダイクシス（deixis）と呼ばれる言語表現が使われることが多い。一般に，日本語の現場文脈指示では，概念者に近い対象にはコ系の言語表現が，受け手に近い対象にはソ系の言語表現が，どちらからも遠い対象にはア系の言語表現が使われるなど，現場にある対象と概念者・受け手の位置関係により言語表現が選択される原則的な指示の方法がある[8]。受け手は，概念者の選択する言語的な情報と概念者・受け手の位置関係を手掛かりに指示対象を同定する。

(47)　［机の上に置かれた本を指さし。妻が］これ，誰の本？

---

[8] このような指示の仕方を，日本語では直示という（金水・今仁 2000: 119, 122）。また英語の this や that などの言語表現も，本質的にことばで現場にあるものを指示するための道具である（Halliday and Hasan 1976: 57）。

(48)　［妻の持っている携帯電話を指さし］それ，僕の携帯じゃない？
(49)　［図書館で。窓際の机の上にある本を指さし。学生が］あの線形代数の本，誰の？　忘れ物じゃない？

現場文脈指示では，指示対象に対応する物が実際にその場にあることが多いので，概念者の身振りや指さし，視線などの非言語的な指示動作が伴うことも多い。しかし，もし概念者がこれらの非言語的な方法だけに頼って指示対象を表し分けるとすれば，動作の大きさや速さなどでさまざまに表し分けなければならず，音声言語の記号としての象徴性や簡潔性がこの点からもうかがえる。

発話時を基準とした時間も現場文脈指示の1つと考えられる。たとえば「今」という言語表現の指示対象は，概念者が発話を行った時点を指示対象としており，その指示対象は談話が進むにつれ刻々と変化する。

(50)　A「すいません。今，何時ですか」
　　　B「えっと，今は，三時十分過ぎですね」

英語の定冠詞 the を使った指示にも，現場文脈からの同定性が想定されている場合がある。

(51)　Pass me the towel.　　　　　（Halliday and Hasan 1976: 71，下線は渡部）
(52)　Mind the gap.　　　　　　　　（ロンドン地下鉄のアナウンス）

(51)で，概念者（妻）がたとえば洗面台で顔を洗っているような状況を想定すれば，妻は顔を洗いつつ，夫に夫の後ろのタオル掛けにかけてあるタオルを取ってくれと言っているような状況を想定できる。このとき，受け手（夫）が the towel の指示対象を同定するのには，その場の様子（現場文脈）を参照することが必要となる。また(52)は，ロンドンの地下鉄で地下鉄が構内に到着したときになされるアナウンスであるが，the gap は地下鉄の列車と地下鉄のホームとの間にできる隙間(gap)を指示対象としている。ここで地下鉄の列車が駅の構内に入ってこなければ，この隙間(gap)は存在しないといった意味で，そのときの現場文脈を参照しなければ，指示対象は同定できないことになる。

直示は，ディスコースの現場にある対応物を参照して指示を行うという意味で，以下で述べる言語文脈や記憶文脈を参照した指示と異なっている。言語文脈や記憶文脈を参照した指示では，一般に我々が記憶と呼ぶ働きが重要な役割を担っている。記憶と指示に用いられる言語表現との関連については，4.でも見る。

2.3.2 言語文脈を参照した同定

言語文脈とは，ディスコースの中で言語表現によって表現された内容のことである。したがって言語文脈指示とは，そのような言語的に表現された情報を参照して指示が行われることであり，概念者と受け手の一時的な記憶 (working memory) が重要な役割を担っている。言語文脈指示は，典型的にはディスコースにすでに導入された指示対象に再び言及するときに使われることが多く，たとえば「彼」という言語表現の指示対象は，ディスコースの前段ですでに登場した指示対象であることが多い。

(53) ［同僚とおしゃべりをしていて，思い出したように］そうそう，社長室の田中さん，知ってるでしょ？ 彼, ああ見えて，英語, スペイン語, 中国語に堪能なんだって。

(53)では，概念者と受け手の共通の知人である「社長室の田中さん」が固有名詞を伴った言語表現でディスコースにまず導入されている。このとき，この「社長室の田中さん」という言語表現の指示対象は，このディスコースの時点では初出であり，受け手は自分の記憶文脈を参照してその指示対象を同定していることになる (記憶文脈については，2.3.3 で見る)。そして概念者は次の文で「彼」という言語表現で同じ指示対象にもう一度言及し，今度は受け手がすでに述べられた言語文脈を参照してその指示対象を同定できると想定している。これを受け手の立場に立って見てみると，「彼」の指示対象を同定するのには，すでに概念者によって話された言語文脈の内容を参照して，その中に現れた指示対象を検索してみなければならないことになる。受け手は概念者によって話されたディスコースの内容を思い出し，そして，すでにディスコースに読み込まれた「社長室の田中さん」の指示対象と「彼」の指示対象が同じであると同定する。このように言語文脈を参照して，その中に現れた指示対象を検索して行われる指示が，言語文脈指示である。ここで，この例のように後続の言語表現の指示対象を，すでにディスコースに導入された指示対象を参照して同定することを，(言語文脈の)前方照応と呼ぶ。

反対にディスコースの後段に現れる内容を参照して，その指示対象が同定される場合もある。これを(言語文脈の)後方照応と呼ぶ。これを同定性という観点から見れば，概念者は自分の意図する指示対象を，これからディスコースに導入される指示対象の検索作業を通して受け手が同定できる(はずだ)と想定していることになる。

(54) これは有名な話だが，アインシュタインは学校の成績はまるでだめだった。
(日記研編 2009b: 31)
(55) そこに入ると生きて帰れないとまで言われた病院

(54)で「これ」の指示対象は，ディスコースの後段で示される「アインシュタインの学校の成績は良くなかった」という内容であり，「これ」の発話の時点では受け手にとって，その指示対象をそれ以前の言語文脈を参照して同定することはできない。同様に(55)の「そこ」の指示対象はディスコースの後段で示される「病院」である。このように一般に後方指示は言語文脈指示で使われることが多いが，現場文脈を利用した，以下のような例もある。

(56) ［訪問者が］あの，これはつまらないものですが。［訪問者が持参したふろしき包みをほどき，中の贈答品を差し出す。］

この例で「これ」の指示対象は，この発話以降に訪問者がする行為によって示されるふろしき包みの中身である。

一般に，言語文脈指示には，普通名詞や指示表現あるいは省略などのさまざまな言語表現が使われる。

(57) 田中に英語の教科書を貸してもらった。その教科書には，田中がびっしりと書き込みをしていた。
(58) おい，携帯，換えたんだって？　ちょっと(φ)見せてくれない？

(57)で，「その教科書」の指示対象は「田中氏の英語の教科書」である。また(58)では，ディスコースにすでに導入された，「(受け手の)携帯(電話)」の指示対象と，省略(上ではφで表記)の指示対象は同一である。受け手はディスコースの前段で導入された指示対象を検索することで，後続の言語表現の指示対象を同定する。

更にある種の抽象的な内容を表す普通名詞の場合も，その指示対象が言語文脈を参照して同定されることが多い。たとえば「…問題，課題，議題，事態，状態，情勢，事項，ことがら，場合，時期，時…」などの問題・事態・状況などを表す普通名詞は，前後の言語文脈を参照して，その内容(指示対象)が同定される。これらの名詞には，指示表現などの他の言語的な手段が伴うこともあるが，普通名詞だけの場合もある。

(59) 問題が問題だから，早急に手を打たなければならない。
(60) 事態は一刻を争う。
(61) ［議長が］時間がありませんので，この事項は後日の委員会で検討

いたします。

(62) ［顧客係がお客の質問に答えて］<u>その場合</u>は，リコールの対象にはなりません。

　一般に言語文脈指示は，同じ指示対象に再び言及するときに使われることが多く，このようにすでにディスコースにすでに導入された指示対象を他の言語表現で指示することにより，ディスコース内部要素の結びつきを高め，結果的にディスコースの結束性を高める言語的な手段の1つとなっている。

2.3.3 記憶文脈を参照した同定

　記憶文脈とは，ディスコースの中で参照されうる概念者や受け手の長期的な記憶のことで，記憶文脈を参照した同定とは概念者が自分の意図する指示対象を，受け手が自分の記憶文脈を参照して同定できる（はずだ）と想定している場合である。たとえば以下の例では，「社長室の田中さん」という言語表現の指示対象を受け手も自分の記憶を検索して同定できる（受け手も「社長室の田中さん」を知っている）と想定されている。一般に，固有名詞（あるいは固有名詞を含む言語表現）は，記憶文脈指示で使われることが多い。

(63) ［同僚とおしゃべりをしていて，思い出したように］そうそう，<u>社長室の田中さん</u>，あの人，今度，大阪に転勤だって。

　記憶文脈を参照した同定で興味深いのは，日本語のア系の指示表現である。日本語のア系の指示表現は，受け手との共通体験の中で知った対象，あるいは共通体験の中で発言されたり考えたりした内容を指示対象として使われる場合がある[9]。

(64) 妻「もう3年になるね，イギリスを旅行してから。エディンバラの湖畔の教会，覚えてる？」
　　　夫「うん，覚えてる。また<u>あの教会</u>に行ってみたいね」
　　　　　　　　　　　　　　　　　（日記研編 2009b: 35，下線は渡部）

(65) さっきは，<u>あんなこと</u>言ってごめん。

上で「あの教会」の指示対象は夫と妻が一緒に行った旅行で訪れた教会であり，「あんなこと」の指示対象は概念者と受け手が以前の会話で話した内容

---

[9] 日本手話では，発話の現場にない，概念者の記憶からディスコースに導入された指示対象は，頭の横で人差し指を上の方に向けて指示する。このような言語表現は手話言語に一般的に言われることだが，音声言語よりもアイコン性（iconicity）が高く，非手話者である筆者にもその意味が直観的に理解できた。

の一部である。このように記憶文脈指示では，指示が概念者及び受け手の記憶に基づいて行われている。反対に記憶文脈指示では，受け手は自分の記憶を参照して初めて，概念者の意図する指示対象を同定できることになる。

ただし記憶文脈とは，基本的に概念者が受け手の知識の中身を想定することになり，その意味で概念者の主観的な想定になりやすい。たとえば，概念者が受け手のことを実はあまり知らなくても，受け手が指示対象を同定できると思う十分な根拠があるとき，ア系の言語表現が使われる場合がある。

(66) ［刑事が容疑者のアパートに突然入ってきて。容疑者の同居人に向かって］おい，あいつはどこに逃げたんだ？

(67) ［取調室で。刑事が容疑者に］おい，あの時，おまえは一体どこにいたんだ？

上で「あいつ」や「あの時」といった言語表現の指示対象は受け手である「同居人」や「容疑者」にとって自明のことだと概念者である刑事は想定している。このような想定はあくまで概念者の主観的な想定であり，ある意味，概念者の受け手に対する高圧的な態度を想起させ，高飛車な感じを与えることもある。

記憶文脈を参照した同定で本書の関心から最も興味深いのは，構造化された知識，本書でフレームと呼ぶ記憶を参照した同定である。たとえば以下のような英語の例では，概念者は受け手に一定の構造化された知識があることを前提にして，指示が行われている。

(68) ［教室で。科学の教師が］The earth goes around the sun.

(69) ［車のセールスマンが車のボンネットを開けて。ハイブリッドカーの仕組みを顧客に説明して］So, this is the engine. This is the battery. And, this is the motor.

(68)では the earth や the sun の指示対象が受け手の長期的な記憶，たとえば我々が住むこの星の周りには，日本語で「太陽」や「月」と呼ばれる星々があり，それぞれが互いに関連して存在しているといった知識を踏まえて，英語ではそれぞれの対象を the earth, the sun などと表現している[10]。

(69)ではやや判断が微妙になるが，概念者が現場文脈からの情報と受け手

---

10 実際，英語の earth には，「土」や「地面」といった意味もあり，the earth は我々が住む「この地面」といった意味も持つ。また太陽以外の恒星も sun であり，その意味で the sun は通常「我々の住むこの星を含む太陽系の sun」といった意味になる。

の車に関する知識の両方を前提として，the engine, the battery, the motor の指示対象を同定できると想定している。したがって，もし受け手に車の構造に関する一般的な知識が全くないと考えられる場合，the engine, the battery, the motor といった言語表現の意味は，言語表現と目の前にある対応物との関係は分かるものの，十分に受け手に伝わらないことになる。

このような記憶文脈指示では，概念者が受け手も特定の事物に関する知識を持っていると想定していることが重要であり，本書ではこのような知識は何らかの構造化をされて概念者・受け手の長期記憶の中に蓄えられていると考えている。また，このような指示における同定性は，一見，その区別が容易にできるように思われるが，実際の指示対象の解釈は連続的であり，それぞれの文脈や概念者の意図が複雑に絡みあっている場合が多い。

3. 指示とフレーム

前節でも見たように，概念者及び受け手の指示対象の概念化に際し，記憶は参照すべき重要な文脈の1つである。ここで，本書で言う記憶とは，さまざまな知識が雑然と積み重なったものではなく，言語的に互いに関連づけられ構造化されていると考え，フレームと呼んできた（第1章の3.を参照）。そこで本節ではフレームという観点から，普通名詞，メトニミー，そして取り立て助詞による指示を見ていくことにする。

3.1　フレームの構造と本書での表記

それでは，一体フレームは指示にとってどのような働きを担っているのだろうか。日本語の場合，その働きの1つを普通名詞で特定の指示対象を指示する働きに見ることができる。日本語では，指示詞や形容詞あるいは関係節といった対象を特定化する働きを持つ修飾成分を伴わず，単独の普通名詞（以下，裸の普通名詞）で同定性を想定した指示が行われる場合がある。

(1)　昨日，検診で病院に行ったんだけど，お医者さんがちょっとおっかなくてびっくりした。まあ，診察時間ギリギリに診察室に入ったんだけど，ぶすっとしてさ。帰りに看護師さんに受付のところで謝られたけど，何かねえ。

ここで「お医者さん」「診察時間」「診察室」「看護師さん」「受付」といった言語表現だけを見ると，特定の指示対象を表すような修飾は何もつけられていない。その意味で，受け手は指示対象を一般化された指示対象あるいは不特定の個体を指示対象と捉えることは可能である。しかし，通常の日本語の使い手であれば，このディスコースでの「お医者さん」は概念者が前日に行った病院の特定の「医師」であり，「診察室」がその病院の診察室，「看護師」がその病院に勤務している看護師と捉えるであろう。つまり，上の短いディスコースでは，概念者はそれぞれの言語表現に特定の指示対象をあてはめながらディスコースを進めていることになる。ここで，仮に概念者が脳裏に思い浮かべたシーンを病院のフレームと呼び，そこに指示対象として a, b, c, d, e をあてはめていると仮定すると，病院のフレームとフレームの中に登場する役割(言語表現)との関係は，概ね以下のように示される。

(2) 　　病院のフレーム = ¦…a, b, c, d, e…; …お医者さん(a)，患者，診療時間(b)，診察室(c)，看護師(d)，受付(e)，窓口，患者の家族…；…(略)…¦

反対にこの概念者の立場から見ると，受け手も自分の知識を参照して病院のフレームを呼び出し，(たとえバーチャルであろうとも)指示対象を同定していくだろうと想定していることになる。つまりこの例では，概念者は，受け手もこのような構造化された病院のフレームを持っていることをまず想定しており，その上で，受け手もこのフレームを参照して，(1)の短いディスコースの指示対象を同定していくだろうと想定していることになる。ここで厳密に言うと，フレーム的な関係にあるのは，指示対象 a に対応する現実世界での対応物 a' と指示対象 b に対応する現実世界での対応物 b' である。この指示とフレームの関係を整理すると，以下のような図になる。

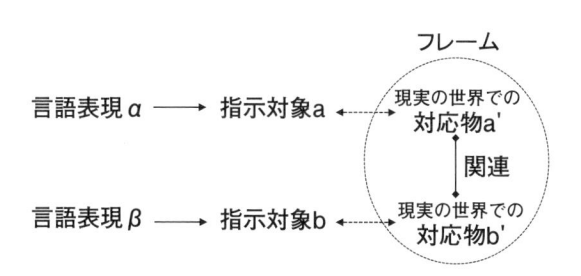

図 2.14：指示とフレーム

このようなフレームと指示の働きは、決して日本語だけに見られる現象ではなく、たとえば、英語では上で見たような状況で、定冠詞＋普通名詞という言語表現で同定可能な指示対象が指示されていく場合が多い。以下のディスコースは、アメリカ CBS テレビの「60 minutes」というドキュメンタリー番組の一部である。Lesley Stahl は番組のキャスターであり、会話の相手の Meg Novotny は医師であり、相貌失認(face blindness あるいは prosopagnosia)を患っている。相貌失認とは、人の顔を見ても、それが誰の顔なのか見分けられない障害である。

(3) Lesley Stahl: If I were your patient, we— you'd spent a long time with me discussing a problem. I come back the next time.

Meg Novotny: Oh, no, no, no. You walk out to <u>the window at the front</u> and start <u>checking out</u> and I walk out of <u>the room</u> and I don't know who you are.

（「Face Blindness」2012 年 3 月 18 日放送[1]、下線は渡部）

(3)で、下線の名詞句の指示対象は定冠詞 the を伴っているものの、それだけでは一体何を指示対象としているのか必ずしも明確でない。たとえば、the window とは一体どこの窓のことなのか、あるいは the room とはどの部屋のことなのかは、この言語表現を見るだけでは判然としない。しかし、ここに先に見た病院のフレームを重ね合わせ、状況を補ってみると、概念者 (Meg Novotny) が病院に関連する特定の窓、特定の部屋のことを、それらの言語表現で指示していることが分かる。そのことに留意して和訳をしてみると、以下のようになる。

(4) Lesley Stahl 「もし私があなたの患者だったら、私たち、ええと、先生は私と病気の話をして長時間過ごしますよね。で、次に会ったら」

Meg Novotny 「だめですね。あなたが<u>受付の窓口</u>まで歩いて行って、<u>治療費の支払</u>を済ませて、で私が<u>診察室</u>を出るでしょ。そしたらもうあなたが誰だか分からなくなるわ」

この例で大事なことは、英語では日本語のように「受付の窓口」や「治療費

---

1 http://www.cbsnews.com/video/watch/?id=7402685n&tag=contentMain;contentBody

の支払」「診察室」などといった病院のフレームを強く喚起させる言語表現を使わずに、むしろ一般的な普通名詞(「窓」「支払」「部屋」)と定冠詞で、病院の中の特定の部位を指示対象としていることである[2]。このことは、反対に言えば、英語でも言語表現とフレームが一緒に働くことによって初めて、概念者が意図する指示対象が受け手に適切に捉えられる、ということになる。

またこのようなフレームの特徴として、フレームは一般に全体と部分といった関係を形作ることが多いことが上げられる。そして、このようなフレームの全体と部分が相補って、指示に実に重要な働きを担っている。以下、日本語のさまざまな用例から言語的に有用なフレームに一体どのようなタイプのものがあるのかを、その特徴に注目しつつ、具体的な例とともに見ていく。

3.2　日本語の裸の普通名詞による指示とさまざまなフレーム

まず指示とフレームの関わりを探るなかで、日本語のディスコースでは、同定可能な指示対象が裸の普通名詞で指示されることが多いという事実が上げられ、これは日本語のディスコースの特徴の1つとなっている。このとき指示対象の同定にフレームの果たす役割は重要である。そこで以下では、日本語の裸の普通名詞での指示とそれに関するフレームのごく一部を、具体的な例とともにその特徴に注目しつつ、その種類を見ていくことにする。

3.2.1　人や物の物理的な構造に関するフレーム

全体と部分というフレームの特徴をもち、言語的に最も基本的なフレームの1つは、人や物の物理的な構造を反映したフレームである。人や物の全体は部分からなっており、反対に部分を表す言語表現の意味を理解するには、部分と全体の関係を理解しなければならない(山鳥 2002: 95)。たとえば、人の身体は典型的な全体と部分の構造を持つフレームとなっており、これを本書の書式と図で示すと(5)のようになる。

(5)　　　人間の身体のフレーム = |…(略)…；…身体，目，髪，口，手，足…；…(略)…|

2　医療行為のフレームは、Lesley Stahl の発話にある patient(患者)という語によって喚起されていると考える。

図 2.15：人間の身体のフレーム

　このフレームを概念化素材 (conceptual contents) の 1 つとして，以下の例では裸の普通名詞で特定の指示対象が指示されている．

(6) 　［小説で］山本は目を見張った．手が震えている．

(7) 　［小説で］少女は，長い髪をなびかせて，走り去った．

(6)で「目」と「手」は，ディスコースの前段で登場した「山本」の「目」[3]と「手」と捉えられるのが普通である．また(7)で「髪」は「少女」の「髪」である．このように裸の普通名詞は，通常の普通名詞の場合のように，不特定の対象(あるいは一般化された対象)を指示対象とするのではなく，人間の身体に関するフレームがこれらのディスコースに適用されることによって，特定の人物の身体部位を指示していることが分かる．

　建物や乗り物にも，その構造を反映した全体と部分のフレームが適用される場合がある．以下が，その例と参照されたと考えられるフレームである．

(8) 　丘の上に立つと，海峡沿いに大きなお屋敷が見えた．屋根はトルコブルーの目のさめるような青だ．

(9) 　建物のフレーム = {…(略)…；…建物，屋根，窓，壁…；…(略)…}

(10) 　急ブレーキをかけると，タイヤがきしんだ音をたてた．

(11) 　自動車のフレーム = {…(略)…；…自動車，ブレーキ，アクセル，ハンドル，タイヤ…；…(略)…}

ここで上のディスコースにそれぞれのフレームを当てはめて考えてみると，(8)では「屋根」の指示対象は「丘の上から見えたお屋敷」の「屋根」であり，(9)では「タイヤ」は「急ブレーキをかけた自動車」の「タイヤ」であ

---

[3] ただし，この表現の中の「目」を「驚く」といった意味を持つ慣用表現の「目を見張る」の一部として指示性がないと考えた場合には，「目」は指示対象を持たない．

る。このように我々は通常,「建物」には「屋根」や「窓」があることを知っており,「自動車」には「タイヤ」があることを知っている。そして,これらの全体と部分のフレームが,ディスコースに当てはめられて指示が行われている。一般に,このような対象の物理的な構造に関するフレームでは,指示対象(厳密に言うと,指示対象に対応するとされた,現実の世界での対応物)の全体と部分の物理的な性質がフレームの中に反映されていることになる。

3.2.2 出来事の構造に関するフレーム

人が日常生活で経験するさまざまな社会的・個人的な活動も,出来事とそれに関連する事物といった意味で,全体と部分といった構造を持つフレームとして理解されている場合も多い。たとえば,以下の裁判のシーンで見られるようなフレームは,そのような例の1つである。

(12) 東京地裁第三小法廷に異様な沈黙が流れた。今言った証人の証言がもし正しければ,被告には決定的なアリバイがあることになる。検察官が証人の裏切りに気がつくまで数秒かかった。裁判官が証人の真意を確かめようとしたとき,記者が傍聴席を一斉に飛び出した。

(13) 裁判官が被告に向けて静かに語りかけると,傍聴人の中からすすり泣きの声が聞こえ始めた。

上の例で,たとえば「証人」の意味を知ろうと思ったら,他の「裁判官」や「被告」といった役割が「裁判」の中で果たす役割を知っていなくてはならない。その上で「証人」の指示対象には,その「裁判」の中に含まれる個人が振りあてられ,他の「裁判官」や「証人」も同様である。つまり実際のディスコースの中では,指示対象が実際に存在する人物であれ,バーチャルな人物であれ,裁判のフレームが喚起され指示対象の同定が行われていることになる。このような裁判のフレームは,概ね以下のように示される。

(14) 裁判のフレーム = ｜…(略)…；…裁判官, 証人, 被告, 検察官, 弁護士, 傍聴人, 記者, 法廷, 時間…；…(略)…｜

この他にも,さまざまな人の社会的・個人的活動がフレーム化された知識として,指示に関わっている。以下では,「カウンセリング」「交通事故」「キャンプ」のフレームを概念化素材とする例を上げておく。

(15) ［小説で］「そこにかけて,ゆったりとしてください」精神科医がそ

う言うと，患者はいつもの長椅子に黙って腰をおろした。長身の看護師が診療室の照明をおとした。

(16) カウンセリングのフレーム ＝ |…(略)…；…精神科医，患者，診療室，長椅子，看護師，診療時間…；…(略)…|

(17) 昨日すぐそこの国道で大きな事故があったが，目撃者によると，運転手の車がセンターラインを大きく越えて，反対車線側に飛び出したらしい。

(18) 交通事故のフレーム ＝ |…(略)…；…加害者／運転手，事故車，被害者／歩行者，目撃者，センターライン，反対車線，事故現場，事故発生時間…；…(略)…|

(19) 先日キャンプに行ったら，テントが小さくて困った。それに，飯ごうは持って行ったけど，途中で固形燃料が切れてご飯が食べられなかった。

(20) キャンプのフレーム ＝ |…(略)…；…人，テント，寝袋，飯ごう，毛布，固形燃料，キャンプ場，時間…；…(略)…|

3.2.3 産出に関するフレーム

産出に関するフレームとは，人が何かを作り出し，産み出すといった行為に関連するフレームである。この意味で，産出に関するフレームとは出来事のフレームのサブタイプとも考えられるが，産出に関するフレームは，それに関連する言語表現の豊かさでも，実際の指示の働きの豊かさからも，特筆に値する。ヒトはその種の特色として，さまざまな物を作り出す。このことが，産出に関するフレームが我々の種としての特徴を言語的にも表している可能性がある[4]。産出に関するフレームのプロトタイプをものづくりのフレームと呼ぶと，ものづくりのフレームは概ね以下のように表される。

(21) ものづくりのフレーム ＝ |…(略)…；…人，もの…；…人がものを作る…|

この「ものづくりのフレーム」から，日本語では，特定の分野の「作家」が物である「作品」を作るという関係を持つとき，物を作る人と人が作る物にそれぞれ専門の言語表現が与えられていることが多い。以下が，その例で

---

4 産出に関するフレームは，第3章で見る「事態」でも重要な働きを見せる。

ある。

(22) 執筆のフレーム = {…(略)…；著者／作家，原稿，本，出版社，本屋，読者…；…(略)…}
(23) 作曲のフレーム = {…(略)…；作曲家，曲，楽譜出版社，演奏家，CD…；…(略)…}
(24) 絵画のフレーム = {…(略)…；画家，絵画，画廊，…；…(略)…}
(25) 作陶のフレーム = {…(略)…；陶工，陶器，流通業者，消費者，収集家…；…(略)…}

これらの執筆や作陶のフレームに基づいたディスコースには，たとえば，以下のようなものがある。

(26) 昨日，<u>本屋</u>で偶然面白い<u>本</u>を見つけた。<u>著者</u>は新進気鋭の経済学者らしい。
(27) 先日，<u>先生</u>がご自分の<u>著書</u>を読んでおられた。
(28) <u>作家</u>は<u>作品</u>の評判が心配で<u>出版社</u>に「？」とだけ書いた手紙を送った。<u>出版社</u>からの返事は「！」であった。
(29) <u>田中</u>は<u>作品</u>のできに納得できずに，すべての<u>陶器</u>を破棄した。

(26)では「著者」の指示対象は「本屋で見つけた面白い本を書いた人」であり，「新進気鋭の経済学者」と理解するのが普通である。また(27)では，「著書」の指示対象は，「先生が書いて出版した本」である。更に(28)では，「作品」は「作家」が書いた著述物であり，(29)では「陶器」である。

3.2.4 関係と名称に関するフレーム

人は人間関係の中に生活しており，そのときどきでさまざまな人間関係の「役割」をまとって生活している。この人間関係と個人の関係も，全体と部分という構造を持つフレームと見ることができる。たとえば，家族は人の属する最も小さな，そして基本的な集団であり，1人1人の個人はその家族という集団の中で個別の役割を担っている。家族の形の1つは，たとえば，以下のようなフレームに示される。

(30) 家族のフレーム = {…(略)…；…父，母，息子，娘，兄，弟，姉，妹…；…(略)…}

3. 指示とフレーム　　81

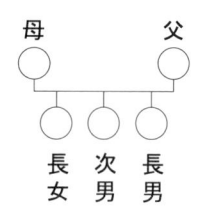

図 2.16：家族のフレーム

　ここで，概念者の知っている知人を知人のフレームと呼び，知人の1人の「田中」の指示対象をaとすると，知人のフレームと家族のフレームを組み合わせて，概念者の世界の一部が以下のように示される．

(31)　知人のフレーム ＝ {…a…；…鈴木，田中(a)，吉田…；…(略)…}

(32)　家族のフレーム ＝ {…a…；…父，母，息子(a)，娘，兄，弟，姉，妹…；…(略)…}

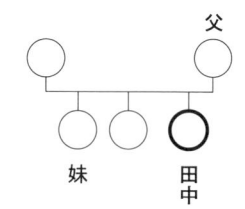

図 2.17：家族と知人の合成フレーム

以下のようなディスコースでは，このような知人と家族のフレームを概念化素材として理解される．

(33)　<u>父</u>は無口だが，<u>田中</u>は饒舌だ．

(34)　<u>田中</u>は楽しみにしていた<u>妹</u>の結婚式に，急な手術で参加できなかった．

(33)で「父」は「田中氏の父」，(34)で「妹」は「田中氏の妹」と捉えることができる．これはたとえば，上の家族のフレームの一部に「田中」の指示対象を振りあてると，そこから「父」や「妹」の指示対象を(たとえバーチャルであっても)同定することができるからと考えられる．

　フレームの一般的な特徴の1つとして，連結・拡充といった操作を行うことで更に高度な内容を含むフレームを示すことができることも上げられる．たとえば夫婦のフレームは，2つの家族のフレームを連結して以下のように示すことが可能である．

82　　第 2 章　指示

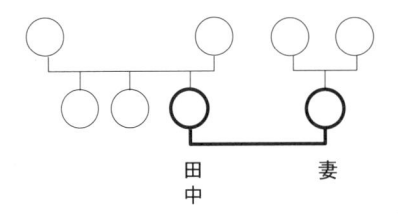

図 2.18：夫婦のフレーム

図 2.18 で，「田中」は親の家族のフレームの中では「息子」であり，自分自身の家族のフレームの中では「夫」であるという関係が示されている．更に「田中」から妻の家族を見れば，妻の家族は「義理の家族」であり，「義理の親」から見れば「田中」は「婿」という役割も持っている．(35)は，このフレームに基づいたディスコースの例である．

(35)　田中は義父の病院を引き継いだ．

あるいは家族のフレームをもう 1 つ連結することで，愛人のフレームとでも呼べるフレームを示すこともできる．

(36)　愛人のフレーム ＝ |…(略)…；…夫，妻，愛人…；…夫と妻は婚姻関係にある，夫と愛人は婚姻関係にはない，夫と愛人は恋愛関係にある…|

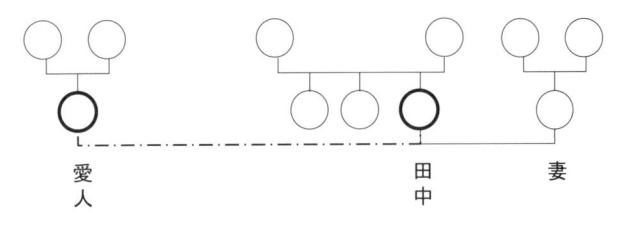

図 2.19：愛人のフレーム

このフレームを概念化素材として理解されるディスコースに，たとえば，以下のような例がある．

(37)　田中は愛人とレストランで食事をしているところを，偶然会社の同僚に見られた．

(37)で，「愛人」という言語表現から上の愛人のフレームが喚起され，「愛人」が「田中」の「愛人」であると理解される．これは，愛人のフレームが「愛人」と関係のある他の人物の存在を強く想起させ，それがディスコースの前

3. 指示とフレーム　　83

段で登場した「田中」と考えるのが妥当だからであろう。

　更に，人は社会的な生活を営む間，家族以外のさまざまな集団に所属し，そこでの名称や肩書きで指示される場合も多い。たとえば「総理大臣」「大統領」「社長」「先生」などの言語表現は，社会的な役割あるいは肩書きを示しており，それぞれが所属する内閣のフレーム，取締役のフレーム，教育のフレームとでも呼ぶようなフレームを喚起させる。それぞれのフレームを使った例とフレームの内容は，概ね以下の通りである。

　(38)　［パーティー会場で。司会者が］皆さん<u>総理</u>がご到着です。どうか拍手でお迎えください。

　(39)　内閣のフレーム＝｜…(略)…；…総理大臣，官房長官…；…(略)…｜

　(40)　［恩師の喜寿のパーティーで。司会者が］<u>先生</u>は，間もなくいらっしゃいます。

　(41)　教育のフレーム＝｜…(略)…；…教師，学生…；…(略)…｜

　(42)　［社内会議で。取締役の1人が］社長，<u>社長</u>はどう思われますか？

　(43)　取締役のフレーム＝｜…(略)…；…会長，代表取締役社長，専務，常務…；…(略)…｜

3.2.5　同定性とフレームの強さ

　3.2.4で見たような人に関するフレームの特徴の1つは，通常，1人の人物が複数の役割を同時にもてることである。たとえば(33)(34)で「田中」は「息子」であり「兄」であり「夫」であり「総理大臣」であっても構わない。これは，ディスコースの中で1つの人物を指示するのに無数のフレームが使えるのと同時に，人物のどの側面にフォーカスをあてるかで，適用されるフレームが異なってくることによる。この意味でフレームには，指示のための有用な言語的装置としての性格とともに，指示対象の人となりを形容する述語的な性格もあることになる。たとえば，文脈によっては愛人のフレームが適用される場合と，そうでない場合がある。

　(44)　田中は｜愛人／女性｜とレストランで食事をしているところを，偶然会社の同僚に見られた。

(44)では「愛人」という言語表現から通常，愛人のフレームが喚起され「愛人」は「田中」の「愛人」と読むのが普通である。これは愛人のフレームが「愛人」と関係のある他の人物の存在を強く想起させ，それがディスコース

の前段で登場した「田中」と考えるのが自然だからである。それに対して，この例で同一人物を単に「女性」と言った場合，特定のフレームが想起されにくいので「女性」と「田中」との関係は，この文脈からだけでは不明である。したがってこの場合，愛人のフレームは指示対象の同定とともに，指示対象の特徴を記述するといった働きも担っていることになる。

　その他，指示とフレームの関係を考えるにあたり，フレームの曖昧性と冗長性といった一見，二律背反的な特徴が上げられる。一般に指示においてフレームを用いることは，多くの場合無意識であり，その意味でフレームにわざと反するような発話をすることは普段はあまりない。しかし，文脈によってはフレームに当てはまらないような指示も可能である。たとえば，以下のような全体と部分のフレームを使った例では，タイヤがどちらの車のタイヤかは，フレームからだけでは不明である。

(45)　後ろの車がはげしくぶつかってきた。タイヤがきしんだ音をたてた。どうやら，さっきガードレールをこすったショックでホイールが外れたらしい。

(46)　後ろの車がはげしくぶつかってきた。タイヤがきしんだ音をたてる。どうやら，ぶつかった反動でやつの車がガードレールをこすったらしい。

(45)では「タイヤ」は語り手の運転する車の「タイヤ」と読むことが可能であるが，(46)では「タイヤ」は後続車の「タイヤ」と読むことも可能である。このように文が連続しており，共通のフレームが適用されると，フレームだけでは指示対象を同定できない場合がある。この意味で，フレームは指示という言語行為の中でとても重要な働きを果たしているものの，指示対象を確実に同定するほどの強さはないことがうかがえる。

　一方，普段はほとんど意識しないとはいえ，フレームは我々の言語使用に深くかかわっており，出来事の性質から関連する人物が容易に推察できるとき，指示表現や修飾節を伴った表現は，日本語ではかえって不自然となるといった特徴もある。以下がその例である。

(47)　「そこにかけて，ゆったりとしてください」?そのカウンセリング行為を行っている精神科医がそう言うと，?そのカウンセリング行為を受けている患者はいつもの長椅子に黙って腰をおろした。

(48)　キャンプに行ったら，?そのキャンプで張ったテントが小さくて

困った。

このような点を見る限り，フレームは指示対象の同定に重要な働きを果たしており，指示対象の同定が可能である限り，それ以上の形容はかえって不自然になることが分かる。これは言語表現はできるだけ簡潔に，指示対象はできるだけ正確にといった，指示そのものが求められる二律背反的な性格を，フレームによる指示も反映させていると見ることができる。

3.3　メトニミー(metonymy)による指示とさまざまなフレーム

メトニミー(metonymy)とは，指示の一種で，ある言語表現αが通常指示する指示対象aではなく，指示対象bを指示することである。ここで指示対象aに対応する現実世界での対応物a'と指示対象bに対応する現実世界での対応物b'には何らかのフレーム的な関係がある。通常の指示とメトニミーによる指示，そしてフレームとの関係を比較してまとめると，概ね以下のようになる。

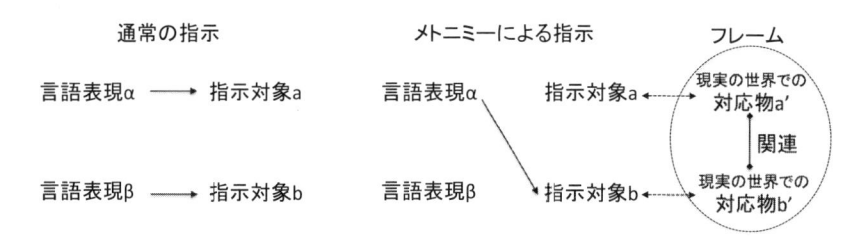

図2.20：通常の指示とメトニミーによる指示

たとえば(49)で，「バッハ」という言語表現(固有名詞)は，歴史上存在した実在の人物を指示対象[5]としている。これに対して(50)では，同じ言語表現がその特定の人物が作曲した曲を演奏したものの録音を指示している。

(49)　<u>バッハ</u>は，その生涯の大半を教会のオルガニストとして過ごした。

(50)　私は午前中，<u>バッハ</u>をかけながら，原稿を書く。

ここで，「バッハ」という言語表現の通常の指示対象aに対応する人物a'と，その人物が作曲した曲の録音b'には密接な関係がある。このようにメ

---

[5] もちろん，より厳密に言うと指示対象aの現実世界での対応物a'。以下同様。

トニミーでは，それぞれの指示対象に対応する現実の世界での対応物に関する一般的な知識(籾山 2009: 30, 96; 鍋島 2011: 4-5)が重要になってくる。この意味でメトニミーとフレームとのつながりは深い。

このようなメトニミーによる指示は，その言語表現と指示対象の関係から見ると，一見かなり特殊な言語的仕組みのように思われる。しかし実際のディスコースを観察してみると，メトニミーは指示の一種として我々の日常のディスコースの中にありふれており，またメトニミーの特徴の1つとして，我々がこれらのメトニミーによる指示を普段はその複雑性に気がつきもせずにやすやすと処理していることが上げられる。以下，日本語のメトニミーによる指示の例から，それらの背景となっているフレームの特徴を具体的に見ていくことにする。

3.3.1 人や物の物理的な構造に関するフレーム

先に，裸の普通名詞による指示で見たように，人や物などの物理的な構造を反映した全体と部分のフレームは，メトニミーによる指示でも基本的な概念化素材の1つとなっている。そしてメトニミーによる指示に特徴的なのは，全体から部分，部分から全体へといった，いわば双方向での指示が見られることである。以下は，全体を表す言語表現がその部分にあたる対象を指示対象とした日本語と英語のメトニミーによる指示の一例である。

(51) 　サッカーをしていたら，転んで<u>手</u>を折った。

(52) 　[患者の意識が戻って。医師が] OK, <u>he</u> is back.

(51)で大切なことは，折れたのは厳密に言うと「手」ではなく，手の中にある「骨」である。あるいは(52)で戻ったのは「患者の意識」であり，「患者」その人ではない。しかし，我々は普段そのことにほとんど気がつかずに，この表現をあたりまえのように使っている。このメトニミーによる指示の基盤となった身体と精神のフレームは，概ね以下の通りである。

(53) 　身体と精神のフレーム = {…(略)…; …身体, 意識, 目, 髪, 口, 手, 足, (手の)骨…; …(手の)骨は手の一部, 意識は身体の一部…}

同様に(54)も，全体を表す言語表現がその部分にあたる対象を指示対象としたメトニミーによる指示の例である。

(54) 　<u>自転車</u>がパンクした。

(54)で，(厳密に言うと)パンクしたのは自転車の「タイヤ」である。そして

タイヤは自転車の部品である。このように対象の間に物理的な全体と部分の関係が認められるような場合，通常は全体を指示対象とする言語表現でその部分を表す場合がある。これが，対象の物理的な全体と部分のフレームを参照したメトニミーである。上のメトニミーによる指示の基盤となったフレームは，概ね以下の通りである。

(55)　自転車のフレーム = {…(略)…；…自転車，ブレーキ，ハンドル，カゴ，前タイヤ，後ろタイヤ…；…タイヤは自転車の一部…}

反対に，本来は部分を表すべき言語表現でその全体を表す場合もある。

(56)　[喫茶店で。友人が] おっ，金髪が来たぞ。

(57)　[喫茶店で。友人が] 昨日，高校の同窓会があってさ，なつかしい顔に会ってきたよ。

(58)　[料亭で。女将が客に] 車が参りました。

(56)で喫茶店に来たのは概念者らの知り合いであり，その人物の身体の一部（髪）の特徴を使ってその人物を指示している[6]。(57)で「顔」は同窓会で会った人物らの一部であり，(58)では「自動車」の部品の1つである「車（車輪）」でその全体を指示対象としている[7]。これらに関係するフレームをまとめると，以下のようになる。

(59)　身体のフレーム = {…(略)…；…身体，顔，目，髪，口，手，足…；…髪は身体の一部，顔は身体の一部…}

(60)　自動車のフレーム = {…(略)…；…自動車，ブレーキ，アクセル，ハンドル，タイヤ／車…；…タイヤ／車は自動車の一部…}

このようなメトニミーを使った表現が定型化して，1つの表現として定着するような場合もある。たとえば，以下のような英語の言語表現は，この部分から全体へのメトニミーが背後にある定型的な表現である。

(61)　{…fist fight, knuckle fight…}

fist も knuckle も人間の手の一部である。これらの表現の意味は，「fist を使った喧嘩」「knuckle を使った喧嘩」といったほどの意味だが，喧嘩をするの

---

[6] このような言語表現が固定化すると，その人物を指示対象とするニックネームになることもある。

[7] 更に言うと，この指示対象は単なる「自動車」ではなく，タクシーなどの営業用の自動車である。このようなメトニミーは，時代によって変遷があり，たとえば夏目漱石の小説などを読むと，「車」という言語表現は「人力車」を指示対象としていたことが分かる。メトニミーによる指示の場合，指示対象が時代や場所によって変わることも多い。

はfistやknuckleといった人間の身体の部位ではなく，もちろん全体である人間である。

　容器とその中味といったフレームを概念化素材とするメトニミーも，全体と部分のフレームを概念化素材にしたメトニミーによる指示の一種である。容器とその中味といったフレームは，物理的な全体と部分のフレームとは異なり，基本的に一時的な関係であり，容器と中味のフレームが成立しなくても，それぞれの対象が存在しえるといった意味で，物理的な全体と部分のフレームとは異なっている。以下が，容器と中味のフレームを概念化素材とするメトニミーによる指示の例である。

（62）　もうそろそろ<u>鍋</u>は煮えたかな。

（63）　レッドカードの連発に，<u>スタジアム</u>は激しくどよめいた。

（64）　峠に立ち，後を振り向くと，<u>中世の街</u>は闇の中に寝静まっていた。

(62)で煮えたのはもちろん「鍋」そのものではなく，鍋の中に入っている「具」である。(63)で激しくどよめいたのは，スタジアムにつめかけた「観衆」であり，(64)で寝静まっていたのは街に住む「人々」である。このような場合，対象どうしの全体と部分の関係は物理的・恒常的なものではないが，容器や会場あるいは場所を抽象的・一時的な容器として，全体と部分のフレームの仲間を構成していると考えられる。以下は，それぞれのフレームの内容の概略とそれを抽象的に表したイメージ・スキーマである。

（65）　鍋料理のフレーム＝｛…(略)…；…鍋，鶏肉，山芋，人参，こんにゃく，ねぎ…；…山芋は鍋の中の具材…｝

（66）　スタジアムのフレーム＝｛…(略)…；…スタジアム，プレーヤー，レフリー，監督，観客…；…観客はスタジアムの中…｝

（67）　街と人のフレーム＝｛…(略)…；…街，人…；…人は街の中…｝

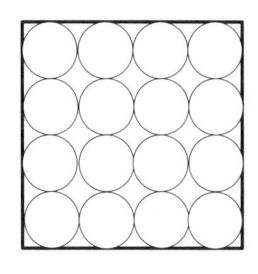

図 2.21：容器と中味のフレームのイメージ・スキーマ

3.3.2 出来事の構造に関するフレーム

　人が日常生活で経験するさまざまな社会的・個人的な活動も，出来事とそれに関連する事物といった意味で全体と部分といった構造を持つフレームとして理解されている場合も多い。たとえば，以下の会議のシーンで見られるようなフレームは，そのような例である。

(68)　［全国知事会の会場で。議長を務める宮城県知事が］北海道さんはまだお見えではないようですね。

上の知事会の例では，特定の人物がその人物が代表を務める都道府県名で指示されている。これを全国知事会のフレームと呼ぶと，このフレームは以下のように示される。

(69)　全国知事会のフレーム＝|…(略)…；…宮城県，東京都，大阪府，北海道，宮城県知事，東京都知事，北海道知事…；…北海道知事が北海道を代表して会議に出席…|

人物がその人物の所属する官庁の名称で呼ばれている例も同様である。

(70)　［関係省庁連絡会議で。とりまとめ役の官僚が］農林水産省さんは，まもなくお着きになるそうです。

　更に，物(建物)の一時的な機能が，メトニミーによる指示に使われる場合もある。以下の例では，実際にある建築物が，そこで開かれているイベントの名前を言語表現として指示されている。

(71)　［バスの中で。通勤客が］昨日，中古車ショーでボヤ騒ぎがあったらしいよ。

　反対に，一時的な機能(イベント)が建物の名称で呼ばれている場合もある。

(72)　［バスの中で。通勤客が］市立体育館は人が全然入ってないってさ。大変だね。

これらのメトニミーによる指示に共通のイベントのフレームは，概ね以下のように示される。

(73)　会場とイベントのフレーム＝|…(略)…；市立体育館，中古車ショー…；…市立体育館で中古車ショーが開かれる…|

　出来事の構造に関するフレームが，メトニミーによる指示に使われる例で興味深いのは，以下のような，いわば飲食店のフレームとでも呼ぶようなフレームである。飲食店のフレームでは，飲食店での一時的・短期的な状況がフレーム化され，メトニミーによる指示が行われている。

(74) きつねうどんは金を払わないで出て行った。　　　（金水 1990: 359）
(75) ［レストランで。マネージャーがウエイトレスに］ペスカトーレに，はやくコーヒーをお出しして。

上の例で，「きつねうどん」はきつねうどんを食べた人，「ペスカトーレ」はペスカトーレを食べている人のことである。上の例を本書のフレームの書式にしたがって書き表してみると，概ね以下のようになる。

(76) 飲食店のフレーム1 = |…(略)…；…料理人，客1，きつねうどん…；…客1がきつねうどんを食べた…|
(77) 飲食店のフレーム2 = |…(略)…；…客2，ウエイトレス，ペスカトーレ，コーヒー…；…客2がペスカトーレを食べた，ウエイトレスが客2にコーヒーを持って行く…|

上では飲食店の一時的なフレームに基づいて，概念者は「客1」を「きつねうどん」あるいは「客2」を「ペスカトーレ」という言語表現で指示している[8]。

3.3.3 産出に関するフレーム

産出に関するフレームは，メトニミーによる指示でもよく用いられるタイプのフレームである。一般に産出に関するフレームに基づくメトニミーでは，製作者の名前を用いて，その人物の製作した作品等を指示することが多い。

(78) 日曜日の朝，バッハを聴きながらコーヒーを飲む。これが私の至福の時です。　　　　　　　　　　　（日記研編 2009b: 18）
(79) ［CDの場所を訊かれて］バッハは，棚の右側にあるよ。

上の例に関与する産出に関するフレームの1つを作曲のフレームと呼ぶと，作曲のフレームは，概ね以下のように示される。

(80) 作曲のフレーム = |…(略)…；…作曲家，曲，演奏家，演奏，CD…；…作曲家が曲を作る，演奏家が作曲家の作った曲を演奏する，演奏がCDに録音される，CDに録音された演奏を再生する…|

上の例では「バッハ」という言語表現で，「演奏」あるいは「CD」が指示されている。

---

[8] ただし，日本語のディスコースにおいてのこのようなメトニミーによる指示は，上品ではなく不自然だという指摘もある。それに対して（個人的体験では）英語ではこのようなメトニミーが使われる頻度は高く，特に下品であるとか不自然であるといった印象もないように思われる。

一般に産出に関するフレームでは，人物の名前でその人物が産出した作品などを指示することが一般的だが，反対に作品あるいはその演奏からそれを創作した人物を指示する場合もある。

(81)　［喫茶店で。客がかかっている曲をマスターに尋ねて］「ねえ，これ，誰？」
　　　マスター「ああ，これは，マイルス・デイヴィス」
(82)　演奏のフレーム＝｜…(略)…；…作曲者，曲，演奏家，演奏，CD…；…作曲者が曲を作る，演奏家が曲を演奏する，演奏がCDに録音される，CDに録音された演奏を再生する…｜

上の例では，「演奏」からその「作曲者」が指示されている。

　産出された物が本などの場合，その本のテーマとなった人物の名称や内容で，その本を指示する場合もある。

(83)　徳川家康は上から2番目の棚にある。　　　　　　（日記研編 2009b: 18）
(84)　小説のフレーム＝｜…(略)…；…作家，小説，本，出版社…；…作家が徳川家康についての小説を執筆，出版社が小説を本にして出版…｜

上で「徳川家康」という言語表現(固有名詞)は徳川家康という人物について書かれた「本」を指示している。このように産出に関するフレームは，メトニミーによる指示でも有力な概念化素材の1つとなっている。

3.3.4　名称に関するフレーム

　通常，固有名詞とは特定の人や物に与えられた言語表現であり，その意味で，通常とは異なる指示対象を指示するといったメトニミーによる指示は起こりにくい。しかし特定の人物が複数の名称(芸名やペンネームなど)を持つような場合や，特殊な状況下において特定の人物が他の名称で呼ばれるようなことがある場合，メトニミーによる指示が可能になる。たとえば俳優という職業を持つ人物の場合には，そのようなメトニミーによる指示がかなり頻繁に起こりえる。

　ここで，たとえば概念者の知っている役者のフレームとして，以下のようなフレームを想定し，ある人物aが「石川征四郎」という芸名を持っているとする。ここで更に「石川征四郎」という芸名を持つ人物aが，歴史ドラマに出演して，「織田信長」の役を演じたとする。これに歴史上の人物のフレームを加えた3つのフレームは，概ね以下のように示される。

(85) 歴史上の人物のフレーム = |…(略)…；… 豊臣秀吉，織田信長，明智光秀…；…明智光秀が織田信長を本能寺で討つ…|

(86) 芸名のフレーム = |…a…；… 石川征四郎(a)，マサト…；…(略)…|

(87) ドラマの登場人物と配役のフレーム = |…a…；… 豊臣秀吉，織田信長(a)，明智光秀…；…(略)…|

この 3 つのフレームから，以下のようなメトニミーによる指示を用いたディスコースが可能である。

(88) ［ドラマで信長を演じた役者が結婚していたことが報道され。妻が夫に］
　　 ちょっと，知ってた？　<u>信長</u>，実は結婚してたんだってよ。

(89) ［ドラマを見ていた夫が妻に］<u>征四郎</u>，来週，明智光秀に殺されるぞ。

(88)で「信長」という言語表現の指示対象は a(= ドラマで織田信長の役を演じた役者)であり，(89)で「征四郎」という言語表現の指示対象は，歴史上の人物をもとに設定されたドラマの登場人物である。

　このような名称に関するフレームを概念化素材とするメトニミーによる指示は，普通の人の一般的な生活ではあまりなさそうだが，潜入捜査中の刑事が偽名で呼ばれるような場合，まったくありえないわけではない。以下がそのような例である。

(90) ［電話で。刑事が情報屋に］「<u>武藤</u>だ。どうしてる？」
　　 情報屋「<u>武藤</u>？　あっ，金田さんですか」
　　 刑事「ばかやろう。本名で呼ぶな」

上のような例では，以下のような 2 つのフレームが使われていると考えられる。

(91) 所轄の刑事のフレーム = |…d…；… 金田(d)，三科…；…(略)…|

(92) 潜入捜査の偽名のフレーム = |…d…；… 武藤(d)…；…(略)…|

3.4　取り立て助詞の働きとさまざまなフレーム

　上で見た裸の普通名詞による指示や，メトニミーによる指示では，受け手は概念者の意図した指示対象をフレームの働きにより同定していた。いわば概念者及び受け手は「世界」に関する構造化された一般知識を共有し，そのフレームを介して指示という言語行為が行われていることになる。このとき大切なのは，フレームの役割や関係といった中身であり，フレームに含まれる役割や関係への概念者の意味づけは必ずしも重要ではなかった。

これに対して,フレームに含まれる役割や関係への概念者の意味づけが重要になる場合がある。日本語の文法で「取り立て」と呼ばれている形式もそんな言語表現の1つであり,取り立てとは,本書の立場から言うと,ある指示対象を指示することにより,その指示対象を含むフレームの内容に関する概念者の意味づけを喚起する働きと考えることができる[9]。たとえば(93)で,助詞の「も」は,概念者の知る弁護士の集合を喚起させる。

(93)　田中さんは弁護士だが,実は奥さん<u>も</u>弁護士だ。（日記研編 2009a: 19)

(93)で「奥さんも弁護士だ」という言語表現は,ディスコースの前段で述べられた「田中さん」が所属する弁護士という概念者のフレームに田中さんの奥さんも含まれていることを示している。つまりディスコース後半の「奥さんも弁護士だ」という言語表現は,「(田中さんの)奥さんが弁護士である」という事態とともに,概念者に弁護士のフレームとでも呼ぶべきフレームがあり,概念者がそのフレームを意識してディスコースを進めようとしていることを示している。この例で「も」の働きは,その指示対象を含むフレームを言語的に(マテリアル・アンカーとして)喚起することである。

　以下,フレームの内容に関する概念者の意味づけ等から,日本語の取り立て助詞とその働きについて概観する。

3.4.1　1つの要素しか持たないフレーム

　フレームにはいろいろな種類のものがあると考えられるが,その中には「要素／役割」が1つしかないような場合も考えられる。このような「要素／役割」が1つしかないフレームを喚起する言語表現には,たとえば,以下のような「限定[10]」の取り立て助詞と呼ばれる言語表現が考えられる。

(94)　時間がなかったので,第1章<u>だけ</u>読んだ。　　（日記研編 2009a: 45)
(95)　この車両には女性<u>しか</u>乗れないことになっている。

（日記研編 2009a: 54)

---

[9] 日記研編 2009a では,「とりたてとは,文のある要素をきわだたせ,同類の要素との関係を背景にして,特別な意味を加えることである(日記研編 2009a: 3)」とある。一般に取り立てには取り立て助詞と呼ばれる助詞が,その役割を担うことが多いが,それ以外の文法的形式,たとえば副詞などが取り立ての機能を担うこともある。取り立ての全体像については,日記研編 2009a を参照されたい。

[10] 「限定のとりたてとは,文中のある要素をとりたて,その要素が唯一のものであることを示し,同類のほかのものを排除するという限定の意味を表すことである。(日記研編 2009a: 45)」

(96)　父は兄ばかりほめる。　　　　　　　　　　　（日記研編 2009a: 61）
(97)　田中さんこそ議長にふさわしい。　　　　　　（日記研編 2009a: 71）

(94)では読んだ章は第1章だけであり，(95)ではこの車両に乗れる人は女性だけ，(96)ではほめられる人は兄だけ，そして(97)では議長にふさわしい人は田中氏だけであることが示されている。これらのフレームを表記すると，概ね以下のようになる。

(98)　読んだ章のフレーム＝｛a；第1章(a)；…(略)…｝
(99)　車両に乗れる人のフレーム＝｛a；女性(a)；…(略)…｝
(100)　兄弟の中で父がほめる人のフレーム＝｛a；兄(a)；…(略)…｝
(101)　議長にふさわしい人のフレーム＝｛a；田中さん(a)；…(略)…｝

ただし，このように「要素／役割」を1つしか持たないフレームを喚起させる言語表現は，必ずしも「限定」の取り立て助詞に限らず，以下のように取り立て助詞を伴わずに，文脈によって限定の意味が生じる場合もある。以下の例では，格助詞「が」で示される指示対象が，その集合に含まれる唯一の要素であることが，取り立て助詞といった専門の言語表現を伴わずに示されている。

(102)　［食卓で。1つ残ったピザを見て］母「誰が食べる？」
　　　　子供「ぼくが食べる」
(103)　ピザを食べる人のフレーム＝｛a；子供(a)；…(略)…｝

3.4.2　複数の要素を持つフレーム

しかしながら，上の「要素／役割」を1つしか持たないフレームに対し，多くの場合，フレームには複数の「要素／役割」が含まれることが多い。このような構造のフレームを持つと考えられる言語表現は少なくなく，意味的にこれらのフレームには，複数の「要素／役割」の存在を示唆するもの，概念者の評価を表すもの，そして「要素／役割」間の順位あるいは序列を表すものがある。たとえば(93)では，「累加[11]」を表す「も」によって直接の指示対象以外にも要素が存在することが示されていた。以下に例を繰り返す。

(93)　田中さんは弁護士だが，実は奥さんも弁護士だ。（日記研編 2009a: 19）

このフレームを仮に概念者の弁護士のフレームと呼ぶと，弁護士のフレーム

11「累加のとりたてとは，文中のある要素をとりたて，同類のほかのものにその要素を加えるという意味を表すことである。（日記研編 2009a: 19）」

は以下のように表される。

(104) 弁護士のフレーム ＝ |…a, b, c, d, e…；…弁護士1(a)，弁護士2(b)，弁護士3(c), …；…(略)…|

ただし，実際の日本語の例では，必ずしもフレームに含まれるべき他の「要素／役割」を示唆することが目的でないように見受けられる例も少なくない。たとえば以下の例では，他にも「要素／役割」があることを示唆することで，受け手に向けて柔らかい誘いかけが行われている（日記研編 2009a: 137）と考えられる。

(105) お茶でも飲みましょう。　　　　　　　　（日記研編 2009a: 137）
(106) いっしょに映画でも見ませんか。　　　　（日記研編 2009a: 143）
(107) 有馬温泉なんかいいんじゃない？　　　　（日記研編 2009a: 148）

(105)は，以下のように他の「要素／役割」を書き出してみることもできる。

(108) 飲み物のフレーム ＝ |…(略)…；…コーヒー，ジュース，お茶，紅茶…；…(略)…|

しかし，多くの場合これらの言語表現の働きは，受け手にフレームの他の「要素／役割」を示唆することでなく，そのことによって発話全体を柔らかく伝えようとする概念者の意図であろう[12]。

一般に，日本語ではフレームの他の「要素／役割」の存在を示唆することで文の意味をやわらげたり，他の言語行為の前触れにしたりしようとする場合が少なくない。たとえば，概念者が受け手の望ましくない性質について述べるような場合，あるいは受け手に忠告を与えようと思っているような場合には，その口調をやわらげるために「も」が使われていると見受けられる場合がある（日記研編 2009a: 137）。

(109) 君も人が悪いね。　　　　　　　　　　　（日記研編 2009a: 137）
(110) 部長も怒っているみたいだから，早く謝った方がいいよ。（忠告）
　　　　　　　　　　　　　　　　　　　　　（日記研編 2009a: 139）

上で概念者が持っている「人の悪い人」のフレームに聞き手以外の人が含まれているとか，「怒っている人」のフレームに部長以外の人がいるということは，この発話の真意を考えれば必ずしも重要ではない。概念者が述べたいのは，いずれにせよ受け手にとって好ましくない内容を含む情報であり，そ

---

[12] もちろん日本語の場合であって，他の言語でも同様の効果がでるとは限らない。

の意味で実際には存在しない可能性のある他の「要素／役割」の存在を示唆することで，受け手が受け取る可能性のある衝撃を少しでも抑えようとする概念者の心理的な働きが，この「も」の働きに現れているように思われる[13]。

　フレームに複数の「要素／役割」が含まれていると考えられるとき，それらに対する概念者の主観的な価値観・評価が表されているような場合がある。たとえば以下の例で，「なんか」あるいは「なんて」という言語表現は，「マンガ」や「海外旅行」に対する概念者の個人的な評価を感じさせる。

　(111)　マンガなんか読んでいないで，勉強しなさい。（日記研編 2009a: 119）
　(112)　金も暇もない私には，海外旅行なんて夢のまた夢だ。
　　　　　　　　　　　　　　　　　　　　　　　　　（日記研編 2009a: 119）

これらの例で概念者の意図したフレームを考えてみれば，概ね以下のようになろう。言語化された「要素／役割」は太文字で示す。

　(113)　概念者の評価の低いもののフレーム＝|…(略)…；…**マンガ**，週刊
　　　　　誌，テレビ番組情報誌…；…(略)…|
　(114)　したいけど手の届かないことのフレーム＝|…(略)…；…**海外旅行**，
　　　　　留学，優雅な生活…；…(略)…|

　更に複数の「要素／役割」を含むフレームの中には，それらの間の順位あるいは序列といった概念も同時に想定していると考えられる場合がある。以下がその例である。

　(115)　いつも外食なので，カップめんさえ作ったことがない。
　　　　　　　　　　　　　　　　　　　　　　　　　（日記研編 2009a: 87）
　(116)　餓死寸前になって，雑草まで食べた。　　　（日記研編 2009a: 97）
　(117)　チャンピオンでも負けることがある。　　（日記研編 2009a: 110）

たとえば上の例には，以下のようなフレームとその役割が想定できる。ここで役割間の関係(序列)を「＜」で表すことにすると，それぞれのフレームは概ね以下のように示される。

　(118)　作るのが簡単な食事のフレーム＝|…(略)…；…(略)…；…**カップ
　　　　　麺**＜目玉焼き＜オムレツ＜茶碗蒸し…|

---

[13] ただし，このような「累加」の例で，他の「要素／役割」とはフレームに含まれる「要素／役割」なのか，それとも指示対象と述語が言語的に表している内容(事態)なのかについては判別しにくい。事態と取り立て助詞との関係は，次の第3章で見る。

3. 指示とフレーム　　97

(119) 食べられるもののフレーム＝｜…(略)…；…(略)…；…**雑草**＜木の実＜いも＜パン…｜
(120) ボクシングで強い序列のフレーム＝｜…(略)…；…(略)…；…新人ボクサー＜3回戦ボクサー＜**チャンピオン**…｜

これらの例では，フレームの複数の「役割」だけでなく，それらの中の序列も示されている。言語表現の意味の違いとしては，「さえ」「まで」が序列の最下位の役割を指示することでフレーム内の他の上位の役割の存在を示唆しているのに対し，「でも」が序列の一番上の役割を指示することでフレーム内の下位の役割の存在を示唆していることであろう[14]。

「も」にも，この序列を持つフレームを文脈的に喚起させる場合がある。以下がその例と想定されていると考えられるフレームの概略である。

(121) 横綱も時には投げられることがある。　　　　(日記研編 2009a: 103)
(122) 相撲で強い序列のフレーム＝｜…(略)…；…(略)…；…前頭＜小結＜関脇＜大関＜**横綱**…｜
(123) 田中さんは会社一の情報通と言われている。その田中さんもこの話は知らなかった。　　　　(日記研編 2009a: 104)
(124) 社内で事情通と考えられている人物のフレーム＝｜…(略)…；…(略)…；…鈴木，吉田＜係長＜**田中**…｜
(125) チャンピオンも負けることがある。
(126) ボクシングで強い序列のフレーム＝｜…(略)…；…(略)…；…新人ボクサー＜3回戦ボクサー＜**チャンピオン**…｜

興味深いことに，「も」には序列の最上位だけでなく最下位の「要素／役割」を指示する用法もある。

(127) 昨日の打ち上げには，佐藤も来やがった。
(128) 打ち上げに来て欲しかった人のフレーム＝｜…(略)…；…(略)…；…**佐藤**＜…　＜吉田，係長，田中…｜

3.4.3 対比されるフレーム

ここまでは，1つのフレームの内容に対する概念者の評価などを表す言語表現を見たが，ディスコースによっては複数のフレームが同時に概念化素材

---

[14] この意味で日記研編 2009a は，これらの取り立て助詞の働きを「極限」と呼んでいる(日記研編 2009a: 87)。

として喚起され，それらのなかの「要素／役割」が対比されているような場合もある。対比を表す「は」や「なら」のような言語表現がその例である。

（129）　父は，紅茶は飲むが，コーヒーは飲まない。　　（日記研編 2009a: 29）

上で対比される 2 つのフレームは，概ね以下の通りに示される。

（130）　父の飲むもののフレーム ＝ |…(略)…；…**紅茶**，ビール…；…(略)…|

　　　　父の飲まないもののフレーム ＝ |…(略)…；…**コーヒー**，ワイン…；…(略)…|

もちろん，対比される「要素／役割」が言語的に表現されていない場合もありえる。以下の「なら」の例がそれである。対比されているフレームも仮に書き出してみる。

（131）　スパゲティなら作れる。　　　　　　　　　　（日記研編 2009a: 38）

（132）　作れる料理のフレーム ＝ |…(略)…；…ラーメン，**スパゲティ**，カレーライス…；…(略)…|

　　　　作れない料理のフレーム ＝ |…(略)…；…寿司，刺身，フランス料理…；…(略)…|

ただし，このような例から考えてみると，対比されているのは言語化されたフレームに含まれる「要素／役割」そのものではなく，対比関係にあるフレームであると考えることもできる。(132)の例に即して言えば，作れない料理のフレームに含まれる役割(料理名)が何であっても実は構わなくて，そのような対比されるフレーム(作れる料理のフレームに対する作れない料理のフレーム)があると示すことが，むしろ概念者の意図であると考えることもできる。

4. 指示と記憶

ここまで見てきたように，指示という言語行為に関わる概念化には，概念者の知覚，記憶，そしてそれらに対する心的操作といった要素が互いに複雑に絡み合っている。その中で特に記憶には，3.で見たようにフレームという概念が重要な役割を担っていた。そこで本節では，さまざまな種類の記憶が指示とどのように関わり，その基盤となっているかを具体的な言語表現とと

もに見ることにする。本節で扱う記憶の種類は，作業記憶，意味記憶，エピソード記憶の3つであり[1]，それぞれのタイプの記憶がどのような言語表現と関連があると考えられるかを順次見ていく。

4.1　ディスコースと作業記憶

　作業記憶とは，一般には何かしらの行為を行う際に主体が当座に保持しておく記憶のことであるが，本書では特に概念化や言語化の運用に必要な記憶と考える。ディスコースにはディスコースが進むにつれさまざまな指示対象や内容が導入され，作業記憶はこれらディスコースに登場した指示対象や内容を一時的に保持し，ディスコースがスムーズに進むための作業盤としての働きを持っていると考えられる。

4.1.1　作業記憶と言語表現

　ディスコースに導入された指示対象や内容は，作業記憶に一時的に保持される。たとえば，以下の短いディスコースでは，概念者は知人をディスコースに導入し，ディスコースの後段で同じ人物について同じ言語表現（固有名詞）を繰り返すことで再度言及している。日本語のディスコースでは，固有名詞を繰り返して既出の指示対象を指示する例がよく見られる。
（1）　　田中さんはとても多趣味な方です。田中さんは学生の頃は柔道に熱中され，全国大会に出場された経験もあります。

また2.で見たように，日本語のディスコースでは裸の普通名詞で特定の指示対象が指示されている場合もある。このとき，たとえば，小説や物語のようなディスコースでは，裸の普通名詞が繰り返されて（あたかも固有名詞のように）その指示対象を繰り返し指示するような場合がある。
（2）　　昔々おじいさんとおばあさんがいました。おじいさんは山に柴刈りに，おばあさんは川へ洗濯に行きました。

　このように既出の指示対象を同じ言語表現（裸の普通名詞）を繰り返して指示するような例は，話しことばでも見られる。このような例では，概念者は特定の人やものなどを念頭に置いてディスコースを進めている。
（3）　　［捜査中の警察官に尋ねられて。目撃者が］そこで急に男が入ってきて，

---

[1] これらの3つのタイプの記憶には脳の異なる部位が関わっている可能性も指摘されている（Feldman 2006: 78; Ramachandran 2011: 284）。詳しくは，第1章3.4.1を参照されたい。

男は拳銃を取り出し「金を出せ」と叫んだんです。

上で見たような，同じ言語表現を用いて同じ指示対象が繰り返し指示されるようなディスコースと指示の構造は，概ね，以下のように示される。以下の図で，LE1は繰り返された言語表現が同じであることを示している。

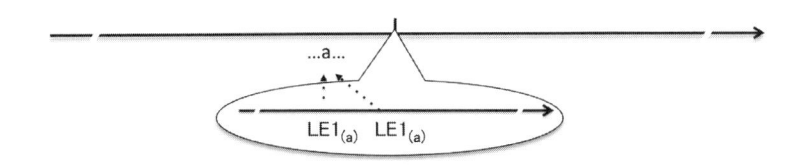

図 2.22：既出の指示対象を同じ言語表現で指示する場合

これに対して，ディスコースに既出の指示対象が，ディスコースの後段で異なる言語表現で指示されるような場合もある。既出の指示対象を代名詞や省略といった言語表現を用いて指示するのは，そのような例である。

(4)　花子が電車を降りて近づいてきた。彼女と会うのは3年ぶりだ。

(5)　母「お父さん，2階にいた？」
　　　息子「うん，(φ)いた」

(4)では「彼女」，(5)では省略といった言語表現が使われている。

その他，繰り返される言語表現が長いような場合，あるいはジャンルによっては，特殊な名詞[2]が使われることがある。以下は，その例のいくつかである。

(6)　中央選挙管理委員会では，中央ブロックの定員を1名減らして2名にすることを発表した。同委員会の田中副代表によれば，これは現在の人口動態の実態に合わせるためであり，恒久的な定員の変更ではないとのことである。　　　　　　　　　（日記研編 2009b: 42）

(7)　○○県立△高等学校は明治15年以来の長い歴史を誇っております。これが本校の自主自律の校風を形づくる1つの大きな要因となっております。

(8)　株式会社凹凸企画(以下，甲)と国民放送協会(以下，乙)は，上記番

---

[2] 日本語には，他にもこのような特殊な名詞がある。そのような名詞については，日記研編 2009b を参照されたい。

組における共同制作契約を結び，甲は企画段階を主に担当し，乙は実際の制作を担当するものとする。制作された番組の著作権は甲乙両者に帰属する。　　　　　　　　　　　　　　　（日記研編 2009b: 42）

(6)では，一度，正式名称でディスコースに導入した指示対象を，2回目以降は「同委員会」という簡略した言語表現で指示し，(7)では，「本校」という言語表現が使われている。(8)の契約書のような法的文書では，初出ではその正式名称が使われ，2回目以降の言及では，「甲」「乙」などの言語表現が使われ，簡素ではあるが指示対象の理解に誤解の生じない工夫がされている。このような，同じ指示対象が異なる言語表現で指示されるディスコースは，一般化して以下のように図示される。以下の図で LE1，LE2 は繰り返された言語表現が異なることを示している。

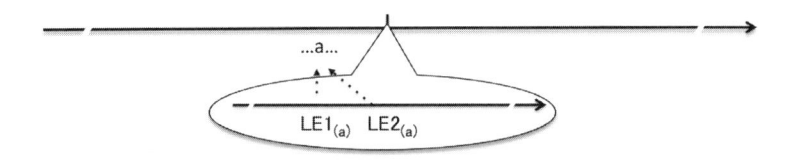

図 2.23：既出の指示対象を異なる言語表現で指示する場合

このように，既出の指示対象の指示にはさまざまな言語表現が使われるが，ディスコースにとって作業記憶とは，ディスコースをスムーズに進めるための作業盤としての役割を持っていると考えられる[3]。この働きを比喩的に言うと，概念者や受け手はこの作業盤の上にさまざまな指示対象や内容のメモを貼り付けておき，それを確認しながらディスコースを進めていくといった働きである（カーター 2012: 159; ニーホフ 2003: 229）。このことを結束性といった観点から見れば，作業記憶は記憶を通してディスコースに結束性をもたらす要因の1つでもある。以下，言語表現と作業記憶の働きについて，コ系とソ系の言語表現を中心に見る。

4.1.2　作業記憶と指示表現を伴う言語表現

一般に，ディスコースで既出の指示対象に再度言及するような場合には，指示表現，あるいは指示表現を伴ったソ系及びコ系の言語表現が使用される

---

[3] もちろん，作業記憶は言語以外の活動にも用いられる。

ことが多い。このとき指示の作業盤となるのが，上で見たように作業記憶であった。以下は，ソ系の言語表現の例である。

(9) ［警官に事情聴取されて］歩いていたら突然小路から男の人が現れ，その男の人は私の方を見ることもなく走り去りました。

(10) 鬱蒼とした森を抜けると，暗い水面の湖が広がっていた。そこには，うっすらと雪がつもっていた。

(9)では「その男の人」といった言語表現が，ディスコースに既出の「男の人」を指示対象とし[4]，(10)では，「そこ」が「湖」を指示対象としている。

コ系の言語表現が用いられるのは，以下のような例である。

(11) 先生はご存じないでしょうが，当社に田中という男がいまして，こんど|この男／こいつ|が芥川賞なんぞいただきまして，社長以下，社員全員びっくり仰天なんですわ。

(12) 「少年よ，大志を抱け」。これは日本ではとても有名なことばだが，このことばを言ったクラーク博士はアメリカではほとんど知られていない。

(11)では「この男」「こいつ」といった言語表現が「田中」を，(12)では「このことば」が「少年よ，大志を抱け」といったことばを指示対象としている。

このように，ディスコースに既出の指示対象に再度言及する場合，ソ系あるいはコ系の言語表現が使用されることが多い。するとここで疑問になるのは，それではコ系の言語表現による指示とソ系の言語表現による指示には，どのような違いがあるのかということであろう。本書では，コ系の言語表現とソ系の言語表現には作業記憶の検索範囲や指示対象とディスコースとの関係といった面に差異が現れていると考えている。以下，それぞれの言語表現を検索範囲，指示対象とディスコースとの関係といった視点から見る。

4.1.3 作業記憶とコ系の言語表現の特徴（検索範囲）

コ系の言語表現による指示とソ系の言語表現による指示を比べて，その違いの1つは，コ系の言語表現がその指示対象の検索範囲を作業記憶の後段にまで持っているのに対し，ソ系の言語表現は作業記憶の前段にしかその検索範囲を持っていないことである。このようなコ系の言語表現の検索範囲を一

---

[4] 厳密に言うと，初出でディスコースに導入された「男の人」の指示対象に再度言及しているということ。以下同様。

般に(指示対象の)後方照応と呼ぶ．以下が，その例である．
- (13) これはまだ誰にも言ってないんですが，実は私はこの3月で早期退職することにしました．
- (14) 村にはこんな噂がありました．深夜になると，武士の亡霊が寺の境内を歩くというのです．

上の例で「これ」は「概念者がこの3月で退職すること」，「こんな噂」は「武士の亡霊が境内を歩く」をそれぞれ指示対象としている．そしてこれらの指示対象は，コ系の言語表現の発話された以降のディスコースを参照しなければ分からない．コ系の言語表現による指示対象の後方照応は，以下のように示される．

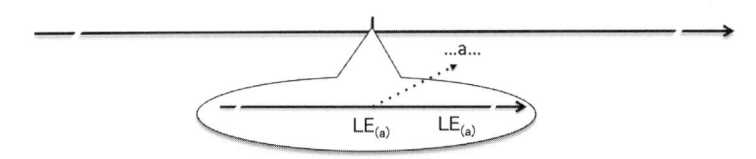

図2.24：コ系の言語表現による指示対象の後方照応

　面白いのは，後方照応はディスコースの後段で指示対象が言語的に表現される場合に限らない．ディスコースの後段で参照される指示対象は，たとえば視覚などを通してディスコースに導入されても構わない．
- (15) ［訪問先の客間で．訪問者が］これは，つまらないものですが．［訪問者が持ってきたふろしき包みをほどいて，持参した手土産を家人に渡す］
- (16) ［ドキュメンタリー番組で．ナレーターが］瀕死のクジラの匂いを嗅いで集まってきた生き物がいる．［画面にサメの姿がアップで映し出されて］サメだ．

(15)では「これ」という言語表現の指示対象が何であるかは，受け手(家人)は手土産を開いてみるまで分からない．(17)はコ系の言語表現の例ではないが，「生き物」が「サメ」であることが分かるのは，発話の数秒後に画像が映し出されてからである．これらの後方照応に共通の特徴は，概念者がわざと指示対象を一時的に同定不能にしておいて，ディスコースの流れにメリハリをつけるといった働きであろう．現場文脈による指示対象の後方照応は，以下のように示される．

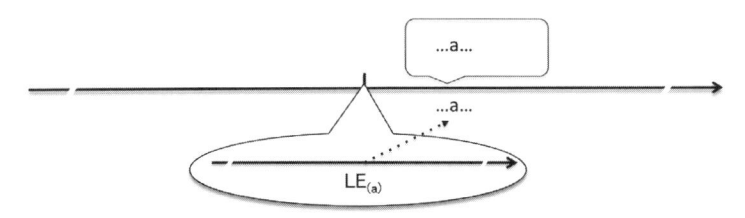

図 2.25：指示対象の後方照応（現場文脈指示）

　このようなレトリック上の効果を帯びた指示対象の後方照応は，英語の定冠詞 the の用法にも見られる。
　（17）［研究を紹介する新聞記事の第 1 段落で］The findings involve chemicals made by the body, called pheromones.
　（18）［論文の節のタイトルで］3. The Research Method / 4. The Data

上の例で the findings や the research method / the data といった言語表現の指示対象は，その文字列を読んだ段階では不明であり，記事や論文を読み進めていって初めて，その内容が分かるようになっている。この意味で英語のこの表現は，上で見た日本語のコ系の言語表現と同じようにディスコースの流れにメリハリをつける効果を持っている。一般に英語の定冠詞 the は「その」と訳されることが多いが，この例からはむしろ日本語のコ系の言語表現と似た機能を帯びていることが分かる。それぞれの言語表現が指示対象を検索できる範囲を比べると，以下のようになる。

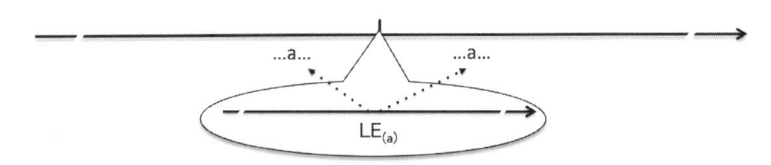

図 2.26：コ系の言語表現及び the の指示対象の検索範囲

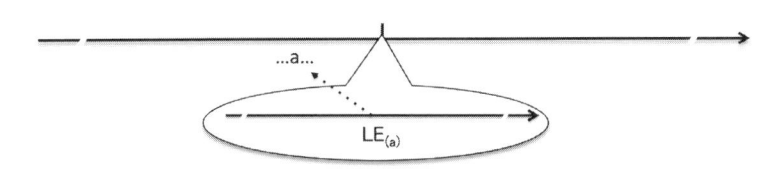

図 2.27：ソ系の言語表現の指示対象の検索範囲

4. 指示と記憶

4.1.4 作業記憶とコ系の言語表現の特徴（ディスコースとの関係）

4.1.3 で見たように，コ系の言語表現には受け手にディスコースの前段・後段から幅広く指示対象を検索させる性格がある。これは一見，検索範囲の方向性だけの違いに見えるが，仮にコ系の言語表現の働きとして，概念者が特定の指示対象をディスコースの中で際立たせるといった働きを想定すれば，以下のような例にも統一的な説明ができる。たとえば，一般に新聞・雑誌の記事や小説などでは，概念者は最初から特定の指示対象を念頭にディスコースを進めていくことが多い。このような場合，概念者はコ系の言語表現で特定の指示対象に焦点をあてて，ディスコースを深めていくことができる。

(19) 西暦 1756 年，オーストリア・ザルツブルクの宮廷音楽家の家に待望の男の子が生まれた。これが後の大作曲家ウルフガング・アマデウス・モーツアルトである。

(20) 上杉謙信上洛の意図を感じ取った信長は，謙信を懐柔しようと洛中洛外図を贈った。この絵図が謙信の養子・上杉景勝を通し米沢上杉家に伝わった「上杉本洛中洛外図」である。

(21) 私はゆっくりと浜辺を歩いて切り立った崖の上にでた。ここはかの文豪ヘミングウエーが好んだ丘である。

(22) 日本橋北詰は魚を担いだ大勢の人々でごった返していた。この頃，東京はまだ江戸と呼ばれ，今から百五十年余りも以前のことである。

(19)で「これ」は「待望の男の子」，(20)で「この絵図」は「洛中洛外図」，(21)で「ここ」は「崖の上」，(22)で「この頃」は「今から百五十年余りも以前」をそれぞれ指示対象としている。そしてこれらの指示対象は，ディスコースの中の描写の中心となっている[5]。

話しことばでも，概念者が何かの意図を持って 1 つのストーリーを語っているような，ある種の物語性がある場合には，コ系の言語表現でディスコースに既出の指示対象を中心にディスコースを進めていくような場合がある。この場合，概念者が指示対象については受け手よりもよく知っており，受け

---

[5] 興味深いことに，韓国語では指示対象が人や物，あるいは場所の場合，韓国語における「解説のコ」に相当する「이」が使えるのに対し，時間の場合には使いにくいのではないかとの指摘があった。これには人や物，場所に比べて，時が最も指示対象が抽象的だからという説明も考えられる。この観察は 2010 年当時に東北大学大学院生であった李美賢氏からうかがった。

手にむかって解説しているという感じを与える。

(23) その日の夕方, 鑑識の一人が現場で小さな布切れを発見しました。|この布／これ|が後になって事件の解決へとつながったのです。

(24) ［政治家の政治パーティーで］地元の皆様の応援で私はこの悪夢のような経験(落選)から生還することができました。このとき, 私は皆様の本当の情けに触れたのだと思います。

　このようなコ系の言語表現の特徴は, 既出の指示対象をディスコースがかなり先に進んでから再び指示しなおすような場合(長距離の前方照応指示)にも, よく見てとれる。このようなときにも, コ系の言語表現はその指示対象がディスコースの叙述の中心であるという効果を与える。

(25) 昨日未明, 渋谷の路上で若い男が倒れているのが発見された。この近辺では最近, 不審な人間が夜間に徘徊しているとの報告が多くよせられ, 区も住民とともに不審な人物の取締を強化した矢先だった。都知事も警視庁と連携して, 治安の確保にあたることを言明している。この男, 中肉中背。特に外傷などなかったが, 奇妙なことに自分に関する記憶を一切失っていた。　(日記研編 2009b: 33, 一部改編)

上の例で「この男」は「渋谷の路上で倒れていた若い男」を指示対象としている。このような既出の言語表現(先行詞)と後続の言語表現の間に距離がある場合, コ系の言語表現を用いることにより, 受け手の指示対象の同定を助けるとともに, 受け手に距離が離れていてもこの指示対象がディスコースの記述の中心であるとの効果を与えている。

　(25)はディスコース全体と特定の指示対象との関係であったが, ディスコースの特定の時点で叙述の中心になった指示対象に焦点をあてるような用法もある。

(26) ［講義で］現在, コンピュータ等でさかんに「アイコン」という語が使われるようになってきましたが, 実はこの語には元々宗教的な概念と通じるものがあります。

(27) ここまで解が最適値になる場合を考察してきた。しかしながらこの式で解が虚数となる場合は, もちろん妥当な解ではない。

上の例で「この語」は「アイコン」を,「この式」は「最適値を求める式」をそれぞれ指示対象としている。これらの指示対象は, ディスコースのその時点で重要になった指示対象であり, 概念者がその段階で焦点をあてて記述

を加えていると考えれば，コ系の言語表現の統一的な特徴だと考えることができる[6]。

また法律や契約書などに見られる，前述の内容を明確に示すために「これ」で繰り返す用法も，コ系の言語表現のこの特徴によると考えることもできる。

(28) 国際紛争を軍事的な方法により解決することは，これを永久に放棄する。

(29) 甲が契約及びその一部の破棄を希望する場合には，これを乙に90日前までに文書で通知しなくてはならない。

4.2 意味記憶（フレーム）

3.で見たように，フレームは指示に重要な役割を果たしていた。これは指示表現を含んだ言語表現でも同じことが言える。そこで以下では，コ系とソ系の言語表現を中心に，フレームがどのように指示に影響を与えているかを見る。

4.2.1 既出の指示対象とフレーム

ディスコースへのフレームの読み込みは，コ系やソ系の言語表現で既出の指示対象について再度言及するような場合にも見られる。たとえば，コ系の言語表現の場合，既出の指示対象を指示しながら，その指示対象を含む複数のフレームをディスコースに読み込んでいくような，以下のような用法がある。

(30) 昨年，私は田中一郎氏をインタビューした。この政治家は，かつて道路公団の談合問題で何度もマスコミに名前が取りざたされた人物である。

(31) かつて，私はアラスカで狼を見たことがある。この動物は，日本ではすでに絶滅している。

上の例で「この政治家」は「田中一郎氏」，「この動物」は「狼」を指示対象

---

[6] このようなコ系の指示表現の用法を金水・田窪1990では，「解説のコ」と呼んでいる。「解説のコ」とは，「発話の現場に見えない黒板が導入され，話し手が見えない指さしを行っている（金水・田窪1990: 139）」と説明されている。これは，ある意味で指示の根底にある，言語表現で対象を指さすこと，といった本書の見方と通じるものがある。更にコ系の言語表現の特徴をこう捉えれば，直示の用法で見た「腕を伸ばして届く範囲」といった側面が，直示・非直示を問わずコ系の言語表現の共通の働きとして特徴づけられることになる。

としている。この意味で，これらのコ系の言語表現は，先に見た特定の指示対象を作業記憶の中から検索して追いかけていくというコ系の言語表現の基本的な働きを果たしている。

しかしこれらの例では，単に指示対象を追いかけていくだけでなく，「田中一郎氏が政治家であること」あるいは「狼が動物であること」といった新規の情報も同時に伝えているように感じられる。つまり，指示対象を確保しつつも，その一方で，その指示対象を含む異なるフレームを喚起しながらディスコースを進めていくといった働きである。たとえば，上の例で田中氏や狼の指示対象を仮にaやbと表せば，aやbは，以下のような複数のフレームの要素になっていると考えられる。

(32)　固有名詞のフレーム = {…a…；…田中一郎(a)…；…(略)…}
(33)　職業のフレーム = {…a…；…政治家(a)，パイロット…；…(略)…}
(34)　生物種名のフレーム = {…b…；…狼(b)，猿，犬，トラ…；…(略)…}
(35)　生命分類のフレーム = {…b…；…植物，動物(b)…；…(略)…}

このような指示対象を新規のフレームの中で読み込んでいくコ系の言語表現の働きを一般的に示すと，以下のようになる。

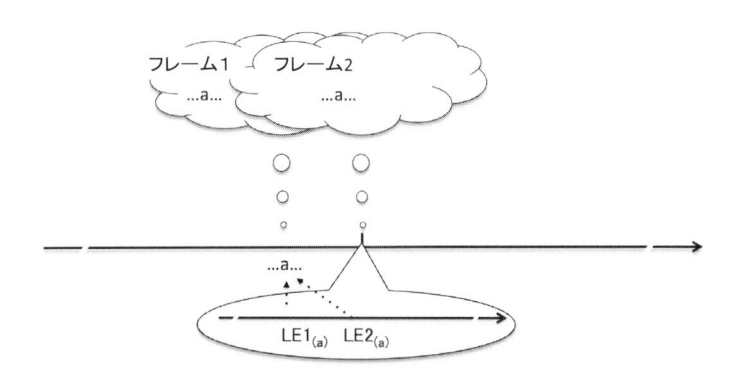

図 2.28：コ系の言語表現と新規のフレームの読み込み

これに対してソ系の言語表現には，コ系の言語表現のように次々と新しいフレームをディスコースの中に読み込んでいくといった働きではなく，むしろ反対に，一度ディスコースの中に読み込んだフレームの中に留まって指示を継続する，あるいはフレームそのものを維持するとでも呼べるような働きがある。以下が，その例である。

(36) 社長はいつも穏やかで決して人に威張ったりしない方でした。<u>その社長</u>が、奥様にどなりちらすなんて私には想像できません。

(37) 彫刻家は持てる力と時間を注ぎ込んで最高の仏像を完成させた。しかし<u>その仏像</u>が何者かによって盗まれたのだ。

(36)で「その社長」とは「いつも穏やかで決して人に威張ったりしない」という性質を持った人物であり、(37)の「その仏像」とは「彫刻家が力と時間を注ぎ込んだ」対象としての仏像である。このようにソ系の言語表現は、指示対象の属性・特徴を言語的に描写した上で、そのフレームの中に留まってディスコースを更に進めていく、といったときに使われることが多い。このようなソ系の言語表現の働きは、以下のように一般的に示される。

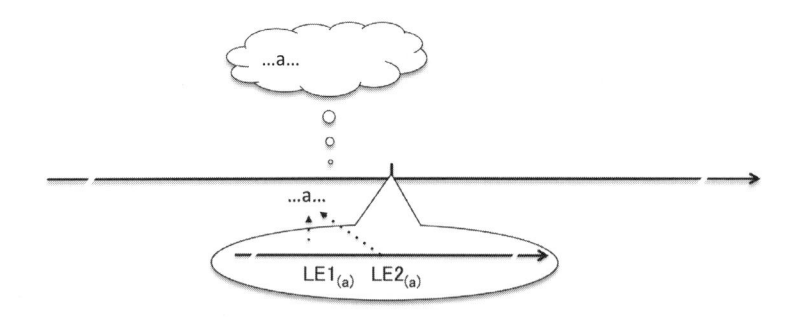

図2.29：ソ系の言語表現とフレーム

したがって、ディスコースの前段で述べた指示対象の特徴・性質を引き継ぎ、そのフレームを維持したままでディスコースを深めていこうとする場合、ソ系の言語表現が使われ、コ系の言語表現は使えない。

(38) 佐藤さんはいつも穏やかで、けっして人にいばったりしない人だ。｛*この／その｝佐藤さんが、先週は部下をどなりつけた。

(日記研編 2009b: 33)

(38)からは、特定の指示対象に焦点をあて、異なるフレームを通して指示対象の異なる側面についての描写を重ねていくコ系の言語表現と、フレームの中に留まって指示をしていくソ系の言語表現の特徴的な差異を見ることができる。

4.2.2　ソ系の言語表現とフレーム内の既出の指示対象[7]

　フレームの中に留まって指示をしていくソ系の言語表現の特徴は，他にもさまざまな言語現象から見ることができる。たとえば，以下のような概念者が受け手の未来の行為に関して細かな指示を与えていくようなタイプのディスコースでは，特定のフレームを喚起して，その中で指示対象を指示していくソ系の言語表現の特徴がよく現れている。

(39)　［受付で］事務室に行けば係の人がいますから，その人に聞いてください。

(40)　［講義の途中で。教師が学生に］山本さん，悪いけど，僕の研究室に行けば机の上に赤い表紙の本があるはずだから，|その本／それ|を持ってきてくれない？

(41)　次の信号をまっすぐ行ってください。そうすると右手に大きな本屋さんが見えてきますから，そこを左に曲がってください。

(39)では，「その人」は「事務室の係の人」を，(40)では「その本／それ」は「机の上にある赤い表紙の本」を，そして(41)では「そこ」は「本屋のある場所」をそれぞれ指示対象としている。これらの例で大事なことは，概念者及び受け手が特定の状況を思い浮かべて，その思い浮かべた状況の中に現れた対象を指示対象としていることである。このとき，概念者は一般化された知識，すなわちフレームを参照して，それを概念化素材としてふさわしい状況を想像する。この概念化の過程は，以下のように示される。

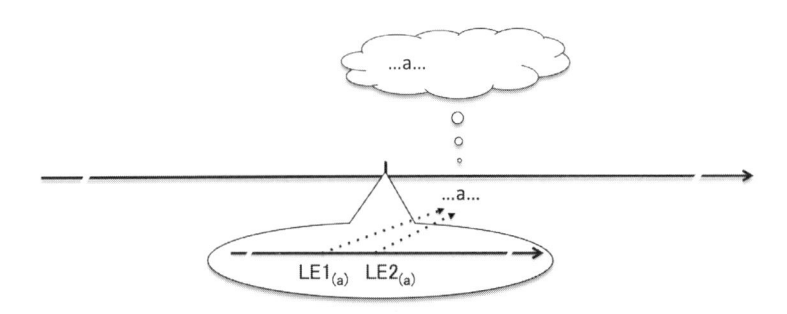

図2.30：概念者の思い浮かべた状況内での指示

---

[7] 日記研編 2009b では，ソ系の言語表現が先行する指示対象そのものをディスコースの後段で再び言及することを指定指示と呼んでいる（日記研編 2009b: 31）。

思い浮かべるべき状況が，現実の世界とは異なる架空の状況である場合もある。

(42) もし，当時の日本にペニシリンがあったら，|その薬／それ|はきっと妹の命を救っていただろう。

(43) もし私が生まれかわれるとしたら，そこはきっと争いのない世の中であってほしい。

(42)では概念者が思い浮かべた状況は，実際には過去に存在しなかった架空の状況である。その状況のもとで「概念者が当時の日本にあったらと想定した，実際にはなかったペニシリン」が「その薬／それ」の指示対象となっている。(43)では，想定されている状況は未来の状況であるが，人が生まれかわるといったことは，我々の生きている世界では通常想定できないので，反事実的な状況と考えられる。そして，その架空の世界を概念者は「そこ」と指示している。

ここで概念者が想定した状況は，反事実的であり架空の状況であるので，概念者の通常の時間軸の上にはないはずである。そこで本書ではそのことを示すために，反事実的な架空の状況は，通常の時間軸とは別の点線の時間軸で示すことにする。ただし，通常の時間軸も架空の状況の時間軸もこのディスコースにおける概念者の作業記憶の一部であり，架空の状況を含む作業記憶は以下のように示される。

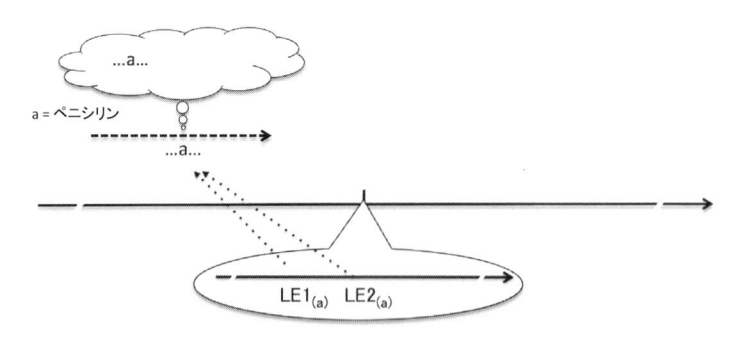

図2.31：過去の反事実的な架空の状況内での指示

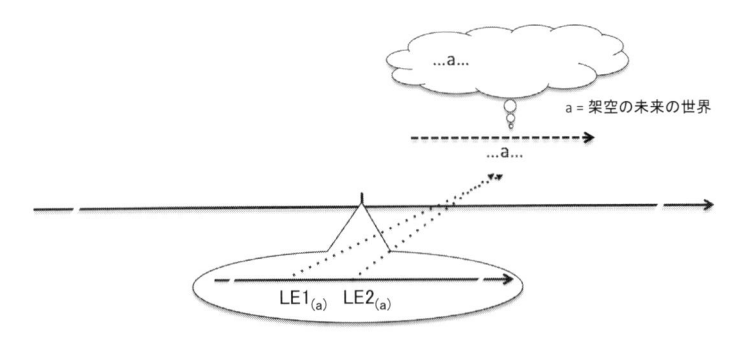

図 2.32：未来の反事実的な架空の状況内での指示

これらの例に共通の特徴は，概念者及び受け手が適切なフレームを参照して自分の頭の中で架空の状況を作り上げるということであろう。そしてソ系の言語表現はその概念者らの思い浮かべた架空の状況の中に留まって指示を行っている。

4.2.3　ソ系の言語表現と既出のフレーム内の新出の指示対象 [8]

このような既出のフレームの中に留まって指示を行っていくソ系の言語表現の働きは，新出の指示対象をフレームの中から検索させて指示する働きにも発揮されている。

(44)　まっすぐ行くと右手に派出所があります。その向こうに地下鉄の入口があります。

(45)　事務室に行くと紙のファイルケースがあるから，その中に(伝票を)入れておいてください。

上の例では，たとえば，「その向こう」や「その中」といった言語表現の指示対象はディスコースのこの時点では新出である。しかし，それらの指示対象は既出の「派出所」や「ファイルケース」の指示対象，そして上下・前後・左右・内外・向こう・そば・近くなどといった空間の位置関係のフレームを合わせることで概念化できる。いわば，これらの例では，新出の指示対

---

[8] 日記研編 2009b では，先行する指示対象とは異なる指示対象をソ系の言語表現で指示することを代行指示と呼んでいる(日記研編 2009b: 31)。本節で扱う，フレームに含まれる対象を新しい指示対象とする用法は，代行指示であり，ソ系の言語表現しか使われない。

象は既出の指示対象とフレームをもとに「演算」されている[9]。このような既出の指示対象と空間の位置関係のフレームを概念化素材とした概念化を図示してみる。

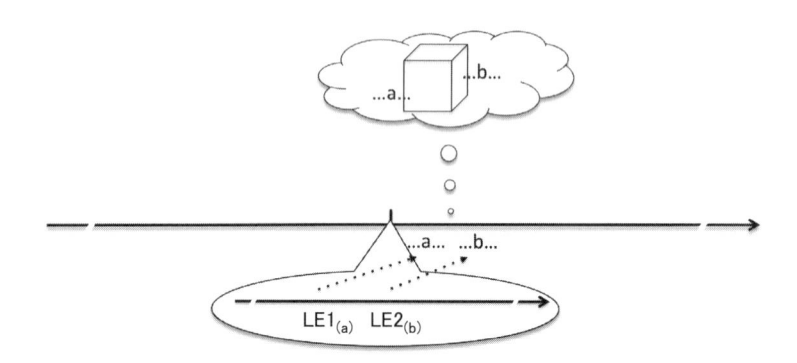

図 2.33：空間の位置関係のフレームによる概念化

以下では，家族のフレームが，新出の指示対象の概念化素材となっている。
(46) この施設は従業員と<u>その家族の方</u>だけに使用されております。
(46)でも，「従業員」の指示対象が何であれ，その指示対象と家族のフレームを概念化素材に「その家族」の指示対象が同定できる。

かなり一般的な内容のフレームではあるものの，いわば出来事のフレームとでも呼ぶようなフレームで出来事の起こる場所や時間が指示される場合もある。一般に出来事が起こるとすれば，出来事は特定の場所で特定の時間に起こると考えられるからである。このとき，出来事の起こる場所や時間などは，ディスコースの中で言語的に表現されていない場合も実は多い。以下は，そのような例である。

(47) ［小説で］田中が立ち止まった。<u>そこ</u>は田中がかつて住んでいた家の前だった。
(48) ［小説で］田中はいつものようにドアを開けて，中に入った。<u>そのとき</u>，背後からガツンとやられて，田中は気を失った。

上で「そこ」は「田中が立ち止まった場所」，「そのとき」は「田中がドアを開けて中に入ったとき」をそれぞれ指示対象としている。これらの指示対象

---

[9] これはたとえば，$y = 2x + 1$ のような簡単な 1 次方程式で，x の値が決まれば，y の値が自動的に決まるといった意味で，フレームにも「関数的」な特徴が見られることになる。

は，ディスコースの前段では言語的には表現されていないが，一般的な出来事のフレームをもとに概念化されたと考えられる。これらの状況は，以下のように図示される。

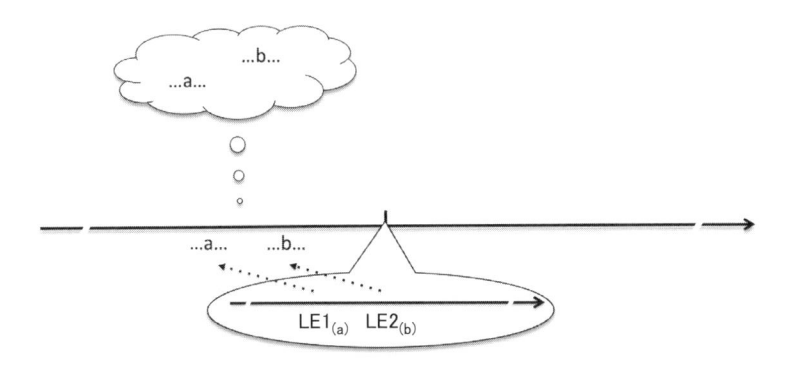

図 2.34：過去の出来事と出来事のフレームによる概念化

更に未来における出来事，あるいは一般的な現在の出来事が出来事のフレームとともに概念化され，ソ系の言語表現の指示対象とされていると考えられるのが以下の例である。

(49) ［地下鉄の英会話学校の車内ポスターで］その日に備える英語力を

(50) 運転は，その時の道路の状況に応じて慎重になさってください。

(49)は未来，(50)は一般化された現在における出来事の例である。これらの概念化の概略は，以下の通りである。

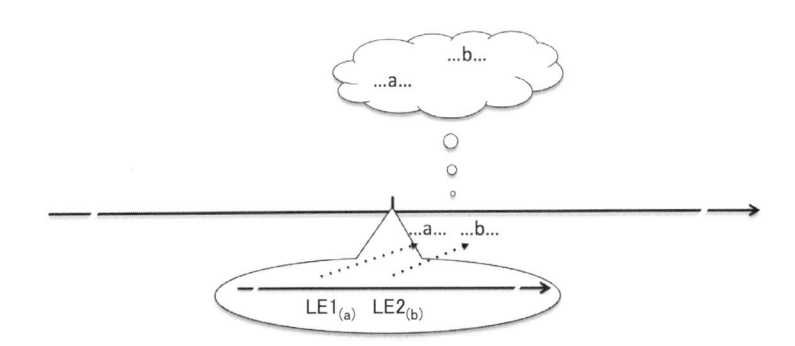

図 2.35：未来の出来事と出来事のフレームによる概念化

4. 指示と記憶　　*115*

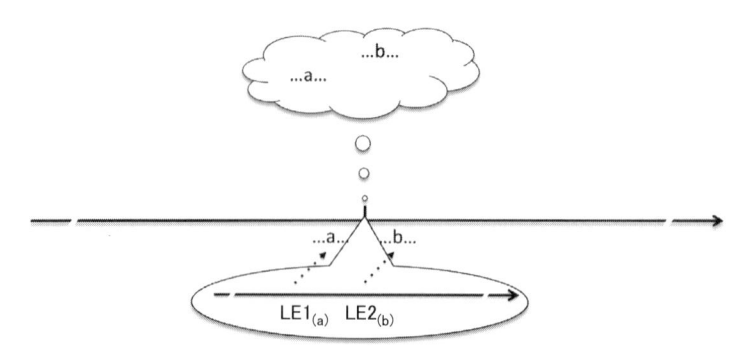

図 2.36：一般化された現在の出来事と出来事のフレームによる概念化

　新出の指示対象の概念化に，更に高度なフレームが参照される例がある。以下が，その例である。

(51)　十歳のときの彼の作文を読むと，その早熟の才に驚かされる。

(52)　芭蕉の句集を片手に，その足跡をたどる。

(51)で「その早熟の才」の指示対象は，「十歳のときの彼が作文を書いたときの才能」であり，(52)で「その足跡」の指示対象は「芭蕉が旅をしながら句を書いたときに訪ねた土地」とでも言えるようなものである。したがってこれらの指示対象の概念化には，創作のフレームとでも呼べるようなフレームや芭蕉の一生と旅とでも言うような，かなり高度な知識やフレームが必要である。参考までに，これらのフレームのごく一部を本書の書式で書き出してみると，以下のようになろうかと思う。

(53)　創作のフレーム = ¦…(略)…；…人，創作物，才能…；…才能を持った人が創作物を作る…¦

　　　芭蕉の旅と創作のフレーム = ¦…(略)…；…芭蕉，俳句…；…芭蕉は旅をして，さまざまな訪問地で俳句を作った…¦

4.2.4　ソ系の言語表現と値の不明な指示対象

　4.2.3で見たように，ソ系の言語表現には，既出の指示対象とフレームを合わせて新出の指示対象を「演算」するといった働きがあった。このようなソ系の言語表現の特徴から見て最も興味深い用法は，指示対象がその場では確定できないような場合に見られる。以下の例では概念者ですらディスコースのその時点では指示対象が何であるか知らない。しかし概念者は，自分では内容を知

らないその指示対象を，ソ系の言語表現で指示している[10]。

(54) ［レストランで］男「何，食べたい？」
［決まっているのに，決まっていないふりをして。思わせぶりに］
女「さあ，どうしようかな。あれにしよっかな」
男「じゃあ，僕も，それ，食べよっと」

(55) 娘「パパ，今日，どこ，行く？」
［わざと行き先を言わずに］父「じゃあ，今日は天気いいから，あそこ，行ってみよっか」
娘「行く，行く。ももちゃんも，そこ，行く」

(54)で「それ」の指示対象は「女が食べようと思っているもの」であり，(55)で「そこ」は「父親が行こうと思っているところ」を指示している。どちらもその時点の概念者は「それ」あるいは「そこ」の正確な指示対象を知らない。しかし，これらの指示対象はしかるべき情報を与えられれば，その値を確定できるという意味で，ディスコースのその場においての概念者にとっては「変数」ではあるが，不定項ではない。ソ系の言語表現は，このような「変数」としての指示対象も指示することができる。この概念化は，概ね以下のように示せる。

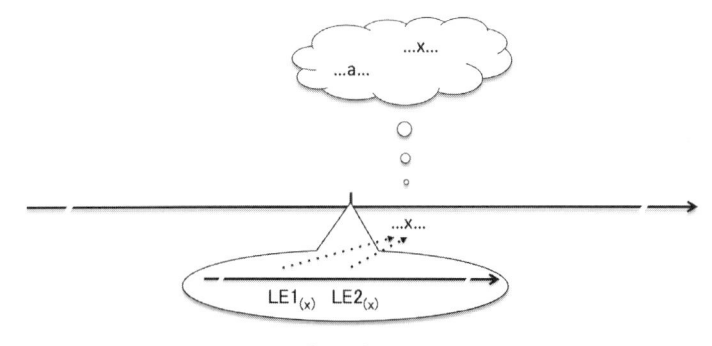

図 2.37：「変数」を含む概念化

4.3 エピソード記憶

　一般にエピソード記憶とは，概念者が人物や事物を個人的な経験の中で捉

---

[10] このような現象は，一種の共話と捉えれば分かりやすい。共話とは，一般に1つの言語表現を複数の概念者で作り上げることであり，ソ系の言語表現が共話の中で使用できるということは，共話とフレームの関係を示唆するものである。共話とフレームの関わりについては，第4章接続でも見る。

えた記憶であり (Gazzaniga 2008: 303, 394)，指示対象がどのようなエピソード記憶に含まれているかで，指示に使う言語表現の選択に影響があると考えられる場合がある。そこで以下では，ア系の言語表現を中心に，固有名詞や代名詞といった言語表現がどのようにエピソード記憶と関連しているかを見る。

4.3.1　エピソード記憶とア系の言語表現

　概念者が既出の指示対象に対して何らかの個人的・情動的な関連がある場合，その既出の指示対象にア系の言語表現が使われることがある。

(56)　［社内の最新の噂を報告して］
　　　A「田中さんがまた常務とけんかしたそうだ」
　　　B「またかよ。しかし，|田中さん／あの人／あいつ|は懲りないなあ」
(57)　A「私はまだ住んだことないんですが，北欧っていいところらしいですね」
　　　B「ええ，私は仕事で3年ほど住んでいたんですが，|北欧／あそこ|はとても暮らしやすかったですよ」

(56)では「あの人」あるいは「あいつ」といった言語表現の指示対象は「田中氏」であり，(57)で「あそこ」の指示対象は「北欧」である。これらの例では元々の言語表現を繰り返して既出の指示対象を指示することもできるが，ア系の言語表現を使うと，概念者が自分のエピソード記憶の中から指示対象に関するさまざまな情報や感情を新たに読み込み，概念者もその指示対象をよく知っているといった感じを与える。このようなア系の言語表現の概念化は，概ね以下のように示される。以下でフレームの周囲の影は，概念化における感情的な要素の広がりを表すものとする。

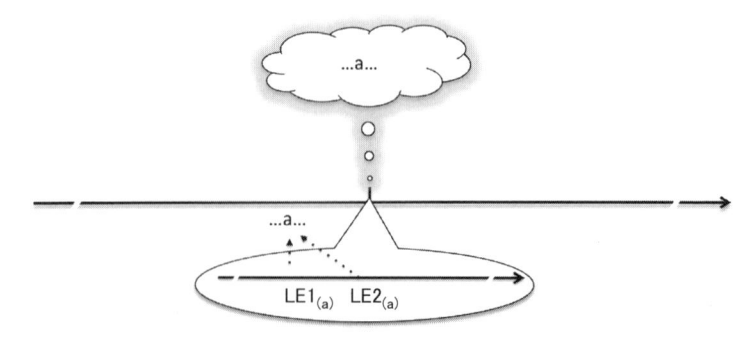

図 2.38：指示対象のエピソード記憶からの読み込み 1

更に，元々は現場文脈から読み込まれたと考えられる既出の指示対象を，ア系の言語表現で指示する場合もある。

(58) ［出版社主催のパーティーで。参加者の1人が名刺を渡して］
　　　A「初めまして。伊藤です。伊藤永二と申します」
　　　B［驚いて］「え，伊藤さんって，もしかして『ポリネシアの夜明け』をお書きになった，あの伊藤さんですか？」

(58)で指示対象となった人物は概念者の目の前にいるので，「あの伊藤さん」という言語表現がア系の言語表現の直示的な働きで用いられているとは考えにくい。この例では，「あの伊藤さん」という言語表現で「伊藤氏」が概念者であるBの記憶に強く残っている人物であることが示唆され，指示対象が概念者の記憶の中で何らかの特別な位置を与えられているといった感じを持つ。この意味でこの指示対象は，現場にいる人物と概念者の記憶の中の人物が重ね合わされた複合的な性質を持っている。以下の図は，その概念化の概略を示したものである。

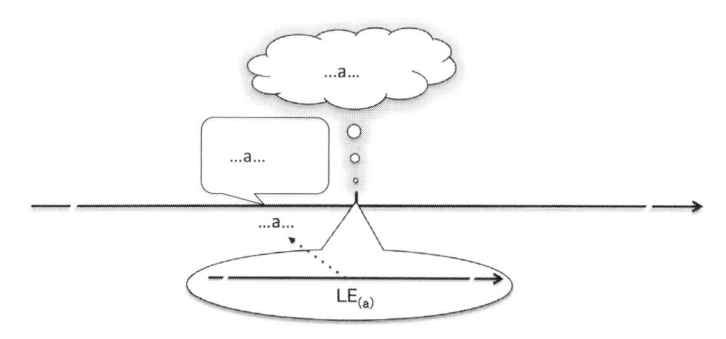

図 2.39：指示対象のエピソード記憶からの読み込み 2

ただし，このように概念者が記憶の中から指示対象(そしてそれに関わるさまざまな情報や感情)を読み込むということは，会話のような話しことばではよくあることだが，書きことばでは概念者の感情を過度に示すのはよくないとの配慮からか，ア系の言語表現は使われにくいといった指摘もある。以下は同じような内容を述べているが，話しことばと書きことばとの差異を示す例である。

(59) 田中とは3年間いっしょに働いたんだが，いやあ，あいつの頑固さには参ったよ。　　　　　　　　　　　　（日記研編 2009b: 36)
(60) 東西貿易の田中さんとはアメリカで3年間仕事をした。｛この／そ

の／*あの｜人は実にまじめな人であった。　　　（日記研編 2009b: 35）

興味深いことに，英語の that や those を伴った言語表現にも，このようなエピソード記憶からの読み込みを伴う概念化と考えられる例がある．

(61) ［警察の取調室で．愛人が自分に嘘をついていたと知らされ．容疑者が］
That bastard!!

(62) ［インタビューで．ミュージシャンがデビュー前に作ったデモテープについて尋ねられ］Yeah, I think those tapes still exist.

4.3.2　エピソード記憶と日本語の固有名詞・代名詞

ア系の言語表現以外にも，エピソード記憶が言語表現の文法的振る舞いに影響を与えると考えられる例として，日本語の固有名詞と代名詞の例が上げられる．一般に，日本語では概念者が指示対象を知らない場合，固有名詞や代名詞が使えない．この振る舞いの差異は，英語の固有名詞や代名詞 he の用法と比べてみると分かりやすい．以下が，その対比を示した例である．

(63) 　A「Bさん，田中君，知っている？」
　　　B「えっ，知りません．｛*田中さん／*彼｝は，どなたですか？」

(64) 　A: Do you know Mr. Tanaka?
　　　B: No, I don't. Who is ｛Mr. Tanaka ／ he｝?

(63)からも明らかなように，概念者が指示対象とされた人物を知らない場合，日本語では固有名詞や代名詞で指示はできない．このような場合，日本語では固有名詞に「って｛φ／ひと／方｝」「という｛ひと／方｝」などの形式[11]が付加され，概念者が対象となった人物を知らなかったことが明示される．

(65) 　A「Bさん，田中君，知っている？」
　　　B「えっ，知りません．田中さん｛って／という｝方は，どなたですか？」

このような例を見る限り，日本語の固有名詞や代名詞には，概念者がその人物を知っているかどうかということが大切であり，概念者が指示対象となっている人物を知らない場合には，上で見た形式が必須であると考えられる．一方，これらの形式が必ずしも必須ではない場合もある[12]．たとえば，

---

[11]「って」「って方」「という方」などの形式は，田窪 1989 では，「記号の名前だけが定義されており，記号の意味，指示対象のうちどちらか，あるいは両方が定義されていない要素を表す形式(田窪 1989: 226)」とされている．

[12] Watanabe 1998 では，前者の省略できない「って」を semantic tte, 後者の省略できる「っ

日本語ではディスコースが進むにつれ，概念者に指示対象に関する知識が増えてきた場合でも，少なくともその当座のディスコースの間は，「って方」などの形式が繰り返される傾向がある。

(66) 部長「総務の田中君，知ってるかね？」
　　　部下「いいえ，知りません」
　　　部長「そうか。実は総務の田中君が，この会社で一番法務に詳しいんだ」
　　　部下「そうですか。じゃあ，その{田中さんって方／田中さん}にこの書類の内容をチェックしてもらえばいいですね。その{田中さんって方／田中さん}は，今どこにいらっしゃいますか？」

また概念者は，受け手の方が指示対象についてよく知っていると思われる場合，あるいは受け手が知らなかった場合などには，受け手に配慮して，「って」「って方」「という方」などの形式を使う場合がある。

(67) [社長室で。訪問者が] 伊藤社長，社長の甥子さんの{田中さんという方／田中さんって方／田中さん}は，実に優秀な方ですね。

(68) 総務の田中君，知ってる？ {彼って／彼}，この会社で一番法務に詳しいらしいよ。

このような例を見ると，概念者が指示対象となった人物を知っているかどうかだけでなく，その人物に対しての親疎の情や愛情を持っているかといった感情的な側面も，日本語の固有名詞や代名詞の使用に関係しているようである。

日本語の代名詞の「彼」にも興味深い用法がある。第一に，日本語の「彼」は，架空の指示対象を指示できない。比較のために，英語の用例もつける[13]。

(69) 俺には弟はいないが，もしいたとしても*彼はそんなことしない。

(70) I don't have a brother, but even if I did, *he* wouldn't do such a thing.

上の例では，存在しない概念者の弟は日本語の「彼」では指示できないことが分かる。しかし同じ架空の指示対象でも，その架空の人物が過去に存在した人物の人となりに基づいて述べられているなど，概念者がある程度具体

て」を pragmatic *tte* と呼び分けている。他に，「って」には「(略)あるものについて，新しい知識を得たり，あらためて認識を深めたりした際に，それを主題として提示するのにも用いられる(日記研編 2009a: 231)」といった用法や「(略)話し手が，聞き手が知っているかどうかわからないものや，そのとき聞き手の意識のうちにはないと思われるものを文脈に導入する発話である(日記研編 2009a: 232)」という用法も指摘されている。

13 この例は Fauconnier and Turner 2002 を参考にした作例である。オリジナルは，"I don't have a sister, but if I did, she wouldn't be a hooker." である (Fauconnier and Turner 2002: 257)。

なイメージを持てる場合には「彼」の使用が容認される場合がある。

(71) ［目をつぶって死んだ夫の姿を思い浮かべて。妻が］夫がもし今でも生きていたら，彼は私のことを分かってくれたはずよ。

(72) If my husband had been still alive, *he* would have understood me.

要するに，英語の代名詞である he は概念者の知らない全く架空の人物を指示するのにも問題なく使えるのに対し，日本語の「彼」は概念者がある程度具体的なイメージを持っていないと使いにくいということになる。このことを本書の立場では，概念者が指示対象となった人物を個人的な体験の中で捉えたり，情動的な意味づけを持っていない場合，つまりその人物を対象にしたエピソード記憶を持っていない場合には，その人物を固有名詞や代名詞で指示することができないと考えておくことにする。

4.3.3　エピソード記憶とその所有者

4.3.2 で見たように，日本語のア系の言語表現や固有名詞・代名詞をめぐる用法には，概念者が自分の体験した特定のエピソード記憶の中から指示対象を読み込む，あるいはそのようなエピソード記憶的な裏づけが必要だと考えられるような側面があった。ここで大事なことは，作業記憶や意味記憶には個人を越えたある程度の内容の均質性を想定できるのに対し，エピソード記憶はその内容が極めて個人的であり，均質性は想定できないことである。したがって，通常は，明らかに受け手が指示対象を同定できないような場合には，新出の指示対象をア系の言語表現で指示することは不自然である。

(73) ［廊下で通りかかって。同僚に］
　　　A「ああ，そうそう。さっきあいつに会いましたよ」
　　　B「えっ，一体，誰のこと話してるんですか？」

しかしこのとき，先にも見たように受け手も指示対象を知っていると思う十分な根拠が概念者にあれば，新出の指示対象であってもア系の指示表現を使うことができた。ただしこの場合，概念者が受け手に自分と同じような概念化ができることを前提にしているからか，相手が知らないはずはないといったニュアンスが感じられる。

(74) ［刑事がアパートに突入する。中にいた容疑者の妻に］おい，｛あの男／あいつ｝は一体，どこに消えたんだ？

あるいは概念者は受け手がその指示対象を知っていることを前提に，自分

が思い出せない場合，ア系の言語表現が使われる。これは概念者が受け手の記憶を借りて，(意図する)指示対象をディスコースに読み込もうとしている場合と考えられる。

(75) ［友人に］ほら，<u>あの人</u>，名前，何だっけ？ <u>あの人</u>だよ，<u>あの人</u>。ほら，昨日パーティーで会った背の高い，日本人なんだけど，金髪の。 (日記研編 2009b: 35)

(76) ［居間で。夫が妻に］あれっ，<u>あれ</u>，どこに行った？ 昨日，買ってきた，<u>あの本</u>。

更に面白いのは，概念者が自問自答する独話でも，ア系の言語表現が使われることである。これは，指示対象を忘れている概念者である自分が，指示対象を覚えているはずの受け手である自分に問いかけることで，指示対象をディスコースに読み込もうとするバリエーションの1つであると考えられる。

(77) ［試験中に。学生がひとり言で］あれえ，<u>あの王様の名前</u>，なんて言ったっけ？ アレキサンダーじゃなくて。

(78) ［オフィスで。ひとり言で］あれえ，|あの文書／あれ| は一体，どこへ行った？

5. 指示と概念化

本章では指示という言語行為を通して，概念化及びフレームといった本書の基本的な興味の対象の性格を探ってきた。その意味で本章の興味の中心は名詞及び名詞句の「意味」(捉え方)ということになるのだが，ここまでは指示対象を名詞や名詞句の「意味」とおおまかに仮定して議論を進めてきた。

一方，本章の議論，特に 4. の議論から指示対象は名詞及び名詞句の「意味」の重要な部分ではあるものの，ディスコースによってはそれ以外の要素も重要になる場合もあると考えられる。そこで本節では，指示対象は概念化(及び言語化)の全体を通して捉えられる言語表現の「意味」の一部分であるという考え方を示す。

5.1 既出の指示対象とさまざまな言語表現

ディスコースによっては，同じ人物がさまざまな言語表現で繰り返し指示

される場合がある。以下が，その例である。
(1) 　　A「<u>田中さん</u>，もう来られました？」
　　　　B「<u>一郎</u>は，まだ。<u>彼</u>はいつも時間通りになんて来ないよ」
　　　　C「<u>あいつ</u>は自由人だからね」
　　　　A「へえ，<u>田中さん</u>ってそんな方だったんですか」
　　　　C「ほらほら噂をすれば何とやら。<u>大先生</u>のお出ましだ」
　　　　B「うわあ，<u>φ</u>，真っ赤なスカーフなんかしてる」

（日記研編 2009b: 18）

　上の例では，ディスコースに最初「田中さん」という言語表現で導入された人物が，「一郎」→「彼」→「あいつ」→「田中さん」→「大先生」→「φ」など実にさまざまな言語表現で指示されている。これらの言語表現は複数の概念者らの共通の知人である同一人物について述べられており，それぞれの記憶に蓄えられた同一人物が概念化素材となっている。この意味で，それぞれ異なった言語表現で指示されているものの，その指示対象はほぼ等価であると言っていい。

　しかし，日本語の習熟した使い手であれば，すぐに気がつくことであるが，それぞれの概念者がこの同一人物に向けている感情・評価・人間関係などの思いは必ずしも同じでない。たとえば，Aにとって「田中」は年長であるか，それほど親しくない知人であることを想起させるが，Cの「あいつ」や「大先生」という言語表現は，この「田中」という人物がCから見れば必ずしも純粋に尊敬に値する人物でないことを示唆している。Bの「一郎」という言語表現は，Bが「田中」の長い間の友人であり，「田中」を下の名前で呼べるほど親しい関係であることを示している。このようにディスコースによっては，その指示対象は概ね同じではあっても，指示対象の「意味」（捉え方）に微妙な情動的な陰影が加えられていくような場合も少なくない。

　このような言語表現と指示対象との関係は，本書の枠組みでは，それぞれの概念化（及び言語化）の内容が実は異なっているからと説明することになる。(1)の短いディスコースの場合，Aの「田中」という言語表現によって，それぞれの参加者はその姓を持つ人物を自分たちの長期記憶の中から検索し，それを指示対象としてそれぞれの作業記憶の上に一時的に転写する。これでこのディスコース・セッションが開始される。しかしこのとき，それぞれの概念者が引き出した記憶の内容は，個人の「田中」との経験によって，もち

ろん異なる．たとえば，Bの場合には高校時代から「田中」と過ごした数々の思い出が，Cの場合には「田中」との仕事での苦い記憶が，それぞれのエピソード記憶から概念化素材の一部として引き出されたかもしれない．つまり仮に，それぞれの指示対象そのものは現実世界の同一人物に対応していたとしても，それぞれの言語表現の「意味」(捉え方)は各人の概念化の内容によって異なり，指示対象はそのほんの一部に過ぎない．

更に，本書では言語表現の「意味」(捉え方)には，言語表現自身の意味的・文体的特徴に関する概念者の知識も関わっていると考えている．たとえば同じア系の言語表現を使っても，「あの方」と言うか「あの人」と言うか，あるいは「あの野郎」と言うかによって概念者の指示対象に対する感情は異なる．反対に，概念者の方から見れば，概念者は自分の感情に照らし合わせてみて適切な言語表現を選ばなくてはならない．この意味で，言語表現の「意味」(捉え方)には，言語表現の言語的特徴に関する知識(言語化)も概念化素材として関わっていると考えられることになる．図 2.40 は，本書のこの拡大した言語表現の「意味」(捉え方)の考え方を示したものである．

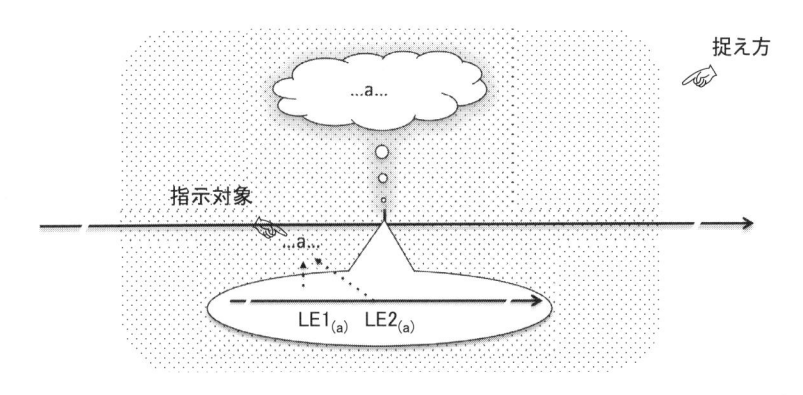

図 2.40：指示対象と捉え方

このように，言語表現を変えながら(存在的には)同一の指示対象のいろいろな側面に光をあてて豊かに描写していくという言語的な技巧は，小説などの書きことばにおいても多く見られる．この場合，書き手である概念者が読み手である概念者にさまざまな言語表現を使うことでさまざまな概念化を喚起し，そのことで登場人物の人物像を深めていくといった働きを持つことに

なる。以下が，そのような例である。

(2)　田中が真っ赤なスカーフをして颯爽と教室に現れた。この男は自分が賢いと思っている。しかし周りの人間はそうは思ってはいない。逆に周りの人間から見れば，彼は滑稽なほど血のめぐりが悪い。田中は自分では自分が偉大すぎて周囲の人々に正しく理解されないのだと思っているのだが，このことがこの田中という人物の人となりを如実に物語っている。この変人にとって，すべてが周囲の人間の無知による問題なのだ。
　　　　　　　　　　　　　　　　　　　　（日記研編 2009b: 19）

5.2　既出の指示対象と指示表現

このように考えてくると，既出の指示対象をさまざまな異なる言語表現で指示するということは，単純に指示対象を追いかけていくだけの行為ではないということになる。以下の例では，ディスコースに既出の指示対象がコ系の言語表現，ソ系の言語表現，そしてア系の言語表現で指示されている。

(3)　［捜査会議で。容疑者の写真を指さして］
　　　刑事1「これが田中だ。田中には暴行の前科（マエ）がある」
a.　刑事2「すると｜こいつ／この男｜が敵対組織に情報を流した可能性があるわけですね」
b.　刑事2「すると｜そいつ／その男｜が敵対組織に情報を流した可能性があるわけですね」
c.　刑事2「あっ，これは｜あいつ／あの男｜ですね。以前，敵対組織に情報を流した」

上の例で，それぞれの言語表現の指示対象に対応する現実の人物は（このディスコースの中では）同じ人物ではあるが，それぞれの言語表現の「意味」（捉え方）は必ずしも同じではない。たとえば，(3a)では概念者である刑事2はコ系の言語表現を使い，指示対象がディスコースのその段階において，ディスコースにすでに登場した（あるいはこれから登場する）他の指示対象と比べ，概念者らの意識の中で卓立すべき指示対象であることを表現している。この意味で容疑者である「田中」は，ディスコースの開始以前からすでに概念者らに強く意識された存在である。

それに対して(3b)のソ系の言語表現の基本的な働きは，指示対象を既出のフレームの中に留まって言及することであった。つまり概念者にとって「田

中」とは，単に既出の指示対象であるだけでなく，ここでは「暴行罪で前科のある人物」という話し相手である刑事1の示唆した枠組み，あるいは性格づけの中で捉えていることになる。

ア系の言語表現で指示された(3c)の場合は，上のコ系やソ系の言語表現での指示とは一見してかなりその性質が異なっている。一般に既出の指示対象をア系の言語表現を使って再度言及するということは，いわば概念者の個人的な記憶や感情をディスコースの中に取り込むことであった。つまり上の例では，概念者は自分のエピソード記憶の中から「田中」と呼ばれた人物と自分との個人的な関わりを思い出し，その中から指示対象を読み出して，それをディスコースの中に投射している。この意味でア系の言語表現とは，ソ系やコ系の言語表現に比べ感情性・情緒性が強い言語表現であり，本書のような「意味」を究極的には脳神経系の活動と見る立場では，このようなア系の言語表現には，概念者の感情の働きを司るとされる部位(大脳辺縁系)の，より活発な働きを想定することになる[1]。

5.3　指示表現を含む慣用的な言語表現

このような指示表現を含む言語表現の特徴を見てくると，我々が慣用的に使ってあまりその意味を考えない言語表現も，その「意味」(捉え方)には差異があると考えられる場合がある[2]。たとえば,以下のような例でコ系の言語表現を使うと概念者がどこか特定の場所を念頭に置いているような印象を受けるが，ソ系の言語表現の場合，ディスコースの中で立ち上げた架空の場所というニュアンスがある。

(4)　　今，｜ここ／そこ｜にある危機。それが問題なのである。

概念者が受け手に対して，命令，依頼，勧誘などの発話行為を行うとき，内容が具体的で，それを強調したいような場合には，コ系の言語表現が使われることが多い。

(5)　　早くしろ。｜こんな／そんな｜こと，何度も言わせるなよ。

(6)　　[講義の途中で。教師が私語の多い学生に] はい，そこ，話をやめて。

---

[1] むろん，これは本書の「理論的な予想」ということになる。
[2] ただし「この結果／その結果」「この反面／その反面」「このため／そのため」「これに対して／それに対して」「これとは逆に／それとは逆に」など，言語表現全体で接続表現のような働きをするように語彙化したような例では，ソ系とコ系の意味の違いはほとんど感じられない。

｜こんな／そんな｜こと，子供じゃないんだから，分かるでしょ。

　反対に概念者も知っている人でありながら，受け手の方がその人物をよく知っていると概念者が考えているような場合には，その知識の深さの差を示すためにソ系の言語表現が使われることがある。

(7)　A「経済学部の田中さん，ご存じでしたか？」
　　　B「ええ，存じ上げてます。何度かお会いしたことがあります。確か，その方，最近，数学の有名な賞を取られたんじゃなかったでしたっけ。」

　コ系とソ系の言語表現の意味的な差異は，以下の語彙的な慣用表現にも見ることができる。「ここ」は「ここ一番」という形の中で使われて，「大事な時」といったような意味を表す。「ここ」という言語表現だけで，この意味を表す場合もある。

(8)　｜ここ一番／ここ｜というときに頑張らなくては，せっかくの努力が無になる。

(9)　［野球の試合で。監督が最終回の攻撃の前に選手に喝を入れて］さあ，粘っていくぞ。｜ここ／??そこ｜一番が勝負だ。何が何でも勝ちにいくぞ。

　「これ」は「これが」という形で使われて，「まさにふさわしい，すばらしいもの」といったような意味を表す場合がある。このとき，「が」は省略される場合がある。

(10)　ここ最近，一生懸命，誕生日のプレゼントを探してるんだけど，これ(が)っていうのがないのよ。

　慣用的な表現として，我々が現在生きている世界は「この世」であるが，死後に行くと考えられている世界は「あの世」である。

(11)　この世におさらばして，あの世にいざ旅立たん。

　このようにコ系の言語表現が使われた場合には，より具体的な指示対象を持つ(あるいはそう捉えられる)場合が多く，ソ系の言語表現は非具体的，架空的といったニュアンスがある。したがって一般にソ系とコ系の言語表現は，ときにディスコースの中でその働きが重なって見え，言語的な現象としては交換可能な場合もあるが，本書の分析に従えば，そこには微妙なニュアンスの差があり，要するに「意味」(捉え方)が異なる，と考えることになる。

第3章

事態とその概念化素材

「世界」の捉え方・「世界」の切り出し方 [1]

> 私は，一枚の写真といった限られた範囲の中で，目の前で刻々とひもとかれていく状況の本質を捉えてみたい。
> Above all, I craved to seize the whole essence, in the confines of one single photograph, of some situation that was in the process of unrolling itself before my eyes.
>   Henri Cartier-Bresson（1908 – 2004）フランスの写真家

---

1 本章で扱っている内容とは異なるが，定延 2000 では，「状態の切り出し」という表現を使っている（定延 2000: 94）。筆者はこの表現に，石切り場で石のかたまりを「切り出す」とか，仏師が木や石の中から仏を「彫り出す」といった表現や状況を思い浮べた。もしこの表現を借りれば，本章で考える事態とは，概念者が事象を異なった側面から「切り出し」て，言語的に表現したものとでもなろう。

5. 指示と概念化

1. 事態を描き出すための言語装置

　人は言語を使って「世界」のいろいろな側面を描き出していく。このとき人が言語表現で描き出した「世界」の捉え方の1つを，本書では事態と呼ぶ。事態とは，言語によって捉えられた概念者の「世界」の一断面であり，同様の事象に接しても，概念者によって少しずつその内容は異なる。

　ここで言語表現(文)が事態を描き出すのに，2つの文法的仕組みが重要な役割を担っている。その1つは格であり，もう1つはヴォイスと呼ばれる文法的な概念である。格とは補語(名詞)と述語(動詞・形容詞・名詞)との間の文法的・意味的関係を示す仕組みで，ヴォイスとはどのような形態を持つ述語(動詞)がどのような格助詞とともに事態を表現するかに関わる仕組みである(日記研編 2009c: 207)。本節では，これらの文法的仕組みを日本語の文を例に概観する。

1.1　事態とは

　本節の本題に入る前に，本書の重要な概念の1つである事態について見ることにする。本書では言語表現で描き出された「世界」の捉え方の1つを，事態と呼ぶ。たとえば，以下の日本語の例では，我々の身の回りに起こるさまざまな出来事が日本語の文の中に描き出されている。ここで文とは，「世界」の一面の捉え方(事態)を描き出す，言語表現の文法的単位の1つである[2]。

(1)　　ドアが閉まった。　　　　　　　　　　　　　　(日記研編 2009c: 208(5))
(2)　　田中が佐藤をたたいた。　　　　　　　　　　　(日記研編 2009c: 207(2), 208)
(3)　　突風がビルに吹きつけた。　　　　　　　　　　(日記研編 2009c: 208(6))
(4)　　田中が母親に誕生日のプレゼントを贈った。(日記研編 2009c: 207(3))

(1)では、概念者の「世界」の中に存在する指示対象の1つとしてドアが指

---

[2] 事態は文だけによって描き出されるわけではなく，名詞(句)によって描き出される場合もある。名詞(句)が事態を描き出すような場合は，3. で見る。更に文をその機能から考えると，本書とは用語の使い方が若干異なるものの，「発話時の話し手の立場から事態を把握し，聞き手に発話・伝達するために表すもの(日記研編 2010: 56)」と考えることもできる。

示され，そのドアの動きが描かれている。(2)では2つの指示対象(田中と佐藤)が指示され，それらの人物の間に成立した物理的な関係が描かれている。2つの指示対象間における関係という意味では(3)の例も同じである。この例では突風とビルが指示され，それらの間に成立した関係について述べられている。更に，3つ以上の指示対象間の関係が描かれることもあり，(4)では3つの指示対象(田中，田中の母，誕生日のプレゼント)の間に成立する関係が述べられている。このように言語は，実際に概念者の周りの「世界」に存在するかしないかに関わらず，指示対象の動きや属性，あるいは指示対象間に成立する何らかの関係を述べ立てることによって，「世界」の1断面について描き出していく。このとき描き出しの中心にあるのが述語であり，文は名詞によって示される補語と動詞や形容詞，あるいは名詞によって示される述語をその文法上の構成要素としている。

　ただし，同じような出来事(事象)が，いつも同じ事態として捉えられるわけではない。(1)〜(4)で描き出された事象は，以下のような少しずつ異なった事態としても捉えられる。

(5)　　ドアが閉められた。
(6)　　佐藤が田中にたたかれた。
(7)　　突風がビルを襲った。
(8)　　田中が母親に誕生日のプレゼントを(宅配便で)送った。

たとえば(5)では概念者は室内にいて(1)と同じ事象を見ていたとしても，その場に誰かがいてその人物がドアを閉めた事態と捉えて描き出しており，(6)では指示対象となった2人の人物(佐藤と田中)のどちらの目線から描き出すかによって，描き出された事態が微妙に異なっている。これらの例では自動詞・他動詞・受動態といった文法的な動詞の形態の違いによって異なった事態が描かれている。それに対し，(7)や(8)では，「吹きつける／襲う」，「贈る／送る」といった述語となった言語表現の語彙的違いから概念者の「世界」の微妙な捉え方の差異(事態)が表されている。

　このように(概念者が)言語を用いて描き出した「世界」のさまざまな側面を，本書では事態と呼ぶ。事態とは，したがって，言語表現によって捉えられた概念者の「世界」の一側面であり(本多2005: 41, 145)，概念者の概念化の対象となる素材は，本書ではごくおおまかに事象と呼んで区別することにする。

1.2　格

　文が事態を言語的に描き出すとして，その際に必要となる文法的仕組みの1つが，格である。格とは，補語(名詞)と述語(動詞・形容詞・名詞)のあいだに成り立つ意味関係を表す文法的手段である(日記研編 2009c: 4)。日本語では格を示すのに，格助詞と呼ばれる形態素群が用いられる。たとえば日本語の格助詞の代表的な例である「が」は，以下のさまざまな文に用いられ，補語(名詞)の表す指示対象と述語との文法的・意味的関係が示されている。

(9)　　子供たちが公園で遊ぶ。　　　　　　　　　　　(日記研編 2009c: 5)
(10)　　弟が女の子から花束をもらった。　　　　　　　(日記研編 2009c: 5)
(11)　　雨が降る。　　　　　　　　　　　　　　　　　(日記研編 2009c: 5)
(12)　　洪水で橋が壊れる。　　　　　　　　　　　　　(日記研編 2009c: 5)
(13)　　田中が弟の成功を心から喜んだ。　　　　　　　(日記研編 2009c: 5)

たとえば(9)では，「子供たち」が「遊ぶ」という行為を行っており，(13)では「田中」が「喜ぶ」という感情を体験した主体である事態が描き出されている。これらの例では，「が」で後接された名詞の指示対象は述語の表す関係の主体となっている。一般に格助詞の「が」は，述語の表す関係の主体となる指示対象を示すことが多い。

　ただし「が」が，述語の表す関係の対象を示す場合もある。

(14)　　恩師の死が悲しい。　　　　　　　　　　　　　(日記研編 2009c: 5)
(15)　　私には大きな夢がある。　　　　　　　　　　(日記研編 2009c: 5, 104)

(14)では「悲しい」という体験をしている主体は，(文には明示的に現れていないが)概念者であり，「(恩師の)死」は主体が感じている感情を呼び起こした原因である。(15)でも同様に「夢」は「私」の所有している対象である。

　更に日本語では，「が」以外の格助詞が述語の表す動作や状態などの主体となる指示対象を示す場合もある。

(16)　　私と佐藤でその問題に取り組んだ。　　　　　　(日記研編 2009c: 104)
(17)　　私から集合時間を連絡しておきます。　　　　　(日記研編 2009c: 104)
(18)　　父の採ってきた山菜が食卓に並んでいる。　　　(日記研編 2009c: 104)

(16)で「問題に取り組んだ」のは「私と佐藤」である。また(17)や(18)で「連絡」や「山菜を採取する」といった行為を行う主体は，それぞれ「私」であり「父」である。このようにこれらの例では，「が」以外の格助詞が述語の表す関係の主体となる指示対象を示していることになる。

このようにそれぞれの格助詞は，名詞と述語のあいだに成立する一般・抽象的な文法的・意味的関係を表すものの，実際は述語とセットになって，それぞれの文の中に現れる指示対象と述語の表す意味関係を表すと言ってよい。この一見おおざっぱなつながりは，数の限られた格助詞で無限の意味を表すための言語表現としての文の特徴の1つであり，このような格助詞と述語の可能な組み合わせパターンのことを，構文という。

1.3　ヴォイス

　文が事態を描き出すために必要なもう1つの文法的仕組みが，ヴォイスである。ヴォイスとは，(述語が動詞の場合)どのような形態を持つ動詞がどのような格助詞とともに，どのように事態を描くかに関わる文法カテゴリーである(日記研編 2009c: 207, 日記研編 2010: 38)。たとえば上で見た(2)と(6)では，2人の人物が指示対象としてその事態の中に現れ，その2人の人物のあいだに成立する物理的な関係(一方が他方をたたくという関係)が描かれている。以下にその例を繰り返す。

　(2)　　田中が佐藤をたたいた。　　　　　　　　(日記研編 2009c: 207(2), 208)
　(6)　　佐藤が田中にたたかれた。

更に事態に現れる指示対象は1つ増えるものの，次の文も「佐藤」と「田中」に関しては，基本的に同じような事象を描き出している。

　(19)　　鈴木は田中に佐藤をたたかせた。

　つまり，基本的にどの文でも(2)の表す「田中」が「佐藤」を「たたく」という事象を論理的に含んでおり，いずれの文でも「田中」は「たたく」という行為を直接行った人物であり，「佐藤」は「田中」の「たたく」という行為による影響を物理的に受けた人物である。(19)では事態の中に「鈴木」という第3の人物が登場するが，「田中が佐藤をたたいた」という直接的・物理的な2者の関係は変わっていない。

　しかし，事態ということになると，これらの文の描き出そうとしている事態は異なる。(2)では概念者は「たたく」という動作を行った「田中」を中心に，(6)では反対に「田中」の「たたく」という動作の影響を被った「佐藤」を中心に事象を描写している。(19)ではその「田中が佐藤をたたく」といった事象の中に第3者の「鈴木」を登場させ，「田中が佐藤をたたく」といった事象への「鈴木」の関与の在り方の1つを表現している。これらは同

じような事象への概念者の異なった捉え方(事態)である。ここで，このような異なった事態の描き出し方に用いられた文法的仕組みをヴォイスといい，一般に(2)のような動詞の形態を持つ文を能動文，(6)を受身文，(19)を使役文と呼ぶ。能動文，受身文，使役文は，ヴォイスの中心的な表現である(日記研編 2009c: 208)。

このように，日本語という言語を用いて事態を描き出していくに際して，格あるいはヴォイスと呼ばれる文法的仕組みが果たす役割は大きい。逆に言うと概念者は，その言語で与えられた格やヴォイスといった文法的なカテゴリーの仕組みを巧みに用いることにより事態を描き出していくことになる。次節では，格やヴォイスと並び事態の描き出しに重要な働きを担っている他動性という文法的仕組みを中心に，事態とそれを表す言語の関係を考察する。

2. 事態と他動性

文が事態を描き出すとき，格やヴォイスといった文法的な概念とともに，その文の述語が自動詞であるか他動詞であるかといった概念(言語的な他動性)も重要になってくる。そこで本節では，近年の脳神経系の研究から見えてきた生物学上の自動的な行為・他動的な行為と，言語の文法上の概念である他動性を比較し，そこに言語的な事態を描き出すための道具としての他動性の特徴を探ることにする。

2.1　生物学的な自動行為・他動行為

Rizzolatti and Sinigaglia 2008 では，ヒトのミラー・ニューロンの特徴として以下の3点[1]を上げている(Rizzolatti and Sinigaglia 2008: 124, 117-118)。

　①　ヒトのミラー・ニューロンは，他者の他動的な行為だけでなく，自

---

[1] このことは，生物の認知能力と言語との関係を考えるのにたいへん興味深い。たとえば②はアスペクト，③は現実の世界とは異なる架空の世界を想像する能力などといった，言語が一般的に持っている特徴の基盤となっていると考えられる。このようなヒトのミラー・ニューロンの進化は，アウストラロピテクスからホモ・ハビリスへの進化の過程で起きたのではないかと考えられている(Rizzolatti and Sinigaglia 2008: 162)。ホモ・ハビリスとは，今から 200 万年ほど前に生息していた人類の一種である。

動的な行為もコード化している。
② ヒトのミラー・ニューロンは，意図的な行為の目的とともに，そのような行為を遂行するための1つ1つの動きをコード化している。
③ ヒトのミラー・ニューロンは，事物を対象として実際に行為を行うときだけでなく，そのように動きを真似したときにも活動する。

この中で本書の関心から最も興味深い点は，①のヒトのミラー・ニューロンは他者の自動的な行為にも他動的な行為にも反応するのに対し，サルのミラー・ニューロンは他者の自動的な行為には反応しないという点である (Corballis 2011: 62)[2]。

ここで他者の自動的な行為とは，他者が自分の唇を突き出したり腕を上げたりする，自分の身体の一部を動かしたりするような行為であり，本書ではこれを生物学的な自動行為と呼ぶことにする (Rizzolatti and Sinigaglia 2008: 85-86, 122)。たとえば，人が踊ったり，お辞儀をすることは生物学的な自動行為であり，次のような図に表される。

図 3.1：生物学的な自動行為

これに対して，食べ物を食べたり，入れ物から液体を飲んだりするような，行為を行う主体と，それを受ける主体とは異なる対象を必要とする行為を，本書では生物学的な他動行為と呼ぶことにする (Rizzolatti and Sinigaglia 2008: 85-86, 122)。たとえば，人が物を運んだり，移動させたりすることは生物学的な他動行為である。生物学的な他動行為は，次のような図に表される。

---

[2] 更に，ヒトのミラー・ニューロンは，他者の身ぶりや情動にも活動する (明和 2012: 157-159)。

図 3.2：生物学的な他動行為

　ここで「行為」とは，本書では主体の1つ1つの動きや動作だけではなく，「唇を突き出す」とか「餌を食べる」といった，目的を持って行う一連の動作の流れ[3]を意味している (Iacoboni 2008: 77)。たとえば同じ人差し指を使った動きでも，餌をつまむために人差し指を曲げる場合と，頬をかくために人差し指を曲げる場合では，埋め込まれている行為の目的が異なるため，ミラー・ニューロンはそれらを異なった活動パターンとしてコード化している (Iacoboni 2008: 15, 67, 70, 278; Rizzolatti and Sinigaglia 2008: 23)。つまり，これらの動きは動きとしては同じでありながら，「意味」は異なることになる。

　したがって，ヒトが他者の生物学的な他動行為だけでなく，自動行為も自分のミラー・ニューロンの活動パターンの違いとしてコード化しているということは，ヒトは他の人が唇を突き出したり人差し指を動かして頬をかいたりすることの「意味」も，容器から水を飲んだり荷物を運んだりすることの「意味」も，自分のミラー・ニューロンの活動パターンと自分の行為のリストとを照合して理解できるように進化したということを意味する[4]。これに対して，サルのミラー・ニューロンは，シリンダーから液体を飲んだり，餌を食べたりするような他者の生物学的な他動行為の「意味」は理解できるものの，唇を突き出したり人差し指を動かして頬をかいたりするような他者の生物学的な自動行為の「意味」を理解するようには進化していないことになる。

3　脳神経科学や生物学などの分野では vocabulary of action (Iacoboni 2008: 24) や vocabulary of motor acts (Rizzolatti and Sinigaglia 2008: 46-49, 131) などと呼ばれている。

4　一般にこのような他者の心を読み取る力は「心の理論 (theory of mind)」と呼ばれている。「心の理論」を可能にしたヒトの進化は今から180万年前から1万年前ほどの間に起きたと考えられている (Baron-Cohen 1995; Corballis 2011: 222)。この時代は地質学的には更新世 (Pleistocene) と呼ばれ，その大半は氷河期であり，ジャングルがサバンナへと変化し，人類の祖先が樹上の生活から地表へと適応・進化した時期にあたる (Corballis 2011: 191)。

2.2 言語的な自動性・他動性

　前節では，生物学的な自動行為・他動行為を見たが，生物学的な自動行為・他動行為とは，主体の動きとそれに関わる認識についての概念であった。これに対して言語的な自動性・他動性とは，述語（動詞）の文法的な振る舞いの差異に関する概念である。一般に言語における自動性・他動性は，大きく2つの文法システムに大別できる。その1つは対格型（accusative）と呼ばれ，属性や動きを表す自動的な述語の主体と，他動的な行為の主体を表す名詞句が同じ格でマークされるタイプの言語である。日本語は対格型の言語の1つであり，日本語の自動性・他動性は，格助詞や述語の形態などで示される（日記研編 2009c: 22-23, 日記研編 2010: 97）。

(1)　　本が落ちた。
(2)　　鈴木さんが本を落とした。

上の例で，自動詞「落ちた」の主体である「本」と他動詞「落とした」の主体である「鈴木さん」は，どちらも格助詞「が」に後接されている。つまりどちらの文でも，動きや行為の主体が「が」によって後接されていることになる。このように自動的述語と他動的述語の主体を主格（nominative）で表示する言語を対格型（accusative）言語と言う。また，他動的行為の影響を受ける対象を示す格は対格（accusative）と呼ばれ，日本語では格助詞「を」で示される。対格型言語の1つである日本語の格表示と述語の関係をまとめる[5]。

表 3.1：日本語（対格型言語）

主格（nominative）	対格（accusative）	述語
本が		落ちた
鈴木さんが	本を	落とした

　これに対して，もう1つの述語の自動性・他動性を示す文法システムは，能格型（ergative）と呼ばれ，タガログ語は能格型言語の1つである（Starosta 1988: 160-161, 165, 169, 174-175）。能格型言語では，自動的述語の主体と行為の影響を受ける対象を表す名詞句が絶対格（absolutive）で表示され，他動的述

---

[5] ただし，日本語でも能格（ergative）と見られる格表示がなされる場合もある。たとえば，「私に森が見える」といった文では行為の主体が「に」格，対象が「が」格でマークされている。本書では日本語全体の格表示パターンを考慮して，日本語を対格型（accusative）言語とした。

語の行為の主体は能格(ergative)で示される。タガログ語の格は，（普通名詞の場合）限定詞[6]で示され，絶対格を表す限定詞は ang であり，能格は限定詞 ng で表される。

(3) Intersante ang diyaryo.
　　 面白い　　限　　新聞　　　　　　　　　　　　　　　（限 = 限定詞）
　　 「この新聞は面白い」　　　　　　　　　　　　　　　　（Starosta 1996）

(4) B-in-asa ng lalaki ang diyaryo.
　　 読む　　限　男　　限　新聞
　　 「男が新聞を読んだ」　　　　　　　　　　　　　　　　（Starosta 1996）

タガログ語の格表示システムをまとめる[7]。

表 3.2：タガログ語（能格型言語）

述語	能格(ergative)	絶対格(absolutive)
intersante		ang diyaryo
binasa	ng lalaki	ang diyaryo

2.3　生物学的な自動行為・他動行為と言語的な自動性・他動性との異同

2.1 と 2.2 では，生物学的な自動行為・他動行為と言語学的な自動性・他動性という2つの概念を概観した。もちろん，このような2つの自動性・他動性をめぐる概念が完全に一致するわけではない。しかし，進化と言語という視点から見ると，生物学的な自動行為・他動行為と文法的な概念である自動性・他動性が全く無関係に発展したとも考えにくい。そこで以下では，生物学的な自動性・他動性といった視点から，日本語の言語表現を中心に言語的な自動性・他動性の特徴を探っていく。

2.3.1　生物学的な自動行為と言語表現

一般に，生物学的な自動行為は，日本語でも自動詞構文で表されることが多く，たとえば以下のような，主体自身の自動的な行為は自動詞構文で表されている。

6　タガログ語の限定詞は，名詞句の左端に現れて格を示す。
7　更にタガログ語では，述語の他動性と補語の指示性も関連している。詳しくは本書第2章2.3を参照されたい。

(5)　　ほら，赤ちゃんがそこに寝ている。

(6)　　校庭の花壇のそばに，校長先生がさっきから立っている。

このような「寝る」「立つ」などの行為は，主体が主体以外の対象を必要とせず1人でできる行為ということで，生物学的な自動行為である。

　一方，生物学的な自動行為が言語的には他動詞構文[8]で表現されることも少なくない。一般に，このような生物学的な自動行為が言語的には他動詞構文で表現されるような場合，言語がその自動行為を含む事象を分割して，より分析的・抽象的に描き出しているという傾向がうかがえる。その1つが，主体の中に起きる感覚や精神活動に関する表現である。以下は，日本語の感覚を表す例である。

(7)　　遠くの山並みを見る。

(8)　　川のせせらぎの音を聞く。

(9)　　花の匂いを嗅ぐ。

上で，「見る」や「聞く」「嗅ぐ」は主体の中に起こる現象（感覚）である。そして，主体の意識だけがその感覚を感じているという意味で，これらは生物学的な自動行為と考えられる。しかし，これらの生物学的な自動行為を含む事象は言語的に分節され，感覚を経験する主体を主格（「が」格），主体の中にそのような感覚を生じさせた要因・原因を対格（「を」格）として他動詞構文で描き出されている。これは以下のような，一般に自発と呼ばれる構文と比べてみると分かりやすい。自発では，主体の中に感覚を生じさせた要因・原因が主格（「が」格）で表されており，そのような感覚を経験している主体を言語的に表したい場合には，「～には」や「～は」といった言語表現が用いられる。

(10)　　遠くの山並みが見える。

(11)　　川のせせらぎの音が聞こえる。

(12)　　僕には君の姿が見える。　　　　　　　　　　（日記研編 2009c: 288）

(13)　　僕には君の声が聞こえる。　　　　　　　　　（日記研編 2009c: 288）

　このように言語の他動詞構文には，生物学的な自動行為を含む事象を分節して，より分析的・抽象的に描き出すといった特徴が読み取れる。主体の精神的な活動を表す以下の例も同様である。

(14)　　友人との約束をすっかり忘れていた。　　　　（日記研編 2009c: 42）

---

[8] 本書では論点を分かりやすくするために，述語の形態的特徴と，文が「を」格を持つかどうかで，日本語の他動詞構文を判断した。

(15) あっ，約束を思い出した。
(16) 母の死を悲しむ。

上では主体の内部で起こる，忘れたり，思い出したり，悲しんだりするような精神的・感情的な行為が，それを経験する主体を主格（「が」格），主体の中にそのような行為を生じさせた要因・原因を対格（「を」格）として他動詞構文で描き出されている。

生物学的な自動行為が他動詞構文で描き出される例として日本語に特徴的なのは，行為の起点や経過域にあたる場所や時間などを他動詞構文で表す例である。以下では，行為の起点や経過域にあたる場所が「を」格で示されている。

(17) 昨日は8時に家を出た。　　　　　　　　　　（日記研編 2009c: 67）
(18) 川を泳いで渡った。　　　　　　　　　　　　（日記研編 2009c: 69）
(19) 廊下を走ってはいけません。　　　　　　　　（日記研編 2009c: 69）
(20) 夕方の人ごみを駅へと急いだ。　　　　　　　（日記研編 2009c: 70）

これらの例で，「出る」「泳ぐ」「走る」「急ぐ」などの述語は，他者から見れば主体が1人で行える生物学的な自動行為を表している。しかしこれらの例では，それらの生物学的な自動行為を含む事象を言語的に分節して，それらの行為の起こる場所を対格とした他動詞構文で事態を描き出している。上の例で言えば「家」は「出る」という行為を行う起点であり，「川」や「廊下」あるいは「人ごみ」は泳いだり走ったり，急いだりするための空間的な範囲（経過域）となっている。

このような行為の起点や経過域にあたる場所を「を」格で示す述語には，他に以下のような例がある。

(21) |…階段／はしご…|をあがる。
(22) |…階段／はしご…|をさがる。
(23) |…坂／階段…|をのぼる。
(24) |…坂／山…|をくだる。
(25) |…山／階段…|を降りる。
(26) |…東京／故郷…|を発つ。
(27) |…東京／故郷…|を去る。
(28) |…東京／故郷…|を出発する。

行為の起点や経過域にあたる時間を「を」格で示すのは，以下のような例である。

(29)　お正月を実家で過ごした。　　　　　　　　（日記研編 2009c: 70)
(30)　一睡もしないまま，夜を明かしてしまった。　（日記研編 2009c: 70)

上では「お正月」や「夜」は，主体が行為を行う時間的な範囲である。

ただしこれらの例で，「家」という概念を持つこと，あるいは「お正月」という概念を持つこと自体は，極めて人間的な精神活動の所産であり，これらの「を」格を伴った名詞は，必ずしも具体的な空間的位置や時間を示してはおらず，構造化された知識といった意味での一種のフレームを表していると捉えることもできる。このことは，「を」格の意味拡張性の例の1つとして，2.3.3で触れる。

最後に，主体が自分の身体の一部を動かす，以下のような生物学的な自動行為も言語的には他動詞構文で表現されている。

(31)　太郎が腕を上げた。
(32)　妻は顔を洗っている。
(33)　子供が口をとがらせた。
(34)　私はスキーをしていて骨を折った。　　　　　（日記研編 2009c: 297)

これらを見てすぐ気がつくことは，「腕」「顔」「口」「骨」といった「を」格で後接された名詞の指示対象はすべて主体の身体の一部であることである。日本語では，このような主体が自分の身体の一部を動かす生物学的な自動行為は，再帰的[9]な用法を持つ他動詞構文で描き出されている。

興味深いことに，他の言語でも，これらの生物学的な自動行為を描き出す文に自動詞構文以外の構文が使われることがある。たとえば以下のフランス語の例では，文法的には自動詞構文，他動詞構文とは異なる，いわばその中間ともいえる代名動詞構文が使われる場合がある[10]。以下の例で me と se は，それぞれ1人称，3人称を表すフランス語の再帰的な代名詞である。

(35)　Je me lave les mains.　　　　　　　　　　　（島岡 1989: 103)
　　　「私は(自分の)手を洗います」
(36)　Elle se lave la figure.　　　　　　　　　　　（島岡 1989: 103)
　　　「彼女は(自分の)顔を洗います」

9　日記研編 2009c では再帰構文を「(略)能動主体による働きかけが，対象を通して主体自身に向けられる他動詞構文で，自動詞文に近い意味をもつ(日記研編 2009c: 295)」としている。
10　ただし，身体部分の動きを描き出すような場合，日本語と同じように他動詞構文を使う場合もある。たとえば，brasser [lever] la tête 頭を下げる(上げる)，fermer les yeux 目を閉じる，のような例である(目黒 2000: 238)。

(37) Elle s'est cassé le bras. （目黒 2000: 238）
「彼女は(自分の)腕を折った」
(38) Il se promène. （目黒 2000: 236）
「彼は散歩する」
(39) Elle s'est souvenue de lui. （島岡 1989: 106）
「彼女は彼を思い出しました」

このような例を見ると，日本語の他動詞構文あるいはフランス語の代名動詞構文には，生物学的な自動行為を言語的に分割して，分析的に表現していくための道具といった側面が見えてくる。

2.3.2 生物学的な他動行為と言語表現

生物学的な他動行為と言語的な他動性の間にも，大まかな関連性が見られる。一般に，生物学的な他動行為は他動詞構文で表されることが多く，以下はその例である。

(40) 太鼓をたたく。 （日記研編 2009c: 42）
(41) ハンマーで氷を砕いた。 （日記研編 2009c: 40）
(42) 太郎がパンを食べる。

ただし，これらには微妙な意味的な違いも見られ，(40)では行為の対象になった事物(太鼓)の形状に変化は起こらないが，(41)では対象(氷)の形状に明らかな変化が起こる。(42)でも，行為の対象(パン)に何らかの変化が起こるという意味では，(41)に近い。

対象の形状には変化は起こらないが，その空間的な位置に変化が起こるという意味では，以下の例も生物学的な他動行為と考えられる[11]。

(43) サッカーボールを蹴る。 （日記研編 2009c: 42）
(44) 箸をまっすぐそろえた。 （日記研編 2009c: 41）
(45) 座布団を何枚も重ねた。 （日記研編 2009c: 41）

このような日本語の例を見ると，文法的な他動性と生物学的な他動行為に全く関係が見られないわけではないことが分かる。むしろ基本的に生物学的な他動行為は，他動詞構文で表されると考えた方がよさそうである。

その反面，生物学的な他動行為には，意味的に特色のあるものもある。そ

---

11 ただし，人間以外の生物が，「箸をまっすぐそろえる」行為や「座布団を重ねる」行為の「意味」について理解できるとは思われない。

の1つが,生物学的な他動行為が,意味的には主体の在り方に影響を持つ再帰的・自動行為と解釈できる場合である(日記研編 2009c: 212)。たとえば以下の例で「着る」という行為には,着る主体としての人と,着られるべき対象としての「パジャマ」や「服」が存在する。この意味で「着る」という行為は,生物学的には他動行為である。

(46)　田中はパジャマを脱ぎ,服を着て,洗面所に向かった。

(日記研編 2009c: 298)

しかし上の例で,主体が「パジャマを脱ぐ」や「服を着る」という行為をすると,対象(「パジャマ」や「服」)の空間的位置やその形状に変化が起こるだけでなく,その行為を行った主体自身の在り方にも変化が起こる。そこで本書ではこのような行為を,生物学的な他動行為を主体への変化を伴う自動的な行為として捉えた人間独自の文化的行為として,文化的自動行為と呼ぶことにする[12]。他にこのような文化的自動行為を表す言語表現には,以下のような例がある。

(47)　{…シャツ/セーター/コート…}を着る。
(48)　{…ズボン/スカート/靴…}をはく。
(49)　{…帽子/フード…}をかぶる。
(50)　{…手袋/指輪/コンタクト…}をはめる。
(51)　{…スカーフ/マフラー…}を巻く。
(52)　{…眼鏡/補聴器…}をかける。
(53)　{…ピアス/ブローチ…}をつける。
(54)　{…ルージュ/マスカラ/アイシャドウ…}を塗る。

フランス語でも本書で言う文化的自動行為には,他動詞構文以外の表現(代名動詞構文)が使われる。

(55)　Elle s'est habillée.　　　　　　　　　　　　(島岡 1989: 106)
　　　「彼女は服を着ました」

更に,生物学的な他動行為で興味深い例は,主体の行為の影響を受ける対象が独立した意識を持った他者(典型的には,人)の場合である。このような場合,主体も対象もどちらも独立した心を持ち,理論上,主体にも対象にもなりえる。このような意識を持った主体が,意識を持った対象に働きかける事象は,以下のような図に表される。

---

[12] 日記研編 2009c では,再帰的他動詞による再帰構文と分類している。

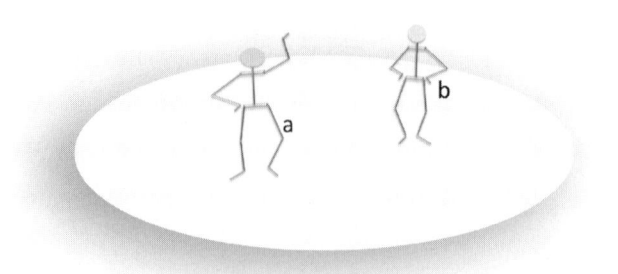

図3.3：意識を持った他者が対象になる場合

　このような事象を概念化して言語化する場合，日本語では他者を対格にした他動詞構文ではなく，「に」格や「と」格が使われる場合がある。以下は，主体の行為の影響を受ける（意識を持った）対象が「に」格でマークされる例である。
　（56）　知人に空港で会う。
　（57）　隣の人に話しかける。　　　　　　　　　　　　（日記研編 2009c: 46）
　（58）　親にさからう。　　　　　　　　　　　　　　　（日記研編 2009c: 39）
　（59）　先輩にあこがれる。　　　　　　　　　　　　　（日記研編 2009c: 39）
　意識を持った対象が「と」格でマークされる例は，以下の通りである。
　（60）　知人と空港で会う。
　（61）　幼なじみの妹と結婚した。
　（62）　妻と離婚した。
　（63）　友人と話す。
　（64）　弟とけんかをする。　　　　　　　　　　　　　（日記研編 2009c: 46）
このように，意識を持った相手を生物学的な他動行為の対象とするとき，日本語では「に」格や「と」格を使った構文が使われる場合がある。もちろんそれは，究極的には個別言語（日本語）の言語的習慣（文法）がそうであるからということになるのだが，本書では，そのような意識を持った相手を生物学的な他動行為の対象とする事象には少なくとも2つの異なった捉え方ができるから，という説明を提案しておく。
　1つ目の事象の捉え方は，意識を持った他者を主体の他動行為の対象とする捉え方で，言語的にはその言語の他動詞構文を取る。英語の meet や marry は，その例である。

(65)　　I met my friend at the airport.
(66)　　I married the sister of my friend.

日本語の「殺す」や「殴る」などもこの捉え方に基づいた言語表現であろうと考えられる。例は省略する。

　これに対してもう1つの可能な捉え方は，意識を持った相手を生物学的な他動行為の対象とせず，2人の主体が，それぞれ生物学的な自動行為を同時に，かつ共同で行っているとする捉え方である。そして日本語では，その捉え方を「に」格や「と」格を使った構文[13]で表現しているのではないかと考える。

　実際，「に」格と「と」格が使われる「あう[14]」のような動詞の場合には，「に」格と「と」格の使い分けによって多少意味的な差異が存在するようである。以下がその例である。

(67)　　同僚｜と／に｜美術館で会った。

このようなとき，対象が「と」格で示された場合，主体と対象の両方に主体的な動きがあったような場合に使われ，「に」格で示された場合には，主体の動きの結果，対象に「会った」ような場合に使われることが多い（日記研編 2009c: 50）。つまり「と」格の場合は，自分と相手が誘い合わせて美術館で会ったような状況であり，「に」格の場合は，両者が（偶然に）美術館で会ったような状況である。このような例では，意識を持った主体と他者がそれぞれの意志で生物学的な自動行為を相互的に行っているという捉え方を表現するために，他動詞構文ではなく「に」格や「と」格で表現していると考える[15]。

　興味深いことに，フランス語でも意識を持った他者を対象にする文では，他動詞構文ではなく，代名動詞構文が使われる場合がある。

---

13 このような構文を他動詞構文とするのか自動詞構文とするのかについては，言語理論によって異なる可能性がある。たとえば，文法理論 Lexicase に基づく分析では，このような日本語の構文は統語・形態的特徴から自動詞構文とされている（Springer 1993; Starosta 1988; Starosta and Springer 1986）。
14 ただし，日本語の動詞「あう」には，事故に「遭う」，歌が伴奏に「合う」などといった，人が対象にならない例もある。本書では，これらの「あう」は同音異義語と考え，共通の抽象的な概念から広がった（表面上は異なった）意味だと考えている。このような例については，3.で考察する。
15 ただし「先輩を思う」「先輩にあこがれる」あるいは「彼をしたう」「彼になつく」などのように，他動詞構文と「に」格を使って表現された文とが意味的に近似した例がある。この指摘は，仁田義雄先生から個人的なコミュニケーションの場でいただいた。

(68)　Elle s'est mariée avec un médicin.　　　　　（目黒 2000: 238）
　　　「彼女は医者と結婚した」

2.3.3　事態と分析的な「を」格

　このような生物学的な自動・他動行為と言語的な自動性・他動性の関係を概観してみると，生物学的な自動・他動行為と言語的な自動性・他動性は全くの無関係な概念ではないが，その細部には多少の異同も見られた。
　まず，生物学的な自動行為を含む事象は，概ね言語的な自動詞構文で描き出されることが多いが，一部言語的な他動詞構文が使われることがあった。この場合，言語的な他動詞構文が生物学的な自動行為を含む事象を分割して，より分析的・抽象的に描き出しているという傾向がうかがえた。もし，この見方が正しければ，言語的な他動性は，生物学的には自動行為である事象を分割して，分析的に掘り下げていくための言語的な道具として発達したといった側面も持つ可能性がある。
　生物学的な他動行為も，概ね言語的には他動詞構文で描き出されることが多い。しかし，生物的な他動行為を含む事象で，主体が働きかけるべき対象が主体と同じような意識を持つような場合，（少なくとも日本語の場合）それらの事象を言語的な他動詞構文以外で描き出す場合があった。これは意識を持った主体と他者がそれぞれの意志で生物学的な自動行為を相互的に行っているといった捉え方を言語的に表しているのではないかと見ることもできる。更に，文化的自動行為の場合，言語的には他動詞構文であるが，意味的には主体の在り方に関連する再帰的な事象であり，主体と対象を1つに括って描き出した生物学的な自動行為に接近した捉え方と考えることもできる。
　この生物学的な自動行為・他動行為と言語的な自動性・他動性との異同を日本語の例をもとにまとめると，概ね，以下のような表になる。

表 3.3：生物学的な自動・他動行為と日本語の自動詞・他動詞構文

生物学的な	言語的な	日本語の例	
自動行為	自動詞構文	＜典型的な自動詞＞ 立つ，座る，起きる，寝る，など	
		＜自発＞ 見える，聞こえる，など	
	他動詞構文	＜感覚・精神活動＞ 景色を眺める，音楽を聞く，英語を話す，母の死を悲しむ，など	
		＜場所・時間＞ 家を出る，お正月を過ごす，など	
		＜身体部位＞ 腕を上げる，顔を洗う，口をとがらせる，など	
他動行為		＜文化的自動行為＞ 服を着る，帽子をかぶる，靴をはく，など	
		＜典型的な他動詞＞ 太鼓をたたく，ボールを蹴る，パンを食べる，薬を飲む，など	
	に／と	＜意識を持った他者＞ 隣の人に話しかける，友達と結婚する，友達と会う，など	

3. 事態とフレーム

2. では，我々の経験する事象を言語が分節して描き出していく様子の一端を，自動詞・他動詞といった言語上の仕組みに見た。一般に，言語は我々の「世界」を描き出す道具であるとともに，それ自身の仕組みで「世界」を切り分けていくといった側面も持っている。そこで本節では，さまざまな言語表現から，本書でフレームと呼んでいる構造化された知識が，どのように事態の中に読み込まれていくのかについて見る。

3.1 構成性(compositionality)と述語の意味

まず本節の分析に先立って，本節の分析に有効な 2 つの概念について述べておく。その 1 つは意味論の議論によく登場する構成性(compositionality)という概念であり，もう 1 つは本書で提案する述語の「1 次的な意味」あるい

は「より高次の意味」といった概念である。以下，それぞれについて簡潔に述べる。

3.1.1 構成性(compositionality)

　一般に構成性とは，記号列の全体の意味がその部分の意味の総和である場合をいう。たとえば数式や論理式あるいは化学反応式などは，式全体の値が部分の値の総和となり，典型的な構成性を持つ記号列である。言語表現もその全体の意味が部分の意味の総和であるとき，構成性があるという。たとえば以下の異なったレベルの言語表現の意味は，構成性を持つ形態素あるいは語レベルの言語表現の例である。

(1)　　新車 = 形態素「新(しん)」+形態素「車(しゃ)」
(2)　　新しい車 = 形容詞「新しい」+ 普通名詞「車(くるま)」

上で「新車」の意味は形態素「新(しん)」と「車(しゃ)」を足した意味，あるいは「新しい車」も「新しい」と「車(くるま)」の意味を足した意味となっている。

　文のレベルの言語表現が構成性を持つ場合もある。

(3)　　新しい車を買う = 形容詞「新しい」+ 普通名詞「車(くるま)」+
　　　　格助詞「を」+ 他動詞「買う」

(3)で「新しい車」は構成性を持つ名詞句のレベルの言語表現であり，それが更に「買う」という動詞と格助詞「を」を介して結びつけられている。ここで「新しい車を買う」という文レベルの言語表現の意味は，それぞれの部分の意味を足した意味となり，構成性を持つ意味となっている。

　一般に，人が語や文などの言語表現の基本的な意味として直感的に思い浮かべるのは，このような構成的な意味であることが多い。文の構成的な意味は，身体部位の名称(言語表現)を含んだ文でも適用されることが多い。

(4)　　夫が|…顔／手／つま先／背中…| を洗っている。

(4)で，構成性のある意味で文を解釈する場合，本書でたびたび登場してくる人間の身体のフレームが適用される。人間の身体のフレームを本書の書式と図で表すと以下のようになる。

(5)　　身体のフレーム = |…(略)…；…顔，腹，右手，左手，つま先，背
　　　　中，腰，尻…；…(略)…|

図3.4：人間の身体のフレーム

　これらの例で大切なことは，それぞれの普通名詞「顔」「手」「つま先」「背中」はこのディスコースの中で特定の指示対象を持っており，それぞれの言語表現を換えると文全体が表現している事態が変わってしまうことである。反対に，それぞれの言語表現を換えると，文全体が表している事態が変わってしまうということこそが，まさにその文(言語表現列)が構成性を持っていることを示している。

3.1.2　述語の1次的な意味，より高次の意味

　述語とは，指示対象の特徴を記述したり，指示対象間の関係を表す，事態の描き出しに中心的な働きを担う言語表現である。このとき，述語が特定の指示対象の具体的な動きや動作あるいは出来事といった比較的シンプルな意味を表す場合と，更に高度な概念化を経た複雑な行為や出来事の連続を表すような場合がある。本書では前者の意味を述語の「1次的意味[1]」と呼び，後者のような意味を述語の「より高次の意味」と呼ぶ。

　述語の1次的な意味は，たとえば以下のような，「焼く」という言語表現で表される比較的シンプルな意味に見られる。

(6)　　火鉢で餅を<u>焼く</u>。

(6)で「餅を焼く」という表現は，基本的に火の上で餅をあぶって温めるといったほどの意味(動作・行為)が表されている。このような場合，たとえ「餅」が複数個あったにせよ，基本的には一回一回切り離して考えられる

---

[1] 本書では敢えて「基礎的」という用語を避け，「1次的」という用語を使った。本書で言う「1次的な意味」とは，具体的な空間の中で起こる動作あるいは動きと考えてもらえればよい。述語のそれ以外の意味は，ごく大雑把に「より高次の意味」と呼ぶ。

3. 事態とフレーム　　149

「餅を焼く」という動作・行為を繰り返していることになり，この意味でこの「焼く」は，「焼く」という述語の表しえる比較的シンプルな１次的意味を表していると考えられる。以下の「焼く」も，「焼く」の意味（動作・行為）がその火の使い方，対象の焼き方，焼く目的等は異なっているものの，火を使って対象に熱を加えるという点では共通しており，同じく１次的な意味と考える。

(7)　フライパンでステーキを焼く。

(8)　焼却炉で古い書類を焼く。

これに対して，述語のより高次の意味では，高度で複雑な行為や出来事の連続が表されている。以下がその例である。

(9)　パン屋さんは毎朝早く起きて，パンを焼く。

(9)では，「パンを焼く」という表現で，「パン（すでにパンとなった物体）」をトースターなどに入れて，それに熱を加えるといった意味（事態）を表しているのではない。ここで表されている意味は，小麦粉に水を加えて練り，それを発酵させたものを生地とし，その生地を成型してオーブンで焼くといった，一連の「パンを焼く」という行為の全体である[2]。この一連の「パンを焼く」という行為を本書のフレームの書式で示すと，概ね以下のようになる。ここで「▶」はそれぞれの行為に時間的前後関係があることを示している。

(10)　パン焼きのフレーム＝｛…（略）…；…（略）…；…小麦粉に水やイースト菌などを加えてこねてパンの生地を作る ▶ パンの生地を発酵させる ▶ 発酵させたパン生地を成型する ▶ 成型したパン生地をオーブンで焼く ▶ パンができる…｝（焼く＝火などでパン生地を加熱調理する）

このように１つの言語表現（述語）で，より高度で複雑な，構造化された意味を表すことを，本書では述語の「より高次の意味」と呼ぶことにする。

このような「より高次の意味」を表す言語表現とその意味の特徴の１つは，高次の意味全体が基本的にはその過程の一部を表す表現で表されることが多いことである。たとえば(10)では，「（成形されたパン生地をオーブンで）

---

[2] ただし，この他にもこの言語表現には，食パンのスライスを「焼く（トーストする）」といったほどの１次的な意味もある可能性はある。筆者はこのトーストするといった意味であまり「パンを焼く」とは言わないが，テレビのドキュメンタリー番組のナレーションの中で，金網の手作り職人が自分の作った金網で「パンを（こうして金網で）焼いて食べるのが好き」というように使われていた。

焼く」といったパンを作る過程の一部が言語的に取り出されて「パンを焼く」といった簡略化された表現になっている（フレームとその言語表現との関係については，3.4で見る）。

またこのような表現では，「パン」は厳密に考えると，実際に焼かれる対象ではなく「パンを焼く」と表現される行為全体を通して産出される食品の名称である。つまり生地はオーブンで焼かれる前には，最終的な「パン」と呼ばれる物質にはなっておらず，成型された生地がオーブンで焼かれて，熱を加えられて初めて「パン」と呼ばれる食品になる。このような言語表現と意味の関係を，本書では「産出に関するフレーム」と呼んできた。したがってこの「焼く」の意味も，「パン焼きのフレーム」とでも呼ばれるような，一連の調理の手順を概念化素材とした，産出に関するフレームに基づく捉え方ということになる。

3.2　述語と意味　ケース・スタディ

では一体1つの述語は，1次的な意味の他，どのような，より高次の意味を表しえるのだろうか。ここでは，2つの日本語の述語「まわる／まわす」と「うつ」を例に，一般に同音異義語と呼ばれることの多い日本語の動詞とその意味の広がりを概観してみる。

3.2.1　「まわる／まわす」

まず，「まわる／まわす」には，何らかの対象が回転しているといった意味がある。

(11)　［小説で］ディーラーは，まばゆい光に照らされたルーレットのホイールに手をかけると，力強くホイールを回した。

上の例では，「まわす」はカジノのディーラーが対象となる遊戯器具（ルーレット）のホイールを回転させたといった事態が描かれている。

このような意味で，「まわる／まわす」対象が，メトニミーにより指示されることもある。以下がその例である。

(12)　［居間で。妻が夫に］ねえ，ちょっと暑いから，扇風機，回して。

上の例で妻が夫に回してくれと頼んでいるのは，扇風機そのものではなく，扇風機の一部であるハネである。扇風機のハネは扇風機の一部であり，扇風機のハネが回ることで風が起こる。このような指示の方法を，本書ではメト

ニミーによる指示と呼び，第2章で詳しく見た。これらの「まわる／まわす」の例はいずれも，現実の空間の中で起こる実際の動き・動作といった意味で，「まわる／まわす」の1次的な意味の1つと考えられる。これらのいずれの意味も構成的であり，「まわる／まわす」対象にはいろいろなものがなりえる。

(13) 　｜…独楽(こま)／(金庫の)ダイヤル／ルーレット／(中華料理店で。中央の回転式の)テーブル／コンパス／(紙切りの芸の)紙／(皿回しの芸の)皿…｜を回す。

(14) 　｜…蛇口(じゃぐち)／洗濯機／輪転機／印刷機…｜を回す。

更に「まわる／まわす」には，対象の周囲を他の事物で覆う動き・動作を表現する，以下のような1次的な意味の例がある。

(15) 　［小説で］男は海から上がると，腰にタオルを回してシャワーに向かった。

この「まわる／まわす」の意味も構成的であり，「まわる／まわす」対象にはいろいろなものがなりえる。

(16) 　｜…(腰に)布／(腕に)包帯／(会場の壁に)紅白の幕…｜を回す。

これに対して，以下の「まわる／まわす」の例では，本書でより高次の意味と呼ぶ，一連の動作・出来事を含む，より構造化された高度な状況が描き出されている。たとえば，以下の「まわす」には，関係者に回覧板を順番に回覧していくといった一連の出来事が表されている。

(17) 　［町内会の会合で。町内会長が］夏祭りの詳細は，後で回覧板を回して，お知らせします。

(17)で「まわる」対象は回覧板であるが，回覧板そのものが回転するのではなく，町内の人々の家に回覧板を順番に渡してもらい，内容を読んでもらうといった，フレーム的な構造化された回覧の意味が表されている。

この種の「まわる／まわす」のより高次の意味には，フレーム化された状況によりいくつかのバリエーションがあり，その1つが対象を手渡す相手が全員ではなく，必要な人あるいは特定の人，といった意味を持つ例である。

(18) 　［会社の宴会で。友人が同僚に］ちょっと，そこのお酢，回してくれる？

(18)で「まわす」対象は酢であるが，その宴会に参加している全員がその酢を使うわけではなく，味つけに酢を必要とする人だけに手渡して使ってもら

えば十分である。

あるいはこのような「まわる／まわす」には，必要なときに必要な場所に「車」を移動させるという意味を持つ場合がある。

(19) ［病院の出口で。夫が妻に］ちょっと，ここで待ってて。今，車を回してくるから。

もう1つの「まわる／まわす」のより高次の意味として，参加者全員に対象を配るといった意味を持つ「配布」の意味がある。以下が，その例である。

(20) ［宴会で。重ねた皿を手前の1人に渡して］ねえ，これ，みんなに回して。

(20)で，「まわす」対象である皿は複数枚あり，それを食卓の全員に配るといった意味を表している。

このような「まわる／まわす」のより高次の意味も構成的な性格があり，以下にそのいくつかの例を上げておく。

(21) ｜…(友達の間で)マンガ本／参考書／講義ノート／(社内で)メモ…｜を回す。(全員に回覧する)

(22) ｜…塩／胡椒／仕事／人／船／トラック…｜を回す。(必要な人だけに渡す)

(23) ｜…椅子／箸／フォーク／ナイフ…｜を回す。(全員に配布する)

3.2.2 「うつ」

「うつ」も「まわる／まわす」と同様，1次的意味からより高次の意味へと意味がかなり広がっている述語である。たとえば「うつ」の1次的意味の1つとして，人が自分の身体の一部や道具を使って他の対象を「うつ」といった，以下のような例がある。

(24) ［小説で］雷神が力一杯大太鼓を打つと，周りに雷鳴がとどろいた。

このような「うつ」では，行為者(雷神)が自分の身体の一部(腕)や道具を使って太鼓に打撃を加えている様子が描かれている。

次のような例は一見，打撃の意味に見えないが，本書では同じような打撃の意味を持つ「うつ」の1次的な意味と考えている。

(25) ［小説で］昔は夏の暑い日には，夕方ころに家の前に水をうったものだ。水をうつと周りの温度はほんのり涼しくなる。

「水をうつ」という行為は，人がヒシャクなどの道具を使って，(乾いた)地

3. 事態とフレーム　153

面に水をまく(散水する)ことである。ここでこの「うつ」は水が水滴となって次々と地面にぶつかる様子を表現したと見ると，「うつ」の1次的な意味がまだその表現の中に活かされていると考えることができる。

　(24)(25)で見たような「うつ」の1次的な意味も構成的である。

　(26)　 ｜…ボール／太鼓／鐘／頬／タイプ…｜をうつ。

　(27)　 ｜…(漁で)網／(工事で。基礎や躯体の型枠に)コンクリ…｜をうつ。

　これに対して，「うつ」動きの他に，なぜ「うつ」のかといった，その目的・理由も同時に表現したような「うつ」の例がある。

　(28)　　[病院で。看護師が患者に]この注射をうつと，少し眠くなるかもしれませんから，午後はしばらくの間，運転を控えてください。

(28)では，「注射をうつ」という表現で，注射の針を皮下に挿入するといった「うつ」動作とともに，治療のため注射の針を通して薬剤を体内に注入するといった内容も表していると考えられる。

　あるいは，「うつ」で「敵を倒す」といった意味を表しているのが，以下の例である。

　(29)　[小説で]十兵衛が父のかたきを討つのに十二年もかかった。

　(28)や(29)では「うつ」という動き・動作も含むものの，それ以上のそれらの行為を行う目的・理由，あるいは一連の流れ(フレーム)といったものが同時に表現されている。この意味でこれらの「うつ」はより高次の意味であると考えられ，構成的な性格も持つ。興味深いことに，これらの「うつ」には日本語の話し手もその微妙な意味の違いを感じ取っており，その違いに合わせて表記を換える場合もある。(31)が，「うつ」の表記を換えた例である。

　(30)　 ｜…釘／杭／注射／鍼…｜をうつ。

　(31)　 ｜…人を撃つ／敵を伐つ／矢を射つ／かたきを討つ…｜

　「うつ」のより高次の意味の1つとして，「うつ」動き・動作を伴って「食べ物を作る」といった意味を表す以下のような例もある。

　(32)　　[歴史小説で]職人は慣れた手つきで蕎麦をうった。蕎麦をうつ小気味の良い音が周りに響いた。

上で「そばをうつ」という表現では，単に対象を「うつ」という動き・動作だけでなく，蕎麦粉をよく水でこねて生地を作り，それを薄く伸ばして何層にも重ねて，包丁で切るといった，いわば「そば作りのフレーム」とでも呼ぶべき一連の流れが表現されている。またここで，「蕎麦」とはこのような

一連の流れの結果できあがる産出物（食品）の名称であり，できあがった「蕎麦」を1次的な意味で「うつ」わけではない。

更に「うつ」には，「うつ」の1次的な意味からは大きく逸脱したと見られる，「冒険する」「敢えて危険な行動にでる」「賭けをする」といった意味を表す例がある。

(33)　[小説で]　ここで男は，賭けにでることにした。大ばくちを<u>うって</u>，この難局を打破するのだ。ことここに至れば，もはや躊躇はない。

上で「ばくち」は「うつ」べき物理的対象ですらない。「ばくちをうつ」とは，何かの賭けやギャンブルなどの行為を行い，そのようなリスクを伴う行為をすることを表現する日本語である。しかも，一度このような意味が生まれると，更にいろいろな対象がこの意味と結びつけられていく可能性がある。以下に，「うつ」のこの意味で使われていると考えられる例を上げる。

(34)　|…スト／対策／キャンペーン…|　をうつ。

「スト」とは労働者の要求を叶えるために労働者側が行う行為であるが，その要求を経営側が受け入れるとは限らない。「対策」や「キャンペーン」も目的を叶えるために「うつ」が，その時点では結果がうまくでるかどうかは不明である。

この「うつ」の意味がどこから来たかは不明だが，一般に対象を「うつ」動作・動きには熟練が必要で，その意味で必ずしも「うつ」ことによって狙った効果・結果が伴わないという場合もあることを考えると，全く突飛なつながりではないように思われる。このような述語の意味の変化と広がりについては，3.5でもう一度詳しく見る。

3.2.3　概念化，捉え方，言語表現

3.2.1，3.2.2で見たように，ほんの2つの動詞の意味を見ただけでも，形態的に同じ動詞に1次的な意味からより高次の意味へと実にバラエティー豊かな意味が広がっている様子がうかがえた。このことは，1つの言語表現により多くの意味を持たせる自然言語に多く見られる特徴の1つである。

ここで，次節に進む前に本書の意味の考え方をもう一度確認しておこう。概念化とは概念化素材から言語表現の「意味」（捉え方）を産み出す過程であった。捉え方はそのような過程を経て概念化された意味であり，その捉え方は特定の言語表現と組み立てられる。ここまでを第1章で示した図の内容

を簡略にして確認しておく。

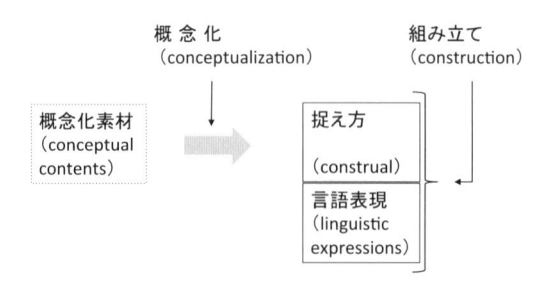

図 3.5：概念化，捉え方，言語表現(簡略版)

　本書のこのような枠組みから見ると，本節で見たような同音異義語としての性質を持つ述語の場合，その捉え方が一体どのような概念化の過程を経て産み出されたのか，その捉え方はどのような理由で特定の言語表現と組み立てられたのか，そして一体，述語の捉え方にはどのような広がりが見られるのかなどといったことが気になってくる。そこで以下，3.3 では日本語の述語の概念化に見られるいくつかのタイプを探り，3.4 では捉え方とそれを表す言語表現の組み立て方にどのような特徴があるのかを見る。3.5 では述語の捉え方がどのように変化して広がるのか(転回)，そして，それらの間にどのようなネットワークが想定できるのかを見ていくことにする。

3.3　概念化のタイプとフレーム

　3.2 で見たように，形態的には同じ動詞ではあるものの，その意味は 1 次的な意味からより高次の意味へと実にバラエティーに富んでいた。日本語の場合，それは和語と呼ばれるタイプの語彙に多く見られる。そこで本小節では，抽象的な概念の仮想空間へのマッピングを伴う概念化，指示対象の含まれるフレームの読み込みを伴う概念化，そして先の 2 つのタイプを合わせた本書でハイブリッド型の概念化と呼ぶ 3 つの概念化のタイプにしぼって，述語の意味の広がりとその概念化のメカニズムについて概観することにする。

3.3.1　仮想空間へのマッピングを伴う概念化

　言語の役割の中で，我々の生活にとって欠かすことのできない機能の 1 つは，我々が住む物理的な世界の中で起こる事物の動きを表現することであろ

う。たとえば，以下の例では，3次元的な空間の中で起こるさまざまな事物の動きが「上」と「下」という空間概念を基準に表現されている。

(35) |…作業員／エレベータ／気球／国旗／幕／水位…| が(上に)あがる。
(36) |…作業員／エレベータ／気球／国旗／幕／水位…| が(下に)さがる。

上の例で，たとえば，「作業員」や「気球」といった人や物の動きは，我々の住む空間の「上」と「下」といった空間的な方向を基準に表されている[3]。仮に「上」と「下」といった空間的な方向性を以下のようなスキーマ図で表すと，それぞれの事物の動きは以下のような図に表される。

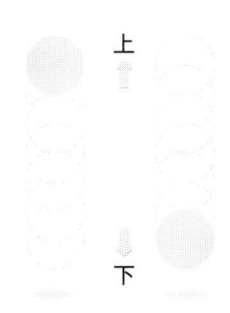

図3.6：あがる・さがる(空間的意味)

このような空間的な「上」と「下」という概念に基づいた日本語の言語表現は，決して少なくなく，他に以下のような例がある。

＜のぼる＞
|…朝日／月…| がのぼる。
|…人／猿…| が |…山／木…| をのぼる。
＜くだる＞
|…人／猿…| が |…山／木…| をくだる。
＜のる＞
|…人…| が |…バス／台／波…| にのる。
＜おりる／おろす＞
|…エレベータ／幕…| がおりる。
|…人／猿…| が |…山／木…| をおりる。

---
[3] むろん，この「上」と「下」といった空間の方向性を表す概念は，我々が地表にいる限り有効な概念であり，たとえば宇宙空間では利用できない。

|…人…|が|…荷物／雪／幕…|をおろす。

＜おちる＞

|…人／ハンカチ／太陽／鉛筆／汚れ[4]…|がおちる。

上のような例では，具体的な人や物が我々の住む実際の空間を上下するといった動きを示しており，このような例での「あがる」「さがる」などの言語表現の意味を，それぞれの述語の1次的な意味と考えることにする。

　これに対して以下の例では，それぞれの「あがる」「さがる」の意味は明らかに空間的な「上」や「下」といった概念に基づいた表現ではなくなっている。その意味で，これらの述語の意味はもはや上で見た1次的な意味ではない。以下がそのような例である。

(37)　|…温度／物価／調子／評価／業績／集中力…|があがる。

(38)　|…温度／物価／調子／評価／業績／集中力…|がさがる。

たとえば「温度」という概念は，計量装置（温度計）で対象の熱量を計測し，それを数量化して示した概念である。数量化された熱量は実際の空間に空間的な位置としては分布していない。しかし上の例では，対象の持つ熱量に変化があったという事象を，「温度があがる」あるいは「温度がさがる」などといった言語表現で表している[5]。あるいは「集中力」といった概念は，人が自分の意識に対して感じる感覚に基づいた概念であり，その感覚に変化があったという事象が「集中力があがる」「集中力がさがる」といった言語表現で表されている。この例でもまた，「集中力」といった概念者が感じる感覚が実際の空間に空間的な位置として分布しているわけではない。つまり上の例では，「温度」や「集中力」といった言語表現の指示対象は我々が住む空間に存在する事物ではなく，我々が概念化を通して作り出した抽象的な，ということは超身体化された概念であるということになる。

　このように，仔細に見ればかなり性質の異なる事象群が，言語的には「あ

---

[4] この場合の「汚れ」は，食器などに付いた「汚れ」が流しの排水溝に流れていくような状況（映像）を想定されたい。

[5] ただし，この熱量の計測機器が水銀式の温度計であった場合，温度が上がると水銀が上方に伸び，その意味で「あがる」という言語表現の成立の契機となった可能性はある。実際，英語では「温度があがる」ことを「Mercury rises」と言う場合がある。あるいは計測した熱量の変化を棒グラフや折れ線グラフで示し，その表の中に現れた位置を「上」「下」と表現していると考えることもできる。このようなフレームと言語表現の成立の関係については，3.4で見る。

がる」「さがる」といった言語表現で統一的に表されている。つまり上の(37)や(38)では，本質的にはかなり内容の異なる事象群が，言語的には仮想空間の「上」や「下」として投射(マッピング)され，その位置を基準とした動き(変化)として表現されていると考えられる[6]。

　もちろんこれらの言語表現は，一種の比喩だと言うこともできる。しかし日本語でこれらの事象群を言語的に表そうとしたとき，上で見た言語表現以外で簡単にその内容を表現することは非常に困難であり，本書が試みたようにかなり回りくどい，思弁的な表現になってしまう。このことから，これらの言語表現は日本語における一種の「基礎語彙」あるいは「基礎表現」としての性格を持っていることが分かる。実際，日本語ではこのように抽象的な概念を仮想空間の中の動きとして表現するような言語表現は決して少なくない。以下が，その例である。

＜のぼる＞
|…(売り上げ／死傷者などの)数…| が |…円／人…| にのぼる。

＜くだる＞
|…判断／命令／判決…| がくだる。

＜のる＞
|…人…| が |…賭け／ブーム／リズム…| にのる。

＜おりる／おろす＞
|…人…| が |…(映画やドラマなどの)役／(社長や会長などの)地位…| をおりる。
|…人…| が他の人を |…(映画やドラマなどの)役／(社長や会長などの)地位…| からおろす。

＜おちる＞
|…評価／人気／業績／売り上げ／集中力…| がおちる。

　英語にも，このように抽象的な概念を仮想空間の位置へとマッピングするような言語表現がある。

(39)　The |…temperature/mercury/price/sales/evaluation…| has risen.

6　ただしこのことは，我々が抽象的な概念を身体の関与した空間的な動き・動作などに「翻訳」して理解するから，といったような逆の方向での説明も可能であろう。本書にはどちらの説明がより一般的に現象を捉えることができるか論じる余地はないが，概念化を語るうえでたいへん興味深い。

3．事態とフレーム　　*159*

(40) The ⦃…temperature／price／sales／evaluation…⦄ has lowered.

(41) Temperatures climbs into the 80s yesterday.

(42) The ⦃…evidence／data／lost tape…⦄ surfaced.

　ここまでは，抽象的な概念・事象を仮想空間での「上」や「下」などの位置として表現する言語表現を取り上げたが，抽象的な概念が仮想空間でのそれ以外の「動き」や「変化」として表現されている言語表現もある．以下では，それぞれの述語ごとに具体空間で起こる事象と仮想空間へのマッピングを経て表現されていると考えられる事象を並べて示す．

＜もえる＞
⦃…暖炉の火／ゴミ／家／紙…⦄がもえる。　　　（具体空間で起こる事象）
⦃…心／愛国心…⦄がもえる。　（仮想空間へのマッピングと考えられる事象）

＜とける＞
⦃…雪／氷／粉薬…⦄がとける。　　　　　　　　（具体空間で起こる事象）
⦃…問題／ミステリー…⦄がとける。
　　　　　　　　　　　　　　（仮想空間へのマッピングと考えられる事象）

＜おかす＞
⦃…領土／領空…⦄をおかす。　　　　　　　　　（具体空間で起こる事象）
⦃…リスク／プライバシー…⦄をおかす。
　　　　　　　　　　　　　　（仮想空間へのマッピングと考えられる事象）

＜ひく＞
⦃…綱／ブレーキ／あご…⦄をひく。　　　　　　（具体空間で起こる事象）
⦃…気／同情／関心…⦄をひく。（仮想空間へのマッピングと考えられる事象）

＜かける＞
⦃…コート／毛布／掛け軸…⦄をかける。　　　　（具体空間で起こる事象）
⦃…声／気…⦄をかける。　（仮想空間へのマッピングと考えられる事象）

＜ふれる＞
⦃…肩／壁／空気…⦄にふれる。　　　　　　　　（具体空間で起こる事象）
⦃…怒り／（心の）琴線／法／トピック…⦄にふれる。
　　　　　　　　　　　　　　（仮想空間へのマッピングと考えられる事象）

＜あう＞
⦃…友人／恋人／王…⦄にあう。　　　　　　　　（具体空間で起こる事象）
⦃…事故／被害／雪崩／ひどい目…⦄にあう。

(仮想空間へのマッピングと考えられる事象)

これらの例は，いずれもこれらの言語表現によって表現されている内容を他の簡単な言語表現に言い換えて表現することは難しい。このことから，これらの言語表現も日本語における「基礎語彙」あるいは「基礎表現」としての性格を持っていると考えられる。そして，一般に他の言語においてもこのような言語表現が少なくないことから，この抽象的な概念を仮想空間へマッピングするといったタイプの概念化は，我々の言語の概念化の重要な柱の1つであろう。

3.3.2 フレームの読み込みを伴う概念化

次に，具体的な指示対象を持ちえる言語表現が，その指示対象を含むさまざまなフレームを事態の中に読み込むことで，更に広範な述語の捉え方が概念化される場合を見てみよう。本書ではこのような概念化を，(指示対象の)フレームの読み込みを伴う概念化と呼ぶ。ではまず，比較の対象としてフレームの読み込みを伴わない例を見ておくことにする。たとえば，一般に，日本語の移動を表す述語の一部では，その移動の起点や経過域を「を」格で示す表現がある。

(43) ［携帯メールで。友人が］さっき大学を出た。8時にそっちに着く。

(43)で「大学」は空間的な位置であり，通常の移動のフレームとでもいうものを適応すれば，その内容はすぐに理解できる。移動のフレームは，概ね以下のように書き出すことができる。

(44) 移動のフレーム = ¦…(略)…；…(略)…；…(人が)場所1から場所2へ移動する…¦

これに対して，「大学」や「刑務所」という言語表現は，単純な空間的な場所を示しているとは言えない場合がある。

(45) ［小説で］当時の日本人は苦労してアメリカの大学を出た。

(46) ［小説で］男は刑務所を出たら，行くあてがなかった。

(45)で「大学」は具体的な場所ではなく，「観念的な場所，ないし制度や状態として考えられている(寺村1982: 107)」。したがって，この「大学を出る」という言語表現は，人が「大学」と呼ばれる高等教育機関に入学して，所定の単位を取得し，学士として卒業するという一連の流れを表している。(46)の場合も同様に，「刑務所」は罪を犯して，裁判で量刑が確定して服役する，

とでもいうようなフレームを表しており,「刑務所を出る」という表現全体で,受刑者がその服役期間を終えたといった意味になっている。これらのフレームを便宜的に,「大卒のフレーム」「出所のフレーム」と呼び,その概略を書き出してみると,以下のようになる。

(47) 大卒のフレーム = |…(略)…;…(略)…;…(人が)大学に入学する ▶ 大学の所定のコースを履修し,単位を取得する ▶ 必要な講義の単位数を取得して学位を取得する ▶ 大学を卒業する…|

(48) 出所のフレーム = |…(略)…;…(略)…;…(人が)犯罪を犯す… ▶ 裁判で刑期が確定する ▶ 刑に服する ▶ 刑期が満了する ▶ 社会に復帰する…|

これらの例で面白いことは,「を」格を伴って示される名詞の指示対象に特殊なフレームの読み込みができるかどうかで,それぞれの言語表現の意味が異なってくることである。たとえば,以下の(49)では「でる」を移動のフレーム以外で読むことは難しいが,(50)では移動のフレームとそれ以外のフレームで読むことが可能である。つまり事態は,名詞の指示対象に関して読み込まれえるフレームによって異なるということになる。

(49) |…東京／職場／自宅／居酒屋…| を出る。
(50) |…大学／刑務所／学校／法学部／病院…| を出る。

英語の場合にも,このように指示対象の含まれるフレームが事態の中に読み込まれる場合も少なくない。ここでは通常の文法的な自動詞が他動詞として用いられる場合に,さまざまな高度なフレームを読み込む例を取り上げる。

(51) He walks in the street. (自動詞用法)

(52) [歩道の注意書きで] Walk your bike.
「(歩道では)自転車を降りて押して歩いてください」 (他動詞用法)

(53) I run in the gym everyday. (自動詞用法)

(54) I run |…a hotel/a farm/a restaurant/a computer journal/DNA tests/the (police) investigation team…|.
「|…ホテル／農場／レストラン…| を経営する,|…コンピュータ雑誌…| を発行する,|…DNA 検査…| を行う,|…(警察の)捜査班…| を指揮する」 (他動詞用法)

(55) [スカイダイビングのCMで] Let's fly in the sky. (自動詞用法)

(56) [航空会社の広告で] Fly Emirates

「エミレーツ航空で飛ぼう」 (他動詞用法)

(57) Did you <u>sleep</u> well last night? (自動詞用法)
(58) Did you <u>sleep</u> your computer when you left your office?
「コンピュータ，スリープさせた？」 (他動詞用法)
(59) ［小説で］The temples <u>stand</u> near the forest. (自動詞用法)
(60) ［検事が容疑者に司法取引を申し出て］You don't want to <u>stand</u> trial.
「（司法取引をせずに）公判にはしない方が得だぞ」 (他動詞用法)

上の例で walk, run, fly, sleep, stand などの述語は通常，（文法的な）自動詞として使われる。そしてそのような場合には，日本語で「歩く」「走る」「飛ぶ」「寝る」「立つ」と表現されるような，生物学的な自動行為を表している。一方，これらの言語表現が（文法的な）他動詞として使われたような場合には，上の自由和訳で示したようにかなり高度なフレームが事態の中に読み込まれている。たとえば，walk your bike といった言語表現では，単に「歩く」という動作だけでなく，（歩道では）自転車を降りて押して歩くといった意味が，あるいは sleep your computer といった言語表現では，コンピュータでの作業を一時的に止めるといった意味である。これらの捉え方には，自転車やコンピュータに関しての知識，あるいはそれらを使うときに必要な知識に関するフレーム（構造化された知識）が読み込まれている。反対に，そのようなフレームを概念者が捉え方の中に適切に読み込めない場合には，言語表現の意味が分からないということになる[7]。

3.3.3 ハイブリッド型の概念化

最後に，3.3.1 と 3.3.2 で見た 2 つの概念化のタイプを合わせたような概念化を見ることにする。このタイプの概念化では 2 つの質の異なる概念化の過程が組み合わされているので，本書では便宜的にハイブリッド型の概念化と呼ぶ。

日本語の「おろす」という述語の意味の 1 つが，そのようなハイブリッド型の概念化の 1 つと考えられる。以下がその例である。

(61) 去年の暮れに，買っておいたコートを今年初めて<u>おろした</u>。

---

[7] かなり個人的な印象ではあるが，英語母語話者同士の自然な会話では，このような言語表現がかなり頻繁に使用され，日本人の英語学習者の多くがこのような言語表現を分からないと感じるようである。

(62) ［メールで］データはネットに上げてあります。ネットから自由に<u>おろし</u>て使ってください。

上の例では，衣服に関する個人的な習慣や，コンピュータネットワークに関する技術者的なフレームが読み取れる。それらの内容を書き出してみると，概ね以下のようになる。

(63) 服をおろすフレーム = ¦…(略)…；…(略)…；…新品の服を買う ▶ 買った服を大切にしまっておく ▶ 新品の服を初めて着る…¦

(64) ダウンロードのフレーム = ¦…(略)…；…(略)…；…データが保存されているサイバー・スペースにアクセスする ▶ データを自分の端末に移動(コピー)する ▶ 移動したデータを自分の端末のハードディスクの中に保存する…¦

あるいは以下の「おろす」の例では，社会的な慣習を表すフレームが読み取れる。

(65) 問屋が小売店に商品を<u>おろす</u>。

(66) 流通のフレーム = ¦…(略)…；…(略)…；…製造業者が商品を製造する ▶ 製造業者の製造した商品を問屋が買う ▶ 問屋が商品を小売店に売る ▶ 小売店が商品を消費者に売る…¦

(67) ［電話で。編集者が作家に］原稿は，印刷所に<u>おろし</u>ました。

(68) 出版のフレーム = ¦…(略)…；…(略)…；…作家が原稿を出版社に渡す ▶ 出版社が原稿を校正・編集する ▶ 出版社が印刷用の原稿を印刷会社に渡す ▶ 印刷会社が本を印刷，製本する…¦

これらの例で面白いことは，これらが単にフレーム化された概念者の知識に基づいているだけでなく，それらのフレームの内容(の一部)が更に仮想空間での「上」と「下」といった位置としてマッピングされていることである。たとえば，上の衣服の例では未使用の服が「上」，使用済みの服が「下」であり，ダウンロードの例ではインターネット上のサーバーが「上」，個人の端末が「下」である。これらの例の「上」と「下」をまとめてみると，以下のようになる。

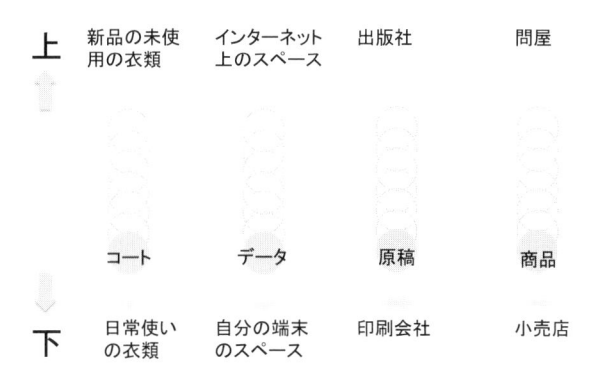

	新品の未使	インターネット	出版社	問屋
上	用の衣類	上のスペース		

	コート	データ	原稿	商品
下	日常使い	自分の端末	印刷会社	小売店
	の衣類	のスペース		

図3.7：ハイブリッド型の概念化

　ここまで見た例の他に，フレームの内容（の一部）が仮想空間の上下を基準にマッピングされていると考えられる日本語の例を上げてみる。
　＜あがる／あげる＞
　|…(トランプなどのゲームで)人／夕立／バッテリー…|があがる。
　|…成果／証拠／名前／犯人…|があがる。
　|…ファイル／データ／画像…|をあげる。
　|…成果／証拠／名前／犯人／例…|をあげる。
　＜さがる／さげる＞
　|…(使用人や部下などの)人…|がさがる。
　|…食器…|をさげる。
　＜おちる／おとす＞
　|…城／被疑者…|がおちる。
　|…都／城…|をおちる。
　|…ファイル／画像…|をおとす。
　|…城／被疑者…|をおとす。
　＜おろす＞
　|…ファイル／預金…|をおろす。
　|…さかな／わさび／大根…|をおろす。
　このようなハイブリッド型の概念化の特徴の1つは，フレーム化された内容とその仮想空間へのマッピングが文化ごとに異なる可能性があることである。たとえば，先に見た「小売店に(商品を)おろす」という日本語の

言語表現では，問屋・小売りといった日本以外にも見られる商取引上の流れが，少なくとも日本語の概念化とその言語表現では仮想空間の「上」と「下」といった位置にマッピングされて表現されている。これに対して日本語の「ネットからデータをおろす」といった言語表現を見てみると，この技術が生まれたのがごく近年のこともあり，英語の upload, download の概念化をそのまま日本語でも踏襲して使っているように見える。これは「データを CD に焼く」，burn CD などの言語表現にも見られる特徴である。このように見てくると，捉え方と言語表現との組み立ては基本的に言語独自ではあるものの，心的メカニズムとしての概念化は汎文化・汎言語的な性質も持つといった可能性が見てとれる。

3.3.4 概念化とフレーム

　ここまで見てきたように，言語表現の捉え方はどのような概念化が行われるかによって違う。もちろんこれは本書がずっと取ってきた立場であるが，では捉え方と言語表現の結びつき(組み立て)は，一体どれくらい強いのだろうか。その微妙な関係を垣間見せてくれるのが，以下のような例である。

(69)　［居間で。妻が夫に］ねえ，冬服，おろすの手伝って。手が届かないの。

(70)　［居間で。妻が夫に］ねえ，新しいコート，おろしてみたの。どう？

(69)の「冬服(を)おろす」では，高い場所(たとえば，タンスの上などのスペース)においてあった「冬服」を下に「おろす」という意味で，「おろす」という述語が使われている。これは先にも見たように，具体的な空間の中で起こる実際の動きのことを表しているので，「おろす」という述語の 1 次的な意味であると考えられる。これに対して(70)の「新しいコート(を)おろす」という表現では，以前に買ってあった「新しいコート」を使い始めるといった意味で使われており，(個人習慣的な)フレームと仮想空間へのマッピングを含んだハイブリッド型の概念化が行われていると考えられる。

　このように言語表現の「意味」(捉え方)とは，本質的に流動的なもので，日常ではほとんど気がつかないものの，実はそのたびごとに概念化が行われているという性質を持っている。そしてこのとき，文脈の果たす役割は顕著である。そこで次小節では視点をやや変え，どのような概念化がどのような言語表現と結びつけられていくのかといった，組み立てのタイプについて見

3.4 組み立てのタイプとフレーム

3.3 では,述語のより高次の意味を生み出す概念化のタイプとして,抽象的な概念の仮想空間へのマッピングを伴う概念化,指示対象の含まれるフレームの読み込みを伴う概念化,そして先の2つのタイプを合わせたハイブリッド型の概念化を概観した。そこで3.4では,今度は言語表現と捉え方がどのように組み立てられるのかといった観点から,フレームに含まれる典型・特徴的な動きを表す「写実的な言語表現」とフレームの産出物を表す「産出系の言語表現」の2つのタイプの組み立てを見ることにする。

3.4.1 写実的な言語表現

一般にフレームには,人が何かをするときの手順,あるいは社会的慣習などといった一連の流れを表すものが多い。このとき,そのフレームに含まれる典型的,特徴的な動作や動きを表す言語表現でそのフレームを表すような場合がある。このような言語表現は,そのフレームに含まれる典型的な動きを切り出して表現するので,本書では「写実的な言語表現」と呼ぶことにする。

(71) [居間で。妻が夫に] 洗面所の戸棚の扉,ちょっとガタピシするのよ。ちょっと,ネジ,まわしておいてくれない?

(71)で「ネジをまわす」という言語表現は,単にネジを一定方向に回転させるといった,この述語の1次的な意味・動作だけを表しているわけではない。この「ネジをまわす」という言語表現は,ネジをまわす動作とともに,その動作をすることで対象を固定するといった目的を含んだフレームを表している[8]。(72)で ( )^n はカッコの中の動きが繰り返されることを示す。

(72) ネジ留めのフレーム = {…(略)…; …(略)…; …(戸棚の扉を固定しているネジをネジ回しでまわす)^n ▶ ネジが戸棚の内部に入り込む

---

[8] この言語現象を,ミラー・ニューロンの働きとの共通性から考えてみると興味深い。一般にヒトのミラー・ニューロンは,その動きがどういう目的を持ってなされているかで異なったコード化をしているとされる(Iacoboni 2008: 15, 67, 70, 278; Rizzolatti and Sinigaglia 2008: 23)。すると,ここで見た写実的な言語表現とは,フレームに含まれる特徴的な動きでフレーム全体を表現しているといった意味で,ミラー・ニューロンとの共通性が見られることになる。

　　　　　▶戸棚の扉がネジで戸棚に固定される…|（まわす＝ネジを一定の
　　　　　方向に回転させる）

このように「ネジをまわす」という言語表現は，ネジをまわすといった動作を繰り返すことによって果たされる目的も含んだ言語表現となっている。

　(71)(72)では何らかの目的を持ってするための一連の流れ，あるいは手順といった内容を表すフレームと，それを表す言語表現を見たが，フレームが社会的・文化的な慣習あるいは行為の一連の流れである場合もある。以下が，その例である。

　(73)　　［居間で。妻が夫に］今日，ゴミの日よ。出かける前に，ゴミ，<u>出し</u>
　　　　　ていって。

(73)の「ゴミを出す」という言語表現では，日常生活で繰り返される習慣の一部が表されている。この一連の流れを書き出してみると，概ね以下のようになる。

　(74)　　ゴミ出しのフレーム＝|…(略)…；…(略)…；…ゴミ袋をゴミ箱に
　　　　　セットする▶（ゴミをゴミ袋の中にいれる）^{n}▶ゴミ回収日にゴミ
　　　　　袋の口を閉じる▶ゴミ袋を自宅から**出す**▶ゴミ袋を指定されたゴ
　　　　　ミ収集所におく…|（出す＝ゴミ袋を外に移動する）

　更に高度な一連の行為がフレームとして表現されているのが，以下の例である。このフレームの概略も，例とともに書き出してみる。

　(75)　　［レストランで。マネージャーがフロアスタッフに］3番のお客様に，
　　　　　ワインをお<u>出し</u>して。

　(76)　　飲食店の飲み物のフレーム＝|…(略)…；…(略)…；…ワインボト
　　　　　ルを冷蔵庫から取り**出す**▶ワインをボトルから**出し**て，グラスに
　　　　　そそぐ▶お客様にワインの入ったグラスを運ぶ…|（出す＝ワイン
　　　　　ボトルを冷蔵庫から取り出す，ワインをボトルからグラスへそそぐ）

このような例では，それぞれのフレームは，その中に含まれる典型的な動きによって表されている。ここで大事なことは，このフレームから取り出された動き・動作といったものが，それぞれの述語の持つ1次的な意味を表していると考えられることである。つまりこれらの例では，フレームに含まれる特徴的な動きを，あたかも静止画像のように切り出して，それ以外の全体の流れや目的を概念者に補足させていることになる。これを本書の重要な概念である組み立てという観点から見れば，フレームに含まれる典型的な1次的

な動きと捉え方を結びつけた組み立てが行われているということになる。

　ただし，このような述語の一次的な意味とフレームを結びつけた組み立てには，言語表現によっていくつかのバリエーションが存在する。たとえばその1つが，第2章で見たメトニミーによる指示を含んだ言語表現である。

(77)　|…蛇口(じゃぐち)／洗濯機／輪転機／印刷機／カメラ…| をまわす。

(77)で「蛇口をまわす」という言語表現で実際に「まわす」のは，「蛇口」そのものではなく「(蛇口の上部についている)蛇口の取っ手」である。あるいは「洗濯機」「輪転機」「印刷機」でも，「まわす」対象は「洗濯機」「輪転機」「印刷機」の内部に入っている回転式の部品である。試みにこれらのフレームのいくつかを書き出してみると，概ね以下のようになる。

(78)　水道のフレーム = |…(略)…；…(略)…；…(蛇口の取っ手をまわす)^n ▶ 蛇口から水道の水が出る／止まる…| (まわす=取っ手を一定の方向に回転させる)

(79)　洗濯機のフレーム = |…(略)…；…(略)…；…洗濯機の洗濯槽に洗濯物をいれる… ▶(洗濯機の洗濯槽をまわす)^n ▶ 洗濯物の汚れがおちる…| (まわす=洗濯槽を一定の方向に回転させる)

　あるいは，述語の1次的な意味ではあるものの，その動きがフレームの中に含まれる他のものの動きである場合もある。

(80)　|…鐘／タイプ／釘／杭／鍼…| をうつ。

(81)　|…水／網…| をうつ。

上で「うつ」対象は何かと考えた場合，(80)で人が「うつ」対象は「鐘」「(パソコンの)キーボード」「釘」「杭」「鍼」と考えていい。それに対して(81)で「水」や「網」を「うつ」場合には，人が「水」や「網」を直接「うつ」のではなく，それらを空中に放り投げたりすることによって，「水」や「網」が地面や水面をうつわけである。つまり，行為者である人と「水」や「網」の「うつ」動きとの関係は間接的である。今，これらのフレームを仮に「散水のフレーム」あるいは「網打ちのフレーム」とでも呼び，その概要を書き出してみると，以下のようになる。

(82)　散水のフレーム = |…(略)…；…(略)…；…人がヒシャクなどで水をすくって投げる ▶ 投げられた水が水滴になる ▶ (水滴が地面をうつ)^n…| (うつ=水が地面にぶつかる)

(83)　網打ちのフレーム = |…(略)…；…(略)…；…人が網を投げる ▶ 投

3. 事態とフレーム　　169

げられた網が空中で広がる ▶ (網先が水面をうつ)"…| (うつ＝網先が水面にぶつかる)

このような例では,「うつ」動きはそのフレームを特徴づける重要な動きではあるものの,もはや人が対象に加える動きそのものではなく,対象が間接的に行う動きになっている。さきほどの比喩になぞらえれば,これらの言語表現ではフレームに含まれる一連の動きの一部だけをスローモーションで見せ,意味的にはその全体像を表現している言語表現と言える。

それでも,上で見たような例では述語の1次的な意味が言語表現の中にまだ「写実的に」保持されていた。しかし言語表現によっては,時代の変化とともにそれ以外の動きをすることが一般的になったものの,言語表現の中だけに残ってしまったような,ある種「化石化した」とでも言えるような表現がある。

 (84) |…ボリューム／チャンネル…| をまわす。

(84)でテレビやラジオなどの音量やチャンネルを変えるとき,ボリュームやチャンネルを「まわす」ようなことは,デジタル技術の発展とともに,我々の実際の生活の中でなくなりつつある。しかし言語表現としては,まだこういう言語表現が使われる場合がある。

このような「化石化」とでも呼ぶような言語現象は,たとえば,以下のオーストラリア英語からの言語表現にも見られる。

 (85) ［駅で別れ際に。友人が］So, I'll ring you tonight.

ここで言う ring とは,かつて電話機の表側に付いていた円形のベルを鳴らして電話がかかってきたことを知らせる仕組みのことである。そのベルを鳴らすことから「電話をかける」というフレーム的意味が生まれたと考えられる。しかし,現在の我々の生活の中ではそのような「旧式」の電話機を見ることはほとんどない。

あるいは,述語の1次的な動きの意味を切り取ることでフレームを表していた言語表現が,そのような動きをする理由・目的といった方向に意味が漸次変化し,その捉え方が述語の新しい「意味」(捉え方)となったと考えられるような例もある。

 (86) |…将棋／囲碁…| をうつ。

(86)で,「将棋をうつ」あるいは「囲碁をうつ」といった言語表現は,将棋や囲碁をするときの典型的な動きや,将棋の駒や碁石を将棋盤や碁盤に打ち

つけるといった動作を切り取ることで，将棋や囲碁のフレームとでも呼ぶようなフレームを表していると考えられる。その意味でこれらの言語表現も，元来は「写実的な」言語表現であったと考えられる。

　ただし，先にも見たように，コンピュータの画面上で将棋や碁を「うつ」ような場合，もはや実際に「うつ」動作はしない。またこれらの言語表現も特定の「うつ」動作だけを切り取って表現しているというよりは，すでに「(将棋や碁を)楽しむ」あるいは「(将棋や碁で)他の人と対戦する」といった意味で理解されやすいことなどを考え合わせると，もはやこれらの言語表現での「うつ」はその1次的な(写実的な)意味を失い，(実質的には)他の捉え方に転じていると考えた方がよさそうである。このような意味の変化，古い言語表現と新しい捉え方の組み立てとでも呼べる言語現象については，本書では転回と呼び，3.5で見る。その前に，組み立てのもう1つのタイプである，言語表現がそのフレームの産出物を表す場合を見る。

3.4.2　産出系の言語表現

　3.4.1で見た写実的な言語表現のうち，一定の手順を経て作り出される最終産出物が言語表現の中に現れている場合がある。先に見た「パン焼きのフレーム」とでも呼ぶようなフレームとそれを表す言語表現もその1つであるが，以下の「コーヒー入れのフレーム」もそのような例である。

　　(87)　［居間で。帰宅した妻が夫に］コーヒー，入れてくれないかな。そこでケーキ，買ってきたのよ。

(87)では，日本語では「コーヒーを入れる」としか表現できないような，コーヒーを入れる一連の手順・流れが表現されている。このことは，他の飲料品を「を」格に取った以下のような言語表現と比べてみれば，分かりやすい。

　　(88)　｛…ビール／ウィスキー／ワイン／日本酒…｝を入れる。
　　(89)　｛…コーヒー／お茶／ココア…｝を入れる。

(88)では，缶やビン，あるいはペットボトルなどに入れられて市販されている飲料品を他の容器，たとえばグラスやおちょこなどに移し替えることを意味しているのに対し，(89)では，通常，缶やペットボトルに入れられた市販の飲料品を何か他の容器に移し替えるということは意味しない。つまり「ビール」や「ワイン」などはすでに作られたものであるのに対し，「コーヒー」や「お茶」などはその場で一定の手順を経て作り出されるものであ

3.　事態とフレーム　　171

る。ここで(87)で表された手順に関するフレームの可能性の 1 つ[9]を書き出してみれば，以下のようになる。

(90) コーヒー入れのフレーム = ¦…(略)…；…(略)…；…コーヒー豆をミルでひく(粉状にする)，お湯をわかす，コーンにコーヒー・フィルターをセットする ▶ コーンにセットしたコーヒー・フィルターの中にひいたコーヒー豆をいれる ▶ (ひいたコーヒー豆に上からお湯をそそぐ)[n] ▶ コーヒー豆の香りと味のついた液体(コーヒー)がポットの中にたまる ▶ ポットの中の**コーヒー**をカップの中に**入れる**…¦ (入れる = ポットからカップへコーヒーをそそぐ)

このような言語表現は，一般にいわゆる調理に関する言語表現に多いが，必ずしもそれだけではない。以下に，そのいくつかの例を上げる。

＜焼く＞

¦…パン／クッキー／ケーキ…¦ を焼く。

¦…茶碗／瓦／陶器…¦ を焼く。

＜うつ＞

¦…蕎麦／うどん／麺…¦ をうつ。

¦…ナイフ／刀／鉄…¦ をうつ。

＜つく＞

餅をつく。

＜たく＞

¦…赤飯／ご飯…¦ をたく。

＜だす＞

¦…個性／元気／コク…¦ をだす。

上の例では，述語がそれぞれの 1 次的な動きを表していると考えると，これらは基本的に「写実的な」言語表現である。しかし，先に見た「写実的な」言語表現と違うのは，これらの言語表現が「を」格にそのフレームの手順を踏むことにより産出される産出物を取っていることである。以下に，上で見たいくつかの例のフレームの概略を示し，それらを表す言語表現を太字で示すことにする。

(91) 作陶のフレーム = ¦…(略)…；…(略)…；…粘土をこねる ▶ こねた

---

[9] もちろん，これ以外にも「コーヒーを入れる」には，インスタント・コーヒーやエスプレッソ・マシーンあるいはコーヒー・プレスを使った「入れ方」がある。

粘土を成型して茶碗の形にする ▶ 成型した粘土を窯で**焼く** ▶ **茶碗**ができる…⫯（焼く＝火などで土に熱をくわえる）

(92) そば・うどん作りのフレーム＝⫯…(略)…；…(略)…；…そば粉あるいは小麦粉に水を加えてこねる ▶ こねた生地を薄く伸ばして重ねる ▶ 重ねた生地をうつ ▶ **そばあるいはうどん**ができる…⫯（うつ＝そばあるいはうどんの生地を包丁で細く麺状に切る）

(93) 炊飯のフレーム＝⫯…(略)…；…(略)…；…米を水で洗う（とぐ）▶ といだ米を適量の水とともに炊飯器に入れる ▶ 米を**たく** ▶ **ご飯**ができる…⫯（たく＝加熱調理する）

上で見たのは何が産出物か比較的分かりやすい例であったが，本書では以下のような例も手順を表すフレームとそれらを表す言語表現と考えている。

(94) ⫯…穴／トンネル／井戸／堀／(石などに)文字／入れ墨…⫯をほる。

(95) 小説を書いた。　　　　　　　　　　　　　　（日記研編 2009c: 41)

(94)の「穴」の例について，その概要を書き出してみれば，以下のようになる。

(96) 穴掘りのフレーム＝⫯…(略)…；…(略)…；…(地面を**ほる**)^n… ▶ 地面に**穴**ができる…⫯（ほる＝土を除去する）

たとえば，(95)と(96)では，「地表の一部の土を繰り返し除去した」結果や「文字を連ねた」結果，「穴」や「小説」が生じるわけで，厳密に言うと「掘っている」途中や「書いている」途中では，「穴」や「小説」は存在していない(寺村 1982: 91, 100)。したがってこのような例でも言語的に「を」格を伴って示された名詞が最終的な産出物を示しており，それこそ日本語では「穴を掘る」とか「小説を書く」としか表現できないような一連の行為，フレームに基づく捉え方を表現していることになる。

更に，以下のような例は一見，一種の決まり文句あるいは慣用表現のように見えるが，本書ではこれらも産出物を表す言語表現の仲間であると考えている。

(97) ⫯…ホームラン／シュート…⫯をうつ。

(98) ⫯…12時／脈…⫯をうつ。

(97)では実際に人が「うつ」対象は野球やサッカーなどのボールである。それらのボールが観客席に入ったり，ゴールめがけて蹴り入れることによって初めて「ホームラン」や「シュート」と呼ばれるものになる。あるいは(98)

では時計のハンマーがベルを 12 回「うつ」ことにより，我々はそれを 12 時と判断し，「脈」とは心臓の拍動で生じた血液の圧力によって血管の壁(内膜・中膜・外膜の重なったもの)が収縮を繰り返す生理的な現象である。それを我々が言語的に「脈」と呼んでいるに過ぎず，「脈」とは厳密に考えてみると血流が血管の壁を「うつ」現象のことである。これらのフレームの概略を以下に示す。

(99) ホームランのフレーム = |…(略)…；…(略)…；…ピッチャーがボールを投げる ▶ 投げられたボールをバッターが**うつ** ▶ バッターがうったボールが外野席にはいる ▶ 審判が**ホームラン**を宣言する…|
(うつ＝バットがボールを弾き飛ばす)

(100) 時報のフレーム = |…(略)…；…(略)…；…(時計の中のハンマーが)ベルを 12 回**うつ** ▶ (人が)**12 時**と判断する…|(うつ＝時計のハンマーがベルを鳴らす)

(101) 脈のフレーム = |…(略)…；…(略)…；…心臓が血液を血管に送る ▶ 送られた血液が血管壁を**うつ** ▶ 血管壁の収縮を**脈**と感じる…|
(うつ＝血液が血管壁を収縮させる)

これらの例で興味深いことは，これらは一種の産出物ではあるものの，それらが産出物として認知されるには人間の判断・認識といったものが関与しているということである。反対に，人が後天的に学ぶ文化的・抽象的な判断・認識がなければ，これらの言語表現の「意味」は分からない。たとえば上の例で，野球のルールを知らない人には「ホームラン」の意味は分からないだろうし，時間の概念がなければ「12 時」の意味も分からない。この意味でこれらの例は，人間の高度な文化・教育を前提としたフレームとそれを表す言語表現ということになる。

3.5 捉え方の転回と言語表現

3.3 と 3.4 で見たように，さまざまな概念化と組み立ての過程を経て，(理論的には) 1 つの述語には無数の「意味」(捉え方) が生まれてくる。本書ではこのような，言語表現の意味が時に思いがけない方向に変化しながら広がっていくことを，(捉え方の)転回[10]と呼ぶ。また本書では，上で見たような転

---

[10] 本書のこの考え方は，進化論に触発されている。それでも敢えて本書で日本語で一般的な「進化」という用語を使わなかったのは，「意味」の変化には，明確な時間的な関係

回も，全体として見れば概ね1つの連続した体系（意味ネットワーク）[11] をなしていると考えている．このとき，このネットワークを解く鍵となるのが，概念化や組み立てのタイプに見られる類縁性や共通性である．以下，言語表現とその転回の例を，日本語のいくつかの述語を参考に探る．

3.5.1 述語の捉え方の転回

本書では一見かなりバラバラに見える1つの述語の異なる捉え方も，全体として見れば隣接した捉え方同士で繋がっていると考えている．たとえば，日本語の「ひく」という述語には，「対象を物理的に自分の方向にひきつける動き」といった1次的な意味がある．「ひく」のこの1次的な意味が用いられた例は，以下の通りである．

(102) ｜…(綱引きの)綱／椅子／引き出し／あご…｜をひく．

この述語の1次的な意味では，単純に「網」や「椅子」あるいは「あご」といった対象が，概念者の方向に「引き寄せられる」といった動きが描かれている[12]．

ここから，同じ1次的な動きをして使う道具の一連の行為が概念化され，その捉え方が「ひく」という写実的な言語表現と組み立てられたと考えられる．「ひく」動きで使われる道具類には，たとえば，以下のような例がある．

(103) ｜…鉋／鋸／(サイド)ブレーキ…｜をひく．

これらのいくつかのフレームについて，その概略を示す．

(104) 鋸のフレーム＝｜…(略)…；…(略)…；…鋸の歯を材木にあてる▶（鋸の歯を材木にあてたままひく）^{n} ▶ 木材が切れる…｜（ひく＝鋸を自分の方向に移動させる）

(105) サイドブレーキのフレーム＝｜…(略)…；…(略)…；…サイドブレーキの柄(ハンドル)を**ひく**▶車が動かないようになる…｜（ひく＝サイドブレーキの柄(ハンドル)を運転手の方向に移動させる）

が見えにくいこと，そして何より日本語の「進化」という用語につきまとう「対象がより良いものに変化すること」あるいは「進歩」といった意味合いを含みたくなかったことがある．英語の evolve は，その点，中立的である．

[11] 本書で議論する意味の体系性は，あくまで捉え方の共時的（synchronic）な側面に注目したもので，通時的（diachronic）な意味変化の過程を主張するものではない．

[12] ただし，本書で言う（生物学的な）自動行為なのか，他動行為なのかは，対象が概念者の身体の一部に属するものなのか，属さないものなのかによって異なる．

このようにして使う道具類の中で更なる概念化が進んだと考えられる例の1つが「(石)臼をひく」で，「(石)臼」の中に穀類を入れて「ひく」と，中に入れた豆や小麦などの穀類が細かく砕かれる。この言語表現とフレームを示すと，概ね以下のようになる。

　(106)　|…(石)臼…| をひく。
　(107)　石臼のフレーム = |…(略)…；…(略)…；…(豆や小麦などの穀類を)石臼の可動部(上部の石)に空けられた穴の中に入れる ▶ (石臼の可動部をひく)^n ▶ 石臼の中に入れられた豆や小麦などが粉状になって石臼から出てくる…| (ひく = 石臼の可動部を自分の方向に移動させるようにして回転させる)

この石臼の例から，「砕く／粉状にする」といった捉え方ができ，それが「ひく」という言語表現と組み立てられたとすると，以下のような「ひく」の意味の広がりをこの意味の連続性の中で説明できる。試みに「コーヒー・ミルのフレーム」とでもいうようなフレームの概略を示すと，以下のようになる。

　(108)　|…小麦／コーヒー(豆)…| をひく。
　(109)　コーヒー・ミルのフレーム = |…(略)…；…(略)…；…コーヒー豆をコーヒー・ミルの中に入れる ▶ (コーヒー・ミルのハンドルをひく)^n ▶ コーヒー豆が粉状になる…| (ひく = コーヒー・ミルのハンドルを自分の方向に移動させるようにして回転させる)

　もう1つの「ひく」の転回した捉え方は，「演奏する」とでもいった意味である。これも上の例と同じように「写実的な」用法から転回したと仮定すると，同じような動作をして演奏される弦楽器がまず考えられる。

　(110)　|…ヴァイオリン／チェロ…| をひく。

更にこの用法から，「ひく」に「楽器を演奏する」といった捉え方が組み立てられ，実際にはもはや「ひく」といった1次的な動作を伴わない以下のような楽器を「演奏する」ことまで意味が広がったと考えられる[13]。

　(111)　|…ピアノ／オルガン／ギター…| をひく。

---

[13] 楽器の演奏を表す捉え方と言語表現の組み立てで興味深いのは，楽器演奏には「写実的な」言語表現を使う場合が多いことである。一般に吹奏楽器は「ふく」，打楽器は「たたく」が使われる。
　|…フルート／オーボエ／クラリネット／トランペット／チューバ…| をふく。
　|…ドラム／ティンパニー／マリンバ…| をたたく。

このように「ひく」という述語の場合，「対象を自分の方向に移動させる」とでもいった1次的な意味がその中心となり，そこからいろいろと異なった捉え方に転回したと考えると，一般には同音異義語として処理されてしまう「ひく」の意味に互いに関連づけられた意味のネットワークを想定できるようになる。ここまでの範囲の「ひく」の捉え方とそのネットワークを模式的に示すと，以下のようになる[14]。

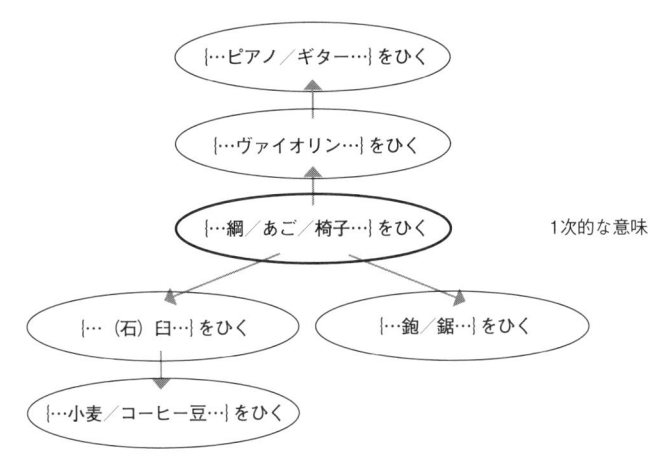

```
     {…ピアノ／ギター…}をひく
              ↑
     {…ヴァイオリン…}をひく
              ↑
     {…綱／あご／椅子…}をひく      1次的な意味
          ↙         ↘
{…(石)臼…}をひく    {…鉋／鋸…}をひく
      ↓
{…小麦／コーヒー豆…}をひく
```

図3.8：「ひく」の捉え方の転回とそのネットワーク(部分)

上のネットワークの中で，たとえば「(楽器を)演奏する」の意味の「ひく」と「(穀類などを)粉状にする」を意味する「ひく」は，言語表現は共有するものの，それぞれ異なる概念化を経た捉え方であり，この2つだけを取り出して比べれば，それぞれの意味に類縁性・共通性を感じるのは難しい。

3.5.1では日本語の「ひく」という動詞をめぐって，ごく簡単に捉え方のネットワークといった現象について概観したが，以下では「まわる／まわす」と「うつ」という日本語の言語表現をめぐって，述語の捉え方の転回とそのネットワークのケース・スタディーとしてより詳細に見る。

3.5.2 「まわる／まわす」の転回と意味ネットワーク

本書で考えている「まわる／まわす」の捉え方の転回とそのネットワーク

---

[14] 「ひく」には，これ以外にも，たとえば「車をひく(牽引するの意味)」「(定規などで)線をひく」「痛みがひく」「5から2をひく」などの捉え方がある。

は概ね，以下の通りであり，それぞれの捉え方について順次見ていく．

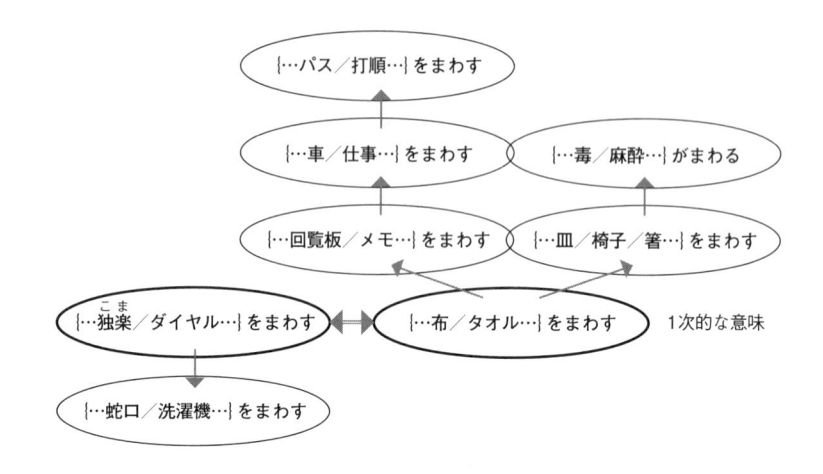

図3.9：「まわる／まわす」の捉え方の転回とそのネットワーク

まず「まわる／まわす」には，2つの1次的な意味があると考えている．その1つは何らかの対象が回転しているといった動きを表す，以下のような1次的意味である．

(112) ［小説で］ディーラーは，まばゆい光に照らされたルーレットを大きく回した．

(112)では，「まわす」はディーラーが対象となる遊戯器具（ルーレット）を回転させた事象が描かれている．このときの「まわす」の「回転」の意味を図示して表せば，概ね以下のようになろう．

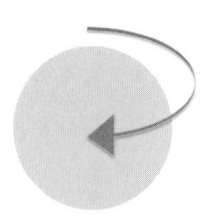

図3.10：まわる／まわす（回転）

178　第3章　事態とその概念化素材

この「まわる／まわす」の1次的意味には構成性があり，以下のようなさまざまな対象の「回転」を描き出すことができる。

(113)　{…独楽(こま)／(金庫の)ダイヤル／ルーレット／(中華料理店の回転式の)テーブル／コンパス／(紙切りの)紙／(皿回しの)皿…}を回す。

「まわる／まわす」のもう1つの1次的な捉え方は「まわる／まわす」が対象の周りを何か他のもので覆うような状況を表現する場合である。

(114)　家の周りに囲いを回した。

　この「まわる／まわす」の意味を便宜的に「覆い」と呼び，図で示すと概ね以下のようになる。

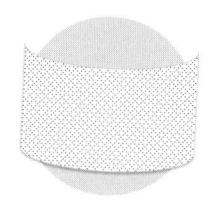

図3.11：まわる／まわす(覆い)

　この「まわる／まわす」の「覆い」の意味にも構成性があり，例として以下のような表現がある。

(115)　{…(腕に)布／(腰に)タオル／(会場の壁に)紅白の幕…}を回す。

　これらの2つの「まわる／まわす」の意味がどのように関連づけられるかは推測の域を出ないが，たとえば，物体を回転させるとその軌跡が円や球といった形状になるといったことや，あるいは物体を他のもので覆うときには物体の方を回転させることがあることなどを考え合わせれば，我々の実生活の経験からもそれほど無関係な捉え方ではないように思われる。いずれにせよ「まわる／まわす」にこの2つの1次的な意味を想定することで，より高次の意味の概念化・組み立ての過程が想定しやすくなる。

　まず，「まわる／まわす」の「回転」の1次的意味からは，メトニミーによる指示を含む以下のような例がある。

(116)　[居間で。妻が夫に] ねえ，ちょっと暑いから，扇風機，回して。

上の例で妻が夫に回してくれと頼んでいるのは，扇風機そのものではなく，扇風機の一部であるハネである。扇風機のハネは扇風機の一部であり，扇風機のハネが回ることで風がおこる。このようなメトニミーによる指示で，文

3．事態とフレーム

全体の意味が構成的に捉えられる例には，以下のような例があり，いずれも対象の一部を「回転」させることで，その道具を使う目的が達せられる。その中から試みに「洗濯機のフレーム」だけを以下に示す。

(117) ⊦…蛇口（じゃぐち）／洗濯機／輪転機／印刷機／カメラ…⊦ を回す。

(118) 洗濯機のフレーム = ⊦…（略）…；…（略）…；…洗濯機の洗濯槽に洗濯物をいれる… ▶（洗濯機の洗濯槽をまわす）^{n} ▶ 洗濯物の汚れがおちる…⊦（まわす＝洗濯槽を一定の方向に回転させる）

「まわる／まわす」の「覆い」の1次的意味からも，より高次の意味が転回している。この場合，何らかの対象の周囲を他の対象で「覆う」という動きから，その動きを仮想空間へマッピングし，何らかの抽象的なプロセスのステップを順次満たして行くといった概念化が行われたと考えれば，「回覧」と「配布」とでも呼ぶべき2つのより高次の捉え方とネットワーク上で結ばれる。その1つの「まわる／まわす」の「回覧」の意味とは，対象を関係者に順番に手渡していくといった捉え方である。

(119) ［町内会の会合で。町内会長が］夏祭りの詳細は，後で回覧板を回して，お知らせします。

(119)で「まわる」対象は回覧板であるが，回覧板そのものが回転するのではなく，町内の人々の家に回覧板を順番に渡してもらい，内容を読んでもらうといったフレーム的な構造化された意味（回覧の意味）が表されている。この「回覧」の捉え方を図示して示すと，概ね以下のようになる。

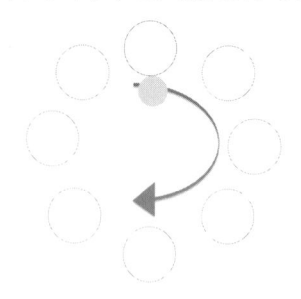

図3.12：まわる／まわす（回覧）

このような「回覧」の「まわる／まわす」には構成性があり，他に以下のような例がある。

(120) ⊦…（友達の間で）マンガ本／参考書／講義ノート／（社内で）メモ…⊦

を回す。

　更に，この「まわる／まわす」にはフレーム化された状況によって，いくつかのバリエーションがある。その1つが対象を手渡す相手が全員ではなく，必要な人あるいは特定の人，といった意味を持つ以下のような例である。

　(121)　[会社の宴会で。友人が同僚に]　ちょっと，そこのお酢，回してくれる？

(121)で「まわす」対象は酢であるが，その宴会に参加している全員がその酢を使うわけではなく，味つけに酢を必要とする人だけに手渡して使ってもらえば十分である。このような特定の人に対象を手渡すといった意味を持つ「まわす」には，以下のような例がある。

　(122)　{…砂糖／塩／胡椒／酢／バター／皿／スプーン／箸／フォーク／ナイフ／仕事／資金／人(人員)／船／トラック…} を回す。

(122)で，調味料や食器類の場合は必要な人に手渡して使わせるといった意味になるし，仕事や資金，あるいは人や船やトラックの場合には，会社や会社の部署の余裕があるところから必要なところに，人員や輸送手段である船やトラックを融通するといった意味になる。

　必要なときに必要な人・所に必要なものを「まわす」といったこの捉え方から，いろいろな分野でいろいろな表現が生まれている。音楽演奏の分野で使われる「指がまわる」という表現もその1つであろうと考えられる。

　(123)　[ヴァイオリンの教師が学生に]　指が速くまわるからって，それだけで音楽が素晴らしいってことにはならないんだよ。

「指がまわる」という表現は，必要なときに必要な場所(楽器のポジション)に指が動くということを表していると考えると，上の「まわす」の意味と重なってくる。

　「車」にも，必要なときに必要な場所に「車」を移動させるという意味を持つ，「車」に特有のフレームがある[15]。

　(124)　[病院の出口で。夫が妻に]　ちょっと，ここで待ってて。今，車を回してくるから。

上では，建物の出入り口と駐車場が離れているような場合，駐車場から出入り口まで車を動かしてくることを「車を回す」と表現している。

　このような高次の意味を持つ「まわる／まわす」は，スポーツ(球技)の状

---

[15] 興味深いことに，英語にも似たような概念化を経たと考えられる言語表現があり，英語で「車をまわす」には bring the car around という表現もある。

況の1つを描き出すのに使われることも多い。たとえば，味方同士の間でボールをやりとりする，以下のような例がそうである。

(125) ［サッカーの実況放送で。アナウンサーが］さあ，今，ボールがゆっくりとキーパーからミッド・フィールダーに回され，反撃の機会をうかがっています。

(126) ｛…(野球で。ショートからファーストに)ボール／(ラグビーで。スクラムハーフからバックスに[16])ボール…｝を回す。

このようなスポーツの中では，ボールをやりとりする行為をパスと呼び，「パスを回す」という表現を使う場合もある。ここでパスとは，競技の中でボールを味方に渡す行為そのものを指すわけであるから，ボールをチームメイトに渡して初めてパスになるという意味で，産出系の言語表現になっている。更に野球では，ボールといった具体的な物体ではなく，打順という抽象的な概念を味方の間に「まわす」といった表現もある。

(127) ｛…順番／(野球で。4番に)打順…｝を回す。

更に，このような「まわす」のより高次の意味には，対象を「まわす」部署や役割を特定的に表現する，以下のような「に」格を使った表現がある。

(128) (患者を)外科に回す。

(129) (ゴミを)リサイクルに回す。

(130) (友人を)敵に回す。

このような表現では，対象(患者・ゴミ・友人)の移動先がニ格を伴った言語表現で表されている。

「まわる／まわす」の仮想空間での「覆い」の意味から転回したと考えられる，もう1つの意味は「配布」である。

(131) ［食卓で。重ねた皿を1人に渡して］これ，みんなに回して。

(131)で，「まわす」対象である皿は複数枚あり，それを食卓の全員に配るといった意味を表している。このような「配布」の意味は，概ね以下のような図で示される。

---

[16] ただし，同じ「ボールをまわす」という表現を使っても，たとえば，サッカーとラグビーではボールの「まわし方」が違う。サッカーでは自分の前にいるプレイヤーにも「ボールをまわす」ことができるが，ラグビーでは自分より前にいるプレイヤーに「ボールをまわす」ことはできない。これらはこの「まわる／まわす」が元々の意味から変化して，すでにこれらの競技の中で特殊な「パスをする」という意味に転回していることを示している。

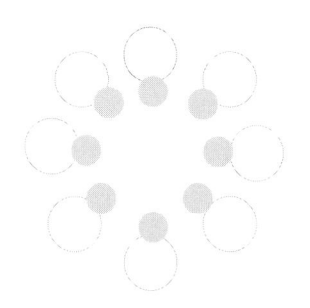

図 3.13：まわる／まわす(配布)

(132)も，このような「配布」の意味を持つ例である。

(132) ⦃…椅子／箸／フォーク／ナイフ…⦄を回す。

興味深いことに，対象が「まわる」範囲・領域を人体とした(133)のような表現では，身体に対象がくまなく回るといった意味が表されている。ただしこの意味では，「まわる」という自動詞は使えるが，「まわす」という他動詞を使った表現は，おそらくそのような行為は意識的にしにくいという理由からか，使いにくい。

(133) 全身に⦃…毒／麻酔／抗がん剤／栄養／薬…⦄が回る。

3.5.3 「うつ」の転回と意味ネットワーク

「うつ」も「まわる／まわす」と同様，1次的意味からより高次の意味へと意味がかなり広がっている例である。本書で想定している「うつ」の捉え方の転回とそのネットワークは，概ね以下のようになる。

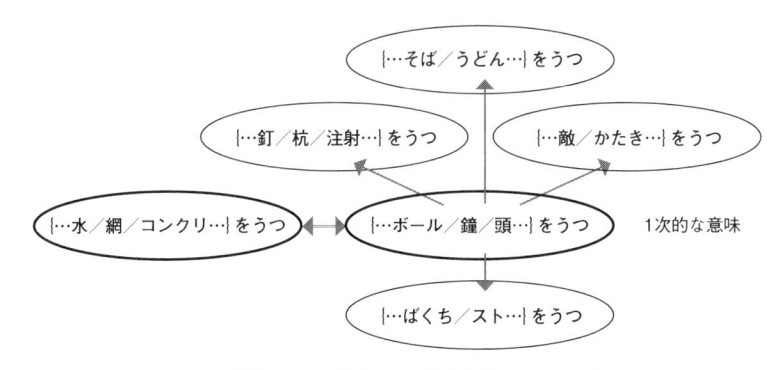

図 3.14：「うつ」の捉え方の転回とそのネットワーク

「まわる／まわす」の例と同様に，本書では「うつ」にも2つの1次的意味があると考えている。その1つが以下のような例であり，構成的な意味である。

　（134）　|…ボール／釘／杭／太鼓／鐘／頬／タイプ…|をうつ。

このような「うつ」では，人が自分の身体の一部や道具を使って他の対象（ボール／釘／杭／太鼓／鐘／頬／タイプ…）に打撃を加えているので，仮に「打撃」の意味と呼び，概ね以下のように示すことができる。

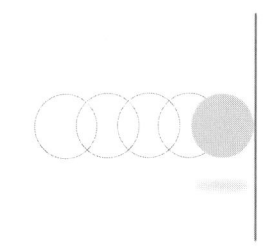

図3.15：うつ（打撃）

　同じ「打撃」の動きではありながら，反対に，物理的・心理的な打撃を被る対象が人の身体の一部である場合もある。

　（135）　|…頭／鼻／心…|をうつ。

　（135）のような1次的な「うつ」の意味は，概ね，打撃という動きの側面に焦点があてられた表現であると考えてよさそうである。

　もう1つの「うつ」の一次的な意味と考えられる捉え方は，「うつ」動きをスローモーションで描き出したような表現である。

　（136）　夏の暑い日は，夕方に水をうつと涼しくなる。

「水をうつ」という行為は，人がヒシャクなどの道具を使って，（乾いた）地面に水を撒く（散水する）ことである。この一連の動作をフレーム的に表記すると，以下のようになる。

　（137）　水打ちのフレーム＝|…（略）…；…（略）…；…人がヒシャクなどでバケツなどから水をすくう▶人が広い範囲に広がるように（すくった）水を撒く▶撒かれた水が水滴となる▶（水滴が地面をうつ）^{n}…|

この「うつ」の意味を仮に「散水」と呼び，その一部を図示してみると，概ね以下のようになる。

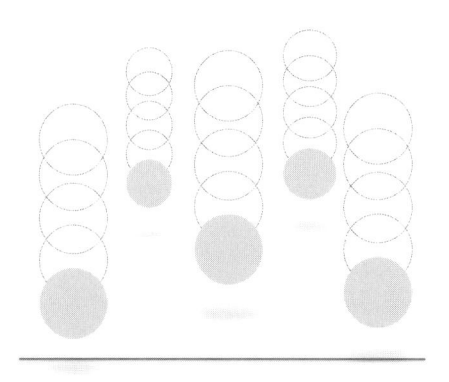

図 3.16：うつ（散水）

このような「散水」の意味を持つと考えられる表現に，以下のような表現がある。
　（138）｜…（漁で）網／（工事で。基礎や躯体の型枠に）コンクリ…｜をうつ。
これらのいずれの例でも，人が投げた網（の先）が水面を「うつ」様子や，型枠に流し込んだコンクリが（建築物の）基礎や型枠などを「うつ」様子を表していると考えれば，言語表現とその意味の関係が分かりやすい。これらの例では，「水」や「網」あるいは「コンクリ」が他の対象を「うつ」。

図 3.15 と図 3.16 で見た 2 つの一次的な意味とその言語表現の組み立てのタイプは，写実的と言ってよさそうだが，更に高次の概念化が行われたと考えられる表現がある。その 1 つが「うつ」行為とその理由・目的も同時に概念化した以下のような表現である。
　（139）｜…釘／杭／注射／鍼…｜をうつ。
上のような表現では，注射をうつという行為や杭を地面にうつという動作・行為だけでなく，それらの行為を行う目的・理由とでもいったようなものが同時に表現されている。たとえば「注射をうつ」という表現では，注射の針を皮下に挿入するといった動作だけでなく，病気を治すための医療行為の 1 つとして注射の針を通して薬剤を体内に注入するといった意味を表している。あるいは「杭をうつ」という表現では，木の棒を地中に埋めることで柵を作り地盤を安定させるといった意味が表現されている。その意味で，これらの「うつ」は動きを表す 1 次的意味だけでなく，構造化されたフレーム的な意味を表す，より高次の意味に変化していると考えられる。この「うつ」

も構成的である。

　もう1つのより高次の「うつ」の意味には，産出に関するフレームが母体になっていると考えられる例がある。

　（140）　⊦…そば／うどん…⊣をうつ。

先にも見たように，「そばをうつ」という表現では，そば粉をこねて生地を作り，包丁で切るといった，「そば作りのフレーム」が表現されている。「そば」はこのような一連の作業をして出来上がる産出物(食品)の名称であり，1次的な意味で「うつ」対象ではない。

　以下のような例も，本書では産出に関するフレームに基づいた言語表現と考えた。

　（141）　⊦…ホームラン／(柱時計が)12時／脈…⊣をうつ。

たとえば「ホームランをうつ」という表現では，打者がうつのはボールであり，そのボールが外野席に入って初めてホームランとなる。柱時計の場合は，時計の中のハンマーがベルを12回打ち鳴らすことで，我々は12時になったことを知る。つまり(時計が)12時を直接「うつ」わけではなくて，音が12回鳴ったことを我々が12時と判断するわけである。脈は血流によって血管が膨らんだり縮んだりする現象であり，血流が血管の壁を「うつ」ことを言語表現としては脈と呼んでいる。

　一見した感じ，ここまで見てきた例でも，「うつ」の捉え方，そしてその述語を使って描き出された事態は，すでにかなり複雑になってきている。しかし，それぞれの描き出された事態は，基本的には，「うつ」という対象と対象の衝突といった1次的な意味の側面を，共通に概念化素材として持っており，この意味で「うつ」の1次的な意味から大きく逸脱しているとは言えない。これらの「うつ」の捉え方の複雑さは，「うつ」の1次的な意味にさまざまなフレームが概念化素材として重ね合わされているため，と説明できるからである。

　これに対して，「うつ」の意味が単純な1次的意味をかなり離れ，当初はそれを「うつ」と表現する相当な理由があったとしても，そこから予想もつかない方向に進んでしまったと見られる例がある。「うつ」が不確実性とでも呼べるような意味に転回した以下のような例である。

　（142）　ばくちをうつ。

(142)で「ばくち」は「うつ」べき物理的な対象ですらない。何かの賭けや

ギャンブルなどの行為を行い,そのような結果の不確実性を前提とする行為をすることを,日本語では「ばくちをうつ」と表現している。

　この「うつ」の不確実性の捉え方がどこから来たかは不明だが,一般に対象を「うつ」動作・動きには熟練が必要で,その意味で必ずしも「うつ」ことによって狙った効果・結果が伴わないという場合もあることを考えると,全く突飛なつながり(概念化)でもないように思われる。つまり対象は,正確にうてる場合もあれば,正確にうてない場合もあり,正確にうてない,あるいはうっても狙った結果を期待できない場合もあることから,行為の不確実性の捉え方が概念化された可能性はある[17]。

　そして,一度この捉え方が生まれると,更にいろいろな対象にこの新しい意味が結びつけられていくのが,組み立ての特徴の1つである。

　(143)　｜…スト／寝返り／芝居／興行／キャンペーン…｜をうつ。

ストとは要求を叶えるために労働者側が行う行為であるが,その要求を経営側が受け入れるとは限らない。更に寝返りとは,就寝中の人物の身体が予想もできない方向に動くことを表した表現であるが,寝返りの方向は就寝中の本人にもそばにいる他の人物にも誰にも予測できないことから考えると,一応の理解がいく[18]。そして「芝居をうつ」とは,劇作家が自分の書いた芝居で公演を行うとか,嘘をついて相手をだまそうとする意味で使われることがある。もちろん自分の書いた芝居が商業的に成功するか,あるいはついた嘘が通用するかは不確実なことである。したがって,これらの「スト」「寝返り」「芝居」などの例では,行為とその行為を行って狙った効果・結果が不確実であるという意味が,その共通の概念化素材となっていると捉えることができる。

　更に日本語には,このような結果の不確実性を持った行為を行い,その結果があまり望ましいものではなかったという,ある種の産出に関するフレームを下敷きにしたような言語表現もある。以下の例では,何かの行為を行い,その結果があまりうまくいかなかった,あるいは失敗だったという意味で「うつ」が使われている。

---

[17] 反対にこのような捉え方が固定したことから,「うつ」にこのような不確実性・不測性の捉え方が組み立てられたとも言える。この意味と言語表現との関係は,鶏と卵の関係に似ている。

[18] ただし寝返りを,布団などの寝具を実際に「うつ」1次的な動作と考えれば,写実的な言語表現とその捉え方となる。

(144) ［小説で。ヤクザが警官隊に囲まれて］うう，しまった。下手，うった。
(144)では，人が何かをした結果，その結果が「下手」だったという意味で，「うつ」の不確実性と産出された結果という2つの意味素性が重なっていると考えられる。

3.6 フレームを表すその他の言語表現

ここまで，事態を表す言語表現として主に文レベルの言語表現を見てきた。しかし，事態あるいはそれ相当のレベルの捉え方を表す言語表現は，文だけではなく，その他にも多くの言語表現とその捉え方がフレームに依拠していると考えられる。そこで本小節では，事態あるいはフレームに依拠した捉え方を持つ言語表現ということで，連体修飾節，フレーム名詞，そして取り立て助詞の場合を見る。

3.6.1 内の関係の連体修飾節

一般に内の関係の連体修飾節とは，連体修飾節内で修飾を受ける名詞（底の名詞）が修飾節内の述語と文法的な格関係にある場合をいう（寺村 1975/1992: 195（ページ数は 1992）; 日記研編 2008: 51）。たとえば，以下は内の関係の連体修飾節の例である。

(145) <u>サンマを焼く男</u>　　　　（寺村 1975/1992: 167(8a)ページ数は 1992）

(145)で，述語である「焼く」は「男」を「が」格，「サンマ」を「を」格で示して，以下のような文に書き換えることができる。この意味で底の名詞となった「男」あるいは「サンマ」といった名詞は，述語「焼く」と直接の格関係にあると考えることができる。

(146) 男がサンマを焼く。

(146)で「焼く」は，「サンマ」を直火で加熱調理する動作・行為を表現しているので，本書で言う述語の1次的な意味と考えられる。この意味で，この「焼く」は，述語の文法的特質（他動詞）と意味関係が並行的である。

しかし，本節ではすでに何度も見てきたが，述語の表す意味が必ずしも文法的にもそのままの形で表現されているとは限らない。たとえば，すでに本書に何度も登場した「焼く」の例では「パン焼きのフレーム」とでもいうべきフレームが読み込まれていた。

(147) （人が）パンを焼く。

(148) パン焼きのフレーム = |…(略)…；…(略)…；…小麦粉に水やイースト菌などを加えてこねてパンの生地を作る▶パンの生地を発酵させる▶発酵したパンの生地を成型する▶成型したパンの生地をオーブンで**焼く**▶**パン**ができる…|（焼く＝火などで加熱調理する）

この例で大切なことは，「パン」は決して火を使って直接加熱調理される対象ではなく，そのような調理法で産出される対象であることである。この意味で，この述語の文法的特質(他動詞)は，厳密に見れば，意味と並行ではない。

しかし，(148)の「焼く」の意味も，文法的には内の関係と呼ばれえる連体修飾節に書き換えることができる。

(149) （人が）焼くパン

(150) パンを焼く人

このような例を見ると，内の関係の連体修飾節とは，述語の「意味」（捉え方）ではなく，述語が言語表現として持っている統語・形態的な特質（文法）がその成立要因となっていることが分かる。反対に，文法的には内の関係と見える連体修飾節の中にも，意味的には述語と言語表現との間にはさまざまな意味的な関係があることになる。以下の「つく」の例も，「つく」の1次的な意味(151)と(152)，そして産出に関するフレームを読み込んだ意味(154)(155)といった，異なる捉え方での内の関係の連体修飾節の例である。

(151) 鐘をつく人々

(152) 人々がつく鐘

(153) 鐘つきのフレーム = |…(略)…；…(略)…；…(鐘木で**鐘**をつく▶**鐘**がなる)^n…|（つく＝鐘木と呼ばれる木製の道具で鐘を打つ）

(154) 餅をつく人々

(155) 人々がつく餅

(156) 餅つきのフレーム = |…(略)…；…(略)…；…餅米を蒸す▶蒸した餅米を臼にいれる▶(臼に入れた蒸した餅米を杵でつく)^n▶**餅**ができる…|（つく＝杵で蒸した餅米を打ってつぶす）

このように，一口に文法的な内の関係の連体修飾節と言っても，その述語と底の名詞との関係にはいろいろな意味的な関係があることが分かる。以下も，本節で見た述語を使った内の関係の連体修飾節の例であり，それぞれの捉え方は1次的な意味ではなく，フレームを読み込んだ，より高次の意味である。

3. 事態とフレーム

(157) (男が)出た大学（← 大学を出る）

(158) (コーヒー・ミルで)ひいた豆（← 豆をひく）

(159) リサイクルに回したゴミ（← リサイクルにゴミを回す）

3.6.2 外の関係の連体修飾節

　外の関係の連体修飾節とは，連体修飾節内で修飾を受ける名詞(底の名詞)が修飾節内の述語と文法的な格関係にない場合とされる(寺村 1975/1992: 196(ページ数は 1992); 日記研編 2008: 51)。たとえば，以下がその例である。

(160) <u>サンマを焼く匂い</u>　　　　　(寺村 1975/1992: 167(8b)ページ数は 1992)

(160)で述語である「焼く」は，「匂い」を直接の補語にした文にすることができない。「匂い」と「焼く」行為との関連を探せば，以下のようなパラフレーズが必要になる。

(161) (人が)サンマを焼くと，煙が立ち上り，その煙の匂いがする。

このようなパラフレーズは，本書で試みている概念者の知識をフレームとして書き出している作業と実質上同じであり，今，仮にこのフレームを「焼き魚のフレーム」と呼び，その概略を書き出してみると，以下のようになる。

(162) 焼き魚のフレーム = ⌊…(略)…；…(略)…；…火を起こす ▶ (生の)魚を焼く ▶ 魚から煙が立ち上る，煙の**匂い**が漂う ▶ 焼き魚ができる(魚が調理される)…⌋ (焼く＝直火にかざして，加熱調理する)

　確かに(160)のような外の関係の連体修飾節を見ると，述語である「焼く」と底の名詞である「匂い」には，「が」格や「を」格で共起できるような文法的関係はないが，フレーム的なつながりはある。このことを他の「つく」のフレームを読み込んだ意味でも見てみよう。

(163) (みんなで)ついた鐘(内の関係の関係詞)

(164) (みんなで)ついた餅(内の関係の関係詞)

(165) 餅をつく⌊…にぎわい／におい／音…⌋(外の関係の関係詞)

(166) 餅つきのフレーム(拡大版) = ⌊…(略)…；…(略)…；…みんなが集まる ▶ 餅米を蒸す ▶ 蒸した餅米の**匂い**がする，蒸した餅米を臼にいれる ▶ (みんなでにぎやかに餅米を杵でつく ▶ 餅米をつく**音**がする)[n] ▶ **餅**ができる…⌋ (つく＝餅米を杵の先で打ってつぶす)

　(163)(164)(165)のような例を見ると，内の関係の連体修飾節と外の関係の連体修飾節は文法的な性質こそ異なるものの，意味的には連続していること

が分かる。むしろ内の関係の連体修飾節は，外の関係の連体修飾節に使われるフレームの一部だけを言語的に表現していると言った方がいい[19]。ここで仮に文法とは，その言語表現が従うべき統語・形態上の(言語的)慣習であると定義すれば，日本語の連体修飾節に通底した成立要因は文法ではなく，むしろ意味的な要因であるということになる[20]。

以下は，日記研編 2008 で上げられている外の関係の連体修飾節と見られる例であり，それぞれの連体修飾節を成立させていると考えられるフレームと並べて書き出してみると，概ね以下のようになる[21]。

(167) ジュースを買ったおつり　　　　　（付随名詞修飾句）（日記研編 2008: 51）
(168) おつりのフレーム = ¦…(略)…；…(略)…；…ジュースの購入者がお金を販売者に渡す，販売者が購入者にジュースを渡す ▶ 販売者がおつり（お金とジュースの代金の差額）を購入者に渡す…¦
(169) 関東大震災が起こった翌年　　　　（相対名詞修飾節）（日記研編 2008: 51）
(170) 地震のフレーム = ¦…(略)…；…(略)…；…年1に関東大震災が起きる，年2は年1の翌年（年1 ▶ 年2）…¦
(171) 田中君が結婚するという噂　　　　（内容補充修飾節）（日記研編 2008: 51）
(172) 噂のフレーム = ¦…(略)…；…(略)…；…田中が鈴木と結婚すると人1が人2に話す，田中が鈴木と結婚すると人1が人3に話す，田中が鈴木と結婚すると人2が人5に話す… ▶ …田中が鈴木と結婚するとうわさになる…¦（うわさ＝真偽は不明であるが，多くの人が知っている話）

3.6.3　フレーム名詞

フレーム名詞とは，フレームを概念化素材としたより高次の意味を表している(一般)名詞のことである。フレーム名詞は内や外の関係の修飾節などの言語表現と比べて，言語表現としての統語・形態的特徴はかなりシンプルだが，意味的には他の言語表現と同様な豊かな捉え方を表している。たとえば，以下の例はすでに何度も見た「パン焼きのフレーム」や「餅つきのフ

---

[19] ことばを換えて言うなら，内の関係の連体修飾節は Fillmore 1982 や Fillmore and Baker 2010 などで言うフレーム，外の関係の連体修飾節は本書で言うフレームに基づいているということになる。本書の立場では前者のフレームは後者の部分になる。
[20] 大関 2013 でも，日本語を母語とする子供の習得過程から，名詞修飾節は述語から呼び起こされるフレームから説明すべきとの主張がなされている（大関 2013: 204）。
[21] ただし，日本語の外の関係の連体修飾節がフレームのどのような要素まで言語的に表現できるかは，興味深いテーマである。

レーム」とでも呼ぶべきフレームを概念化素材としたフレーム名詞の例である。フレーム名詞は，他の名詞の修飾要素として使われるとき，そのフレームの中にあると想定できる実にさまざまな「要素／役割」を底の名詞として表現することができる。

(173) パン焼きの｜…職人／工房／時間／楽しさ／匂い／音…｜
(174) 餅つきの｜…にぎわい／におい／音…｜

このようなフレーム名詞は，日常生活の中でほとんど気づかれることがないが，その数は決して少なくない。また，これらのフレーム名詞は同じ言語表現を含んでいながら，その意味はかなり異なる。これは基本的にフレームに際限がないことによる。この理由で，以下の例は日本語の上級使用者ならば問題なく使いこなせるだろうが，初・中級学習者にはかなり難しいと感じられる可能性が高い。ここでは捉え方と言語表現の組み立ての多様性を示すために，本書でフレーム名詞と考える，ほんの数例だけを上げる。

＜焼く＞
・イカ焼きのフレーム＝｜…(略)…；…(略)…；…火を起こす▶炎の上に金網を設置する▶生のイカを金網の上において焼く…▶イカ焼きができる…｜（焼く＝直火にかざして，加熱調理する）
・お焼きのフレーム＝｜…(略)…；…(略)…；…小麦粉を水で溶く▶溶いた小麦粉で皮を作る▶あんを皮で包む…▶あんを入れた皮を金網の上で焼く…▶お焼きができる…｜（焼く＝直火にかざして，加熱調理する）
・たこ焼きのフレーム＝｜…(略)…；…(略)…；…たこ焼きの金型の中に溶いた小麦粉を入れる▶ゆでたタコの足の一部を金型の中に入れる…▶金型にガスなどで熱を加える…▶たこ焼きができる…｜（焼く＝加熱調理する）
・鯛焼きのフレーム＝｜…(略)…；…(略)…；…鯛焼きの金型の中に溶いた小麦粉を入れる▶あんこを金型の中に入れる…▶金型にガスなどで熱を加える…▶鯛焼きができる…｜（焼く＝加熱調理する）

＜まわる／まわす＞
・角力褌のフレーム＝｜…(略)…；…(略)…；…力士の下腹部に布をまく…▶…角力褌ができる…｜
・回し読みのフレーム＝｜…(略)…；…(略)…；…人1が雑誌などを買う▶人2が人1の買った雑誌などを読む，人3が人1の買った雑誌などを読む…人Xが人1の買った雑誌などを読む…｜

- 猿回しのフレーム ＝ |…(略)…；…(略)…；…人が猿に芸などを調教する… ▶ …猿が人の指示に従って，観客の前で芸をする…|

<駆け込む>
- 駆け込み乗車のフレーム ＝ |…(略)…；…(略)…；…電車などのドアがしまり始める ▶ 人がしまりかかったドアから電車などに乗る…|
- 駆け込み寺のフレーム ＝ |…(略)…；…(略)…；…人が虐待などの被害を受ける… ▶ …人が被害からの保護を求めて保護施設などにいく…|

<博士>
- 文学博士のフレーム ＝ |…(略)…；…(略)…；…人が博士論文を大学に提出する… ▶ 大学が博士論文の内容を審査する… ▶ 大学が人に文学博士号を授与する…|
- 虫博士のフレーム ＝ |…(略)…；…(略)…；…子供が虫1の生態を学ぶ，子供が虫2の生態を学ぶ，子供が虫3の生態を学ぶ，子供が虫の生態に詳しくなる…|

3.6.4 取り立て助詞

　本小節の最後に，フレームを読み込んだ捉え方を表す言語表現の1つとして，取り立て助詞を見る。第2章でも見たように，日本語の取り立て助詞と呼ばれる言語表現の働きはフレームに含まれる役割間の関係を表すことであった[22]。以下の例では，フレーム内部の他の関係が喚起されている。

　(175)　朝から体がだるいし，熱<u>も</u>出てきた。　　　　（日記研編 2009a: 21)

(175)で，「も」は，「熱が出てきた」ということ以外に，たとえば病気になると，「頭が痛む」「目がまわる」などの症状がでることを示唆している。これを仮に「病気のフレーム」と呼び，その概略を示すと以下のようになる。この「も」の例では，「病気のフレーム」とその中に含まれている他の関係が示唆されている。

　(176)　病気のフレーム ＝ |…(略)…；…(略)…；…体がだるくなる，**熱がでる**，頭が痛む，目がまわる…|

　日本語の文法という視点からこのような例を見ると，取り立て助詞は文法上名詞の後ろにつけられているが，意味的にはむしろその名詞の指示対象を含む関係といった，より広範囲の内容を取り立てていることが分かる（日記

---

[22] より正確に言うと，フレームに含まれる役割に対する概念者の評価や意味づけ。

研編 2009a: 20, 47)。このような取り立て助詞の働きは，本書の立場では，言語的に役割(間)の1つの関係を表現することで，フレームに含まれる他の役割(間)の関係を喚起させる働きということになる。

同様に以下の例でも，フレームの他の役割(間)の関係が示唆されている。

(177) ［テレビの放送で］夜もふけてまいりました。

(177)では，「深夜になる」と，たとえば「テレビ放送が終了する」や「人々が寝静まる」などの内容を含むフレームが喚起されていると考えられる。今このフレームを仮に「深夜のフレーム」と呼ぶと，その内容は概ね以下のように書き出すことができる。

(178) 深夜のフレーム＝{…(略)…；…(略)…；…テレビ放送が終了する，**深夜になる**，人が寝静まる，周囲が静かになる…}

以下も，このような「も」の例である。

(179) ［新聞記事の見出しで］仮設で水道管破裂凍結続出　風呂にも入れない

(180) 水道のフレーム＝{…(略)…；…(略)…；…(水道の水で)顔を洗う，食器を洗う，料理をする，**風呂に入る**…}

更に取り立て助詞によっては，役割(間)の関係に何らかの序列を喚起させる場合もあった。以下が，その例である。

(181) ［農業保険の広告で］稲の出荷まで保障する。

(181)では，フレームに含まれる要素間の関係に何らかの時間的あるいは作業上の順番を想定していると考えれば分かりやすい。したがって(181)で「まで」が示唆しているのは，言語化された役割(間)の関係(「稲の出荷を保証する」こと)以前に起こりうる，フレームに含まれる他の関係である。

(182) 農業保障のフレーム＝{…(略)…；…(略)…；…種籾を育苗器に撒く▶幼苗を育てる▶幼苗を田んぼに植える…▶稲刈りをする…▶稲を出荷する…}

日本語の取り立て助詞の文法的な特徴の1つとして，このようなフレームを読み込むタイプの取り立て助詞でも，取り立て助詞によっては複数の統語的な位置に現れる場合がある。

(183) 田中さんは，バイト料<u>だけ</u>もらって，ほとんど仕事をしない。

(日記研編 2009a: 13, 47)

(184) 田中さんは，バイト料をもらう<u>だけ</u>で，ほとんど仕事をしない。

(日記研編 2009a: 13, 47)

参考のため,上で喚起されていると考えられるフレームの内容の概略を書き出してみると,以下のようになる.

(185) バイトのフレーム = ｜…(略)…；…(略)…；…決められた時間に職場に出勤する,職場で働く,**勤務先からバイト料をもらう**…｜

3.7 構成性(compositionality),フレーム,慣用表現

本節では,フレームといった視点から事態とその概念化素材を見てきた.一般に言語表現がフレームを喚起する場合,言語表現はフレームの一部を表現することで,フレーム全体を喚起していた.これは一般に慣用表現と呼ばれる,言語表現と捉え方の組み立てが特殊化・固定化した言語表現にも通ずる性質である.

そこで本節の最後では,述語の1次的な意味,フレームを読み込んだより高次の意味,そして慣用表現の意味を構成性(compositionality)という観点からもう一度整理してみることにする.一般に述語の1次的な意味やフレームを読み込んだより高次の意味では,述語と名詞句のつながりにはある程度の自由度があり構成性がある.これに対し,慣用表現の場合は,述語と名詞句の固定された組み立てによって決まっており,構成性はない.

3.7.1 述語の1次的な意味と構成性

一般に述語の1次的な意味は構成性が高い.たとえば以下の「まわす」や「うつ」の例を見ると,指示対象と述語に実にさまざまな組み合わせがあることが分かる.

(186) ｜…独楽／(指先で)鉛筆／鍵／ダイヤル／ルーレット／ハンドル…｜をまわす.

(187) ｜…(腰に)タオル／(会場の壁に)幕／(首に)レイ…｜をまわす.

(188) ｜…ボール／太鼓／頬／壁／頭／足／腹…｜をうつ.

指示対象がメトニミーによって指示されている以下のような「まわす」の例も同様である.

(189) ｜…蛇口(じゃぐち)／洗濯機／輪転機／印刷機／カメラ…｜をまわす.

しかし,このような述語の1次的な意味を含む言語表現でも,その述語と指示対象の組み合わせに必ずしも無限の可能性があるわけではなく,物理的

3. 事態とフレーム 195

にそのような状況が可能であれば，という但し書きがつく。またこのような場合，論理的には可能な組み合わせであっても，言語的にはあまり自然でないような場合も見受けられる。以下がその例である。

(190) ┤…扇風機／洗濯機／換気扇／??掃除機／??エアコン…├ をまわす。

(190)で「扇風機」や「換気扇」などは「まわす」という述語と組み合わされることは自然だが，「掃除機」や「エアコン」となると，その内部にモーターと回転部分が組み込まれているといった意味で言語表現として可能ではあるが，実際にはやや不自然さを感じる。「掃除機」「エアコン」の場合，以下のような「かける」を使った表現がむしろ自然である。

(191) ┤…扇風機／洗濯機／換気扇／掃除機／エアコン…├ をかける。

このことは物理的な可能性だけが文の構成性を保証するものではないといった言語の特質の1つを示唆しているように思われる。つまり言語の構成性とは，述語の1次的な意味の場合にはその構成性は高いが，物理的にそのような組み合わせが可能であり，かつ言語的にも広く受け入れられているといった条件がつくものと考えられる。このような「言語的」な言語の構成性の特徴は，次で見るフレームを読み込んだより高次の述語の意味でも同様に見られる。

3.7.2 述語の高次の意味と構成性

フレームの読み込みを伴った述語のより高次の意味の場合も，その構成性は必ずしも完全ではなく，指示対象と述語の組み合わせが「言語的」に決まっている場合がある。

(192) ┤…水／網／コンクリ／??お湯…├ をうつ。

(193) ┤…ばくち／??ギャンブル…├ をうつ。

(194) ┤…車／船／?自転車…├ をまわす。

(195) ┤…そば／うどん／麺／?ソーメン／?スパゲッティ／??マカロニ／??ラザニア…├ をうつ。

たとえば上で見た「水をうつ」は，たとえ同じような動作をしていても，(冬季に冷えた浴室の床を温めるために)「お湯をうつ」とはあまり言わない。「水をうつ」とは夏期に周囲の温度を下げるために水を撒くといった意味合いが強いからであろうか。また「ばくちをうつ」も，意味的に同じであろうとも「ギャンブルをうつ」とは言いにくい。あるいは「必要なときに必要なものを手配する」といった意味で，「車をまわす」や「船をまわす」とは言

えても，同じ意味で「自転車をまわす」とは通常はあまり言わない。

更に，同じような原材料で同じような手順を踏んで作られる食物でも，一般に和食系と考えられる麺類は「うつ」ことが可能であるが，「スパゲティ」や「ラザニア」の場合には「うつ」とは表現しにくいようである。一般に述語の表している意味が高次になればなるほど，物理的に可能な組み合わせが少なくなることが考えられるが，その他にも言語の構成性には「言語的」な事情が実は関与していることがうかがえる。

3.7.3 慣用表現と構成性

このように考えると，慣用表現に構成性がないとされる理由がよく見えてくる。慣用表現とは，特定の言語表現同士の組み合わせによって特定の意味を表している言語表現であり，極めて「言語的」な理由で組み立てが決まっているからである。以下のような人間の身体部位を使った慣用表現がその例である。

(196) 妻に背中を押してもらって，転職した。
(197) 妻が尻をたたいたので，夫がやっと転職した。
(198) 父が息子に手を上げた。

(196)で「背中」という言語表現は実際の夫の「背中」を指示しているというよりは，「背中を押す」という表現全体で「(人を)応援する」，(197)や(198)では「手を上げる」は「暴力をふるう」，「尻をたたく」は「叱責する」といった意味を表している。これを本書の書式にしたがって，それぞれの捉え方を表示してみる。

(199) 応援のフレーム = |…(略)…；…(略)…；…人1が人2を応援する，人2が決断する，人2が行動を起こす…|
(200) 叱責のフレーム = |…(略)…；…(略)…；…人1が人2に行動を起こすようにしむける…|
(201) 暴力のフレーム = |…(略)…；…(略)…；…人1が人2に暴力をふるう…|

このような身体の部位の名称を含む慣用表現で大切なことは，それぞれの身体の部位がもはや特定の指示対象を指示しているとは言えないことである。つまり，たとえば(196)では，妻は実際に夫の背中を押す必要はない。妻がことばで夫を励ますだけで「背中を押す」行為は成立する。反対に慣用

表現では，それぞれの身体の部位を表す言語表現を換えると，文全体が表現している慣用的な意味が表せなくなってしまう。たとえば上で見た慣用表現に含まれる身体部位に関する言語表現を他の言語表現に交換してみる。

(202) ＊妻に頭を押してもらって，転職した。　　　　（応援するの意味で）
(203) ＊妻が夫の背中をたたいた。　　　　　　　　　（叱責するの意味で）
(204) ＊父が息子に足を上げた。　　　　　　　　　（暴力をふるうの意味で）

このように慣用表現では，述語と名詞の特定の組み合わせで慣用的な意味が表されており，通常の言語表現（名詞）との組み合わせを変えると，元々の慣用表現の意味になりにくい。この意味で，言語の慣用的な意味は構成的ではないことになる。一般に言語表現には意味を喚起するためのマテリアル・アンカーとしての側面があった。このことから考えると，慣用表現とは構成性の失われた，極めてマテリアル・アンカーとしての性格の強い言語表現と考えることができる。

以下は，本節で何度か見てきた「まわる／まわす」「うつ」「焼く」といった言語表現を使った日本語の慣用表現の例である。

＜まわる／まわす[23]＞
｛…目が回る／目を回す，手が回る／手を回す，頭が回る／頭を回す，気が回る／気を回す，金が回る／金を回す（資金を運用するといった意味で）…｝

＜うつ＞
｛…あいづちをうつ，ピリオドをうつ，舌鼓をうつ…｝

＜焼く＞
｛…焼き餅を焼く，世話を焼く…｝

4. 事態と概念者

前節では，他動性やフレームといった概念から事態がどのように描き出されていくかについて見た。しかしここまでは，事態を描き出すための中心人

---

23 ただし，言語表現と意味のつながりの度合いは，表現によって異なる場合がある。たとえば，目眩がするという意味で「目を回転させる」とは言わないが，頭を使うという意味で「頭を回転させる」とは言えそうである。この意味でも，表現と意味の結びつきはかなり個別的であり，恣意的であることがうかがえる。

物である概念者については触れてこなかった。考えてみれば自明のことだが，概念者がいないと事態が描き出されることはない。一方，概念者は特に自分について述べる場合以外は事態の中で言語的に表現されることもないし，その存在が意識されることも少ない。このように，概念者は概念化の主体でありながら，通常，ディスコースの中ではその背景に埋もれるといった二律背反的な性格[1]を帯びている。そこで本節では，概念者といった視点から，事態がどのように描き出されていくのかについて見る。

4.1 事態の中の概念者

　概念者がいないと概念化が成立しない。この意味で，概念者は概念化の前提となっている。しかし概念者は，事態の中に言語的に表現される場合もあれば，表現されない場合もある。むしろ概念者が事態の中に言語的に表現されるには，それなりの理由がある場合が多い。たとえば，概念者の発言や考え方であることが事態の重要な要素になっているような場合には，概念者が事態の中に明示的に表現される。以下の例では概念者は，日本語の1人称の代名詞の1つ「私」で示されている。

　(1)　　［講演で。医師が］このように私はエアコンの上手な使い方で，熱中症を予防することができると考えております。
　(2)　　［同僚がミーティングに来るかどうか尋ねられて］私は，佐藤さんは今日はお見えにならないと思いますよ。

(1)では，概念者はこの講演で話をしている人物であり，(2)でも「私」という言語表現で，概念者が事態の中に明示的に織り込まれている。

　このように，一般に概念者は1人称の代名詞で示される場合が多いが，ジャンルによっては概念者を表すのにさまざまな異なった言語表現が用いられる。

　(3)　　［会合で。町の祭に協賛金を出せるか尋ねられた経営者が］無理，無理。うちは今とても余裕がないよ。
　(4)　　［論文で］本論では，さまざまな環境ホルモンがこの疾患を引き起こした主な要因であると考えている。

---

[1] これはちょうど「世界」を見ている本人にとって，自分の目，あるいは顔を見ることは通常できないことと似ている。ただし，もちろん鏡などを使えば，自分の目や顔などを見ることはできる。

(5)　［判決文で］（略）以上のような諸事情に照らすと，被告人には前科がなく，更生の可能性もないとはいえないことなどの被告人のために酌むべき事情を十分考慮しても，被告人の刑事責任は余りにも重大であり，原判決の死刑の科刑は，当裁判所も是認せざるを得ない。
　　　　（最高裁判例集 http://kanz.jp/hanrei/search/supreme/ から一部改編して引用）

(6)　［契約書で］○○○保険株式会社（以下「会社」という。）が，△△△（以下「代理店」という。）に自動車損害賠償責任保険（以下「責任保険」という。）の代理店業務を委託するにつき，会社と代理店は，以下の各条項のとおり契約する。

(3)では「うち」，(4)では「本論」，(5)では「当裁判所」，そして(6)では固有名詞である「○○○保険株式会社」といった，実にさまざまな言語表現が概念者を事態の中に明示的に示している。これらの例に典型的に現れているように，概念者が事態の中に言語化されている場合というのは，概念者が誰であるかが描き出された事態の生起との関係において，意味的に重要な役割を帯びている場合が多い。

　またこれらの例では，事態の中に描き出された概念者は概念化の主体としてだけでなく，事態の中に描き出された行為あるいは出来事に直接関連する人物として，あたかも3人称的な指示対象として指示されていると考えることもできる。以下が，そのような例である。

(7)　［銀行で。窓口の人が］「受付番号35番のお客さま，いらっしゃいますか？」
　　　　［客の1人が。手元の番号を確認して立ち上がり］「あっ，私です」

(8)　集合時間は私から連絡しておきましょう。　　　（日記研編 2009c: 38）

(7)で，「私」という言語表現は確かに概念者を表しているが，概念化の主体としての概念者ではなく，むしろ「受付番号35番」の対象者としての概念者を示している。(8)では連絡をする主体としての概念者である。したがってこのような例では，適切な文脈さえあれば，概念者は1人称の代名詞以外の言語表現を用いて自分を指示することもできる。

(9)　［会議で。課長が］「あっ，今日の資料の一部，机の上に忘れてきたな。誰か至急取ってきてくれないか？」
　　　　［部下の1人が，立ち上がり］「はい，じゃ，|私／田中|が行きます」

(10)　ご質問等があれば，|私／係|の方までよろしくお願いします。

(9)(10)では1人称の代名詞以外にも,「田中」という固有名詞や「係」という普通名詞で概念者が指示されている。

上で見た(1)から(10)までの例では,概念者が事態の中に言語的に表現されていた。これに対して,概念者が事態の中に言語的に表現されていない場合もありえる。しかし,だからといって概念者が存在しないわけではなく,概念者の存在あるいは概念化の過程が他の言語表現によって間接的に表現されている場合も少なくない。たとえば,以下の取り立て助詞「は」の例では,概念者の判断や理解といったものが表されている[2]。

(11)　パーティーの参加者は100人<u>は</u>いた。　　　（日記研編 2009a: 166)

上の例で,パーティー参加者の人数を100人と考えているのは,概念者であり,その意味で概念者が数を見積もるといった概念化の過程が表現されている。その結果,日本語の上手な使い手にとっては,概念者の存在が(間接的ではあるが)事態の中に表現されていると感じられることになる。以下の副詞の例も同様である。

(12)　田中は<u>しぶしぶ</u>部屋を出て行った。　　　　（日記研編 2010: 63)
(13)　事態は<u>きっと</u>好転しているにちがいない。　（日記研編 2010: 65)

(12)で「しぶしぶと部屋を出て行った」と考えているのは,田中ではなく,概念者である。概念者が「田中」の表情,態度,それまでの経緯を勘案して,「田中がしぶしぶ」と表現しているのである。(13)の例では,話し手の判断を表す「ちがいない」というモダリティー形式とともに,「きっと」という副詞が概念者の蓋然性の判断を表している。すなわち「事態が好転する」と考えているのは,概念者である。

更に,ディスコースの中での発話の機能や意図といったような,いわば発話に対するメタ的な要因に概念者の存在を感じる場合もある。たとえば,以下のような疑問文は概念者の存在を抜きにして語れないし(日記研編 2003: 21, 29),文法的には同じような疑問文の形をしながら,それとは反対の反語解釈を許す発話にも,概念者の存在が濃厚に感じとれることになる(日記研編 2003: 50)。

(14)　［天気予報を見ていて。妻が夫に］傘,持ってく？
(15)　［降水確率0パーセントの天気予報を見ても,傘を持っていこうとする

---

[2] 日記研編 2009a では,「数量語に「は」がついた場合,話し手の見積もりによる数量を表す(日記研編 2009a: 166)」とある。

夫に妻が］それでも，傘，持ってく？

　事態と概念化の関係の最後に，描き出された事態によっては敢えて概念者の存在を消す，あるいは概念者をディスコースの背景に隠してしまうような場合があることを見ておく。たとえば，以下のように一般的な科学的な知識，歴史的な事実を述べるようなディスコースでは，通常，特定の概念者を意識させるような言語表現は使われない。

(16)　［新聞の特集記事で］二酸化炭素とメタンガスが，地球温暖化の主要な原因である。

(17)　［歴史の教科書で］関ヶ原の戦いは，西暦1600年に現在の岐阜県関ヶ原町で起きました。

また，このようなディスコースの背景に埋もれ，意識されにくい概念者は，必ずしも科学的知識や歴史的事実などを描き出す文に限らず，「過去の事態，すでに生じている事態，すでに決まっている事態を客観的に描写したり報告したりする場合 (日記研編 2009a: 199)」にも見られる[3]。

(18)　きのう，九州地方に大雨が降った。　　　　（日記研編 2009a: 199）

(19)　今，地域の伝統野菜が注目を集めている。　（日記研編 2009a: 199）

(20)　明日の午後3時から会議が開かれる。　　　（日記研編 2009a: 199）

このような例では，概念化の主体としての概念者の存在が敢えて打ち消され，客観的に事実を述べるように描き出されている。

　このように，一口に概念者と言っても，概念者が事態の中に言語的に表現される場合もあれば，されない場合もある。またそれぞれの場合で，概念化の主体としての概念者の性格が積極的に感じられる場合もあれば，敢えてそれを打ち消そうとしているような場合もある。ただし，いずれの場合でも，概念者がいなければ概念化そのものが起こらないという意味で，概念者は必ず存在している。このような事態と概念者との関係をまとめると，概ね，以下の表のようになる。

3　日記研編 2009a が指摘するように，このような文には「その文には主題は設定されず，無題文となる (日記研編 2009a: 199)」といった文法的な特徴もある。

表 3.4：事態と概念者

事態の中の概念者	性格
言語的に表現されている場合	概念化主体としての概念者
	事態に描き出された行為・出来事に直接関連する人物としての概念者
言語的に表現されていない場合	他の言語表現などから間接的に読み取れる概念者
	敢えて存在を隠された概念者

そこで以下では，概念者は事態の中に直接描き出されてはいないものの，さまざまな言語表現を通して事態の中に映し込まれた，あるいは反映されていると考えられる概念者を3つのタイプに分けてみることにする。1つ目は概念者が自分の外にある事象を描き出すときに，その中に概念者の姿あるいは影といったものが映し込まれてしまう場合である。2つ目は，概念者の感覚や認識など概念者の一瞬が切り取られて事態として描き出された場合であり，3つ目は理解や記憶の読み込みなどといった概念化の一部が事態の中に描き出された場合である。事態と概念者の関係とそこで扱う言語表現をまとめると以下のようになる。

表 3.5：事態と概念者の関係

事態と概念者の関係	言語表現
描き出された事態の中に概念者の姿が映し込まれるような場合	文型（ヴォイス，やりもらい，背景化，前景化）
概念者の一瞬が事態の中に描かれた場合	概念者の感覚を表す言語表現，現象文，概念者の判断を表す言語表現（認識のモダリティー），概念者の知覚・思考を表す言語表現，自発
概念化の一瞬が事態の中に描かれた場合	納得・把握を表す「のだ」「わけだ」「はずだ」，処理時間を表す「ね」

4.2　文型と概念者

　文型とは，述語とその述語が取る必須の格の組み合わせのことであり（日記研編 2009c: 12），一般に選択できる格の数や形式は，述語あるいは述語の

形によって文法的に決まっている。たとえば以下の例で，「折れる」「折る」は自動詞・他動詞のペアで，どちらの形を使うかで文型が異なる。

 (21) 枝が折れる。   （日記研編 2009c: 286）
 (22) （強い浜風が）枝を折る。   （日記研編 2009c: 286）

「折れる」は自動詞なので「が」格，「折る」は他動詞なので「が」格と「を」格を伴う文型である。このような文型は，述語とその取りえる格の形式は文法的に決まっているという意味で，概念者の入る余地は一見少なそうに見える。しかし，可能な文型の中から，概念者が一体どの文型を使って事態を描き出したかという意味[4]では，概念者独自の捉え方，ひいてはそのことから概念者そのものの存在が事態の中に映し込まれていると考えることもできる。以下では，ヴォイスとやりもらい，背景化，そして前景化といった，一般に文型と呼ばれる言語現象を通して，事態と概念者の関係を探っていく[5]。

4.2.1 ヴォイスとやりもらい

一般に，受動態や使役などといったヴォイスに関わる言語表現や「やりもらい動詞」と呼ばれる動詞群は，日本語ではそれぞれの形式がさまざまに組み合わされ，生産的で複合的な述語群を形成している。

 (23) 先生にほめてもらった。   （日記研編 2009c: 129）
 (24) 先生にほめられた。   （日記研編 2009c: 129）
 (25) 息子に切手を買ってきてもらった。 （日記研編 2009c: 130）
 (26) 息子に切手を買ってこさせた。   （日記研編 2009c: 130）
 (27) 私は母に大好物を食べさせてもらった。 （日記研編 2009c: 250）

もちろん，このような言語表現が同じような使われやすさと頻度で用いられるわけではない。一般に(23)や(24)などの言語表現とそれによって描き出された事態は，概念者に特定の知識や思い込みがなくても比較的用いられやす

---

[4] 日記研編 2009c には，「(略)同じような意味の事態が，いつも1つの文型だけで表現されるとは限らない。話し手は，同じような意味の事態を違った文型で描き出すことができる(日記研編 2009c: 208)」という記述がある。本書と用語の使い方が異なり紛らわしいが，日記研編 2009c で言う「事態」とは概ね，本書で言う「事象」に対応する。本書の「事象」とは概念者にとっての観察や経験の対象であり，「事態」は「事象」をもとに言語的に描き出された内容である。

[5] 「教える」「教わる」「学ぶ」，「売る」「買う」，「預ける」「預かる」など語彙によって文型が決まる現象については本書では取り上げなかった。

いが，(26)や(27)などは概念者にかなりの文脈的な知識がなければ用いられにくい。

　そのことを見るため，以下のような状況を考えてみよう。たとえば，概念者が地球を周回している宇宙ステーションの上から，高性能望遠鏡で地表にいる「田中」と「佐藤」という2人の知人の様子を見ていたとする。そして，この2人の中の1人である「田中」が立ち上がる様子が，宇宙ステーションにいる概念者に見えたとすると，この「田中」の動きは，前節で見た生物学的な自動行為であり，以下のような日本語の自動詞での表現が可能である。

(28)　あっ，田中さんが立ち上がった。

図3.17：田中の生物学的な自動行為

　ここで，「田中」のそばにいる「佐藤」を1つの事態の中に含めて表現しようとすると，(29)のような表現が可能である。図3.18で，腰に手をあてた「佐藤」の姿は，概念者が「佐藤」が「田中」に命じて「立たせた」と考えていることを示している。

(29)　あっ，佐藤さんが田中さんに立ち上がらせた。　　　（自動詞＋使役）

図3.18：田中の生物学的な自動行為と捉え方1

このような「田中が立ち上がる」といった動きを含む事象を表現するのに，他にも多様な言語表現が可能である。このとき概念者は遠くから見て取れる「田中」や「佐藤」の仕草・表情，現場の様子，そして概念者の「田中」や「佐藤」に関する知識を読み込んだ事態として描き出す。以下は，そのいくつかの例である。

(30)　あっ，佐藤さんが田中さんに立ち上がってもらった。
（自動詞＋もらう）
(31)　あっ，佐藤さんが田中さんに立ち上がられた。　　（自動詞＋受身）
(32)　あっ，田中さんが佐藤さんのために立ち上がってあげた。
（自動詞＋あげる）
(33)　あっ，田中さんが佐藤さんに立ち上がらせてもらった。
（自動詞＋使役＋もらう）
(34)　あっ，田中さんが佐藤さんに立ち上がらせられた。
（自動詞＋使役＋受身）

しかもこのような多様な言語表現は，それぞれが描き出している事態に若干の差異がある。たとえば(30)では「田中」が立ち上がったことで「佐藤」に何らかの利得のようなものがあったことを示しており，(31)では反対に「田中」が立ち上がったことは「佐藤」にとってあまり好ましいことではなかったことが示されている。これを，概念者が事態に読み込んだ「佐藤」の精神状況に注目して，描き出された事態を若干戯画的に示せば，図3.19や図3.20のようになる。ここで，両腕で○を作っている「佐藤」の姿は「佐藤」が「田中」の動きを喜ばしいと思っていること，反対にうなだれている姿は「佐藤」が「田中」の動きを好ましいものと思っていない（と概念者が解釈している）ことを表すものとする。

図 3.19：田中の生物学的な自動行為と捉え方2（「田中」の好ましい動き）

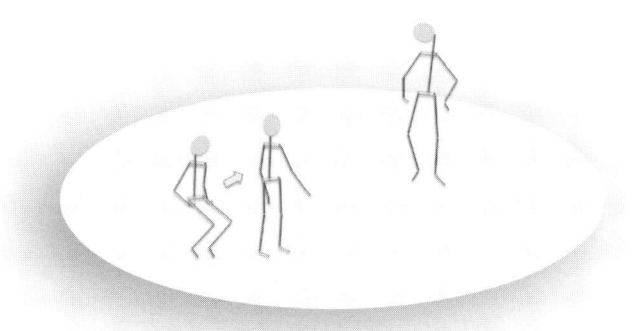

図 3.20：田中の生物学的な自動行為と捉え方3（「田中」の好ましくない動き）

生物学的な他動行為も，同様に，複数の人物が絡んだ事象を1つの事態として表現することが可能である．以下は，生物学的な他動行為を表す日本語の言語表現の1つである．

(35) 　あっ，田中さんがサンドイッチを食べている．

図 3.21：田中の生物学的な他動行為

この生物学的な他動行為も，もう1人の人物の絡んだ事態として捉えることで，以下のような表現が可能である。
(36)　あっ，佐藤さんが田中さんにサンドイッチを食べさせている。
(他動詞＋使役)
(37)　あっ，田中さんが佐藤さんにサンドイッチを食べさせられている。
(他動詞＋使役＋受身)

図3.22：田中の生物学的な他動行為と捉え方1

(39)　あっ，佐藤さんが田中さんにサンドイッチを食べられている。
(他動詞＋受身)

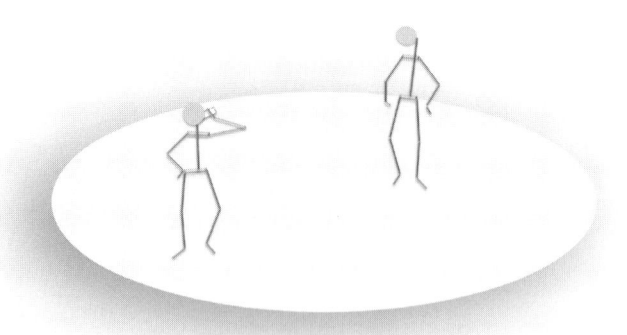

図3.23：田中の生物学的な他動行為と捉え方2

(40)　あっ，佐藤さんが田中さんにサンドイッチを食べてもらっている。
(他動詞＋もらう)
(38)　あっ，田中さんが佐藤さんにサンドイッチを食べさせてもらっている。
(他動詞＋使役＋もらう)

(41) あっ，田中さんが佐藤さんの{ため／かわり}にサンドイッチを食べてあげている。
(他動詞＋あげる)

図3.24：田中の生物学的な他動行為と捉え方3

このような例を見てくると，文型とは概念者が世界を切り取って描き出すための文法的な選択範囲というよりも，概念者が自分の周りの世界と自分の中にある世界を融合して表現するための道具としての側面も見えてくる。反対に，日本語の中にこのような豊かな述語群があるということ自体が，概念者の姿が事態の中に否応なしに映し込まれてしまう傾向が（たとえば英語などと比べると）高いということになる。

4.2.2 背景化

背景化とは，行為の主体を敢えて言語的に表現せずに事態を描き出すことである[6]。背景化では，行為の主体は何らかの理由でディスコースのメインの描写から背後へと回されている。以下は，受身の文型を使った背景化の例である。

(42) 会議の途中でコーヒーが運ばれてきたので，私たちは休憩をとることにした。
(日記研編 2009c: 217)
(43) 警察は，作家が殺された事件の捜査にあたっている。
(日記研編 2009c: 228)
(44) その急病人は，病院に運ばれてすぐに，集中治療室に入れられた。

---

[6] 日本語は一般に pro-drop 言語と呼ばれ，文脈から推量可能な指示対象は名詞句として言語化されない傾向にある。本節ではこのような名詞句の省略が，受身や補助動詞構文など，特定の構文と結びついた例についてのみ考える。日本語の省略現象については，日記研編 2009b 第 2 章第 8 節を参照されたい。

(日記研編 2009c: 228)

　たとえば，(42)ではコーヒーを運んできた人物はいるはずだが，このディスコースの流れの中でその人物について言及する必要はないと判断され言語的には表現されてはいない。(43)や(44)などでは，犯人が作家を殺し，病院関係者が病人を運ぶことは自明のことであり，事態の中にはわざわざ言語的には表現されていない。このような背景化の例では，概念者は本来行為の主体のいる事象を，その主体には敢えて触れずに描き出しており，その意味での概念者の関与が感じ取れる。
　ただし，このような異なる文型による背景化の例では，背景化により隠された行為の主体については微妙な差異が感じられる。たとえば上で見た(42)では，行為を行った人物を言語的に表現することも可能であり，このような例では概念者が背景化をして行為の主体を敢えて事態に含めずに描き出したということで，概念者の恣意性をより意識しやすい。

(45)　会議の途中で若手の佐藤くんがコーヒーを運んできたので，私たちは休憩をとることにした。

補助動詞「～てある」を伴った文型も，同様に背景化の働きを持つ。

(46)　庭にベンチが置いてある。　　　　　　　　(日記研編 2009c: 121)
(47)　ビールが冷やしてある。　　　　　　　　　(日記研編 2009c: 124)

(46)では誰かがベンチを設置したことは明らかである。(47)でもビールを(冷蔵庫に入れて)冷やそうとした人物はいるはずであるが，これらの行為の主体となった人物は，ディスコースの中では敢えて言語化されていない。
　補助動詞「～てある」を使った背景化の例でも，行為の主体を背景化した表現と，文法的に行為の主体を伴わない以下のような自動詞文と比べてみると，(その差はかなり微妙であるが)多少なりとも背景化を伴った表現の方がその概念化の過程，そしてひいてはそのような概念化を行った概念者の存在が感じられやすいように思われる。

(48)　庭にベンチがある。　　　　　(日記研編 2009c: 121)(自動詞文)
(49)　ビールが冷えている。　　　　(日記研編 2009c: 124)(自動詞文)

　これに対して，前節で見たフレームなどから行為の主体が通常自明な場合，行為の主体を言語的に表現する方がかえって不自然に感じられる場合がある。以下が，その例である。

(50)　[?]警察は，殺人犯が作家を殺した事件の捜査にあたっている。

(51) ？その急病人は，救急隊員が病院に運び，医師と看護師がすぐに集中治療室に入れた。

(50)(51)では，たとえば犯罪捜査のフレーム，あるいは救急搬送のフレームとでも呼べるようなフレームを想定すれば，それらの行為の主体は明らかであり，背景化で行為の主体が言語的には表現されなかったとしても，行為の主体はフレームから容易に推測できる。このような場合，背景化に概念者の作為を感じにくく，その分，文型から感じられる概念者の存在も薄いと考えられる。

4.2.3 前景化

前景化とは，ディスコースに登場する特定の指示対象に焦点をあててディスコースを進めていく文法的な操作のことである。たとえば以下では，行為の主体を中心に2つの連続する文でディスコースが進められている。

(52) 私は，昨日，買い物に行った。駅前を歩いているとき，知らない人が私に話しかけてきた。

これに文法的操作を行い，1人の人物(私)の視点を中心にして，複数の文あるいは複文で事態を描き出していくと前景化の例になる。

(53) 私は，昨日，買い物に行った。駅前を歩いているとき，(私は)知らない人に話しかけられた。　　　　　　　　　　（日記研編 2009c: 216）

以下は，(54)(55)が文法的な受動態が使われた前景化の例で，(56)は使役が使われた例である。

(54) 田中は，佐藤に殴られて，泣いた。　　　　（日記研編 2009c: 228）

(55) 映画館で，私は佐藤さんに手を握られてドキドキした。
　　　　　　　　　　　　　　　　　　　　　　　（日記研編 2009c: 218）

(56) 田中は髪をなびかせて，ボールを追った。（日記研編 2009c: 268）

これらの例を前景化せずに表現すると，以下のようになる。

(57) 佐藤は田中を殴った。田中が泣いた。

(58) 映画館で佐藤さんが私の手を握った。私はドキドキした。

(59) 田中がボールを追った。田中の髪がなびいた。

これらの例を比べると，前景化した方は，概念者が特定の人物の視点から事態を描き出しているといった概念者の心理的な関与を感じるのに対して，前景化しなかった例は出来事の連続を概念者が淡々と記述しているという印

象を与える。この意味で前景化した日本語のディスコースには，事態の中に概念者の姿がほのかに映し込まれていることになる[7]。

4.2.4 文型から見た概念者

ここまでは，ヴォイスややりもらい，あるいは背景化や前景化といった文型に関わる観点から，事態と概念者の関係を見てきた。ここで見えてきたのは，概念者が特定の文型を使って世界の断面を描き出そうとするとき，そこに概念者の姿も映し込まれてしまうといったことであった。これはちょうど，写された写真の中に写真家の「目」や特徴的なスタイルを感じ取れることがあるのに似ている。したがって文型とは単に文法的な概念だけでなく，そこに概念者の姿，在り方といったものを反映する意味的な概念でもあることになる。

すると，概念者が自分の内面に起きた事象を描き出そうとする場合には，更に概念者の姿が意味的にも言語的にも切り離せずに映し込まれている場合が考えられる。そこで次節では，概念者が自分の中に起きた事象を描き出すような場合を中心に，事態と概念者の関係を探っていく。

4.3　概念者の中の「世界」

概念者は，ときに自分の感じた感覚，ふと頭に浮かんだ考えあるいは認識といったものを口にしてしまうことがある。このような概念者の中に起きた事象を描き出す言語表現には，概念者の一瞬を切り取って描き出したといった共通な特徴があり，文法的にも概念者を言語的に表現できないとか，述語の肯否を逆にできないといったような特徴が見られる。以下では，このような概念者が自分の中に起きた事象を描き出そうとしている言語表現について見ていく。

4.3.1 概念者の感覚を表す言語表現

概念者が自分の中の「世界」を描き出そうとした言語表現として，まず概念者の感覚を表す言語表現を見る。概念者は，ときに自分の感じた感覚を独話として口にする。

---

[7] ただし，これらの表現を比べてみると，前景化した言語表現の方が日本語として「自然」で，前景化されなかった方が文体的に特徴的であるとも感じられる。となると日本語では概念者の存在を感じさせる言語表現の方が基本で，概念者の作為を打ち消そうとした方が文体的な特徴を持つということになり，日本語と概念者の関係を考えるのに興味深い。

(60) ［扉の角で足の小指を打って］痛っ！
(61) ［おでんを頬張って］熱っ！

このような例では，概念者の神経系の中で起きた事象（感覚）が表現されている。ここで，感覚の主体としての概念者はその事態の中に描き出されていないが，その事態成立のためには，もちろんそのような概念者がいることが前提となっている。これは，ちょうど病院の診察室などで臓器の画像を見ながら話をしているとき，その臓器の持ち主は画像の中には写っていないが，特定の持ち主の存在が前提となっているのと似ている。概念者の感覚を表す言語表現の場合には，概念者の中に生じた感覚が拡大され，概念者はフレームアウトされている。

このような性格を持つ概念者の感覚を表す言語表現には，概念者を言語的に表現することができなかったり，事態を否定形で述べることが不自然であるといったような，文法的にも興味深い特徴がある。

(62) ［扉の角で足の小指を打って］*あ，俺が痛っと思ってる！
(63) ［おでんを頬張って］*あ，私が熱っと思ってる！
(64) ［扉の角で足の小指を打って］???あ，痛くない！
(65) ［おでんを頬張って］???あ，熱くない！

(62)から(65)までの例で，概念者が事態の中から（意味的にも）フレームアウトされていると考えれば，概念者が言語表現の中に表現されない理由も容易に納得できる。また感覚は常に概念者の中に生じることなので，起きなかった感覚を言語的に表現しにくいことも理解しやすい。起きなかった感覚をわざわざ表現する理由はないからである[8]。

一般に，このような概念者の感覚を表す言語表現では概念者の感覚の瞬間が切り取られ，当然のことながら事態と概念者は切り離すことができない。本書では，このような意味的な特徴が概念者を言語的に表現したり，事態を否定して表現したりできない文法的な現象に現れていると考えている。このような概念者の感覚を表す言語表現に見られる特徴は，本書で現象文と呼ぶ以下のような言語表現でも見られる。

---

[8] ただし，医師の診察などで患部が痛むかどうか聞かれて，痛くないと答えるのは別である。この場合，患者は自分の感覚の有無を医師に報告している。

4.3.2 現象文

　本書では，概念者が自分の知覚した外界の状況に自己の判断を加えず，そのまま素直に概念化・言語化するような意図と働きを持つ言語表現を，現象文と呼ぶ。以下が，その例である。

(66)　　あ，雨が降ってる。　　　　　　　　　　　　　　（日記研編 2003: 202）
(67)　　［部屋に入って。エアコンをつけて］あれっ，変な音がする。

(66)(67)では，概念者は自分の身の周りに起きた出来事を見聞きして，それをできるだけシンプルな言語表現で表現している。このような現象文にはいくつかの文法的特徴があり，その1つが上で見た概念者の感覚を表す言語表現と同様，概念者を事態の中で言語的に表現することはできないということである。

(68)　　［外出しようと玄関を出て。雨が降っているのに気づいて］＊あ，<u>僕が</u>雨が降ってると思ってる。
(69)　　［部屋に入って。エアコンをつけて］＊あれっ，<u>私が</u>変な音がすると思っている。

　また現象文では，述語は肯定形で表現されるのが普通であり，否定形で表現されることもかなり不自然である[9]。

(70)　　［外出しようと玄関を出て］???あ，雨が降ってない。
(71)　　［部屋に入って。エアコンをつけて］???あれっ，変な音がしない。

　このような現象文の特徴は，概念者が単純に自分の身の周りに起きた出来事を客観的に描き出しているわけではなく，「話し手が発話の時点で知覚した事態の内容をそのまま述べる（日記研編 2009a: 199）」ものと考えれば説明しやすい。すなわち，現象文も 4.3.1 で見た概念者の感覚を表す言語表現と同じく，概念者の一瞬を描き出し，現象文では概念者の認識の一瞬が事態の中に捉えられている。つまり，現象文における概念者もまた事態と切り離すことができずに，事態は概念者の中に埋め込まれていることになる。

4.3.3　概念者の判断を表す言語表現（認識のモダリティー）

　4.3.2 で見た現象文では，概念者の認識が成立した一瞬が切り取られて表

---

[9] 否定の表現をする場合には，概念者が「雨が降っていた」とか「変な音がしていた」ことを以前から知っていて，それらの状況が起こらなかったという意味になる。これらはもちろん，目の前の状況を見たまま聞いたまま，そのまま言語化したといった働きを持つ現象文とは考えにくい。

現されていると考えたが，ときに概念者は事象の起こる可能性，あるいは妥当性に関する判断を言語的に表明することがある。認識のモダリティーとは，概念者にその瞬間の事象がどう見えているかを描き出す言語表現の仲間の1つであり，日本語学でモダリティーと呼ばれている文法カテゴリー[10]の1つである。日本語の特色の1つとして，モダリティーを表す形式が他言語に比べ豊かであることが上げられる。以下は，その代表的な言語表現である。

(72) 田中さんは{来る／来た}だろう。　　　　　　（日記研編 2003: 147）
(73) 今日はあの店は閉まっている{かもしれない／かもわからない}。
　　　　　　　　　　　　　　　　　　　　　　　　（日記研編 2003: 151）
(74) あいつは嘘をついている{にちがいない／に相違ない}。
　　　　　　　　　　　　　　　　　　　　　　　　（日記研編 2003: 151）
(75) 昨夜雨が降った{ようだ／みたいだ／らしい}。（日記研編 2003: 163）
(76) このケーキはおいしそうだ。　　　　　　　　（日記研編 2003: 163）
(77) 鈴木は留学するそうだ。　　　　　　　　　　（日記研編 2003: 163）

これらの言語表現は，「だろう」は推量，「かもしれない」「かもわからない」「にちがいない」「に相違ない」などは蓋然性，「ようだ」「みたいだ」「らしい」「そうだ」「そうだ」などは証拠性などといった，異なる「認識的なとらえ方（日記研編 2003: 133）」ではあるが，先に見た現象文や概念者の感覚を表す言語表現と同様の文法的特徴を共通に持っている。まず認識のモダリティーを表す言語表現は，概念者を事態の中に明示的に表現することはできない。

(78) *私は，田中さんは来るだろう。
(79) *私は，今日はあの店は閉まっているかもしれない。
(80) *私は，あいつは嘘をついているにちがいない。
(81) *私は，その荷物は先週送ったので，もう着いているはずだ。
(82) *私は，昨夜雨が降った{ようだ／みたいだ／らしい}。
(83) *私は，このケーキはおいしそうだ。
(84) *私は，鈴木は留学するそうだ。

---

10 日記研編 2003 では，モダリティーに「表現類型のモダリティー」「評価のモダリティー」「認識のモダリティー」「伝達のモダリティー」の4つの種類を認めている。この他に，明示的な形式を伴わないゼロ形式の認識のモダリティーとして「断定のモダリティー」を上げている。

ただし，認識のモダリティーを表す言語表現の場合，「思う」「考える」などの思考を表す動詞，あるいは「聞く」などの感覚を表す動詞を使えば，概念者を事態の中で明示的に表すことができる点が，現象文や概念者の感覚を表す言語表現とはやや異なっている。

(85)　私は，田中さんは来るだろうと思う。
(86)　私は，今日はあの店は閉まっているかもしれないと思う。
(87)　私は，あいつは嘘をついているにちがいないと考えている。
(88)　私は，その荷物は先週送ったので，もう着いているはずだと思う。
(89)　私は，昨夜雨が降った|ようだ／みたいだ／らしい|と考えている。
(90)　私は，このケーキはおいしそうだと思う。
(91)　私は，鈴木は留学するそうだと聞いている。

一方で，認識のモダリティーを表す言語表現も言語表現自体を否定して，そのような認識が概念者に起こっていないことを表現することはできない点で，現象文や概念者の感覚を表す文と共通の特徴を持っている[11]。

(92)　*田中さんは来るだろうではない。
(93)　*今日はあの店は閉まっているかもしれなくない。
(94)　*あいつは嘘をついているにちがわなくない。
(95)　*その荷物は先週送ったので，もう着いているはずではない。
(96)　*昨夜雨が降った|ようではない／みたいではない／らしくない|。
(97)　*このケーキはおいしそうでない。
(98)　*鈴木は留学するそうではない。

このような特徴を見る限り，ここで見た概念者の判断を表す言語表現も，概念者の判断の一瞬を描き出した，事態が概念者の中にある言語表現であると考えられる。

4.3.4　概念者の知覚・思考を表す言語表現

「見える」「聞く」「思う」「思った」などの概念者の知覚や思考の働きを表す言語表現も，4.3.3で見た認識のモダリティーに似た概念者の現在を描き出す場合がある（日記研編 2003: 183）。以下は，「見える」「聞く」の例である。

---

[11]「ようではない／みたくない／らしくない」あるいは「（おいし）そうでない」は，形式としては可能なように見えるが，現在の事象に接して概念者がそれへの根拠性を感じているといった認識のモダリティーの働きとしては不可能である。むしろこれらの表現は，そのように判断する根拠が存在しないといった意味を表している。

(99) 田中の車が駐車場にない。まだ帰宅していない<u>と見える</u>。
(日記研編 2003: 183)
(100) この業界も，最近は低迷気味だ<u>と聞く</u>。　　（日記研編 2003: 183)

(99)(100)の「見える」「聞く」は，理解あるいは把握といった概念者の精神活動の一瞬を捉えている。これらの日本語の知覚を表す動詞も興味深いことに，先に見た言語表現と同じように概念者を事態の中に明示的に描き出すことができない。

(101) 田中の車が駐車場にない。[*]<u>僕には</u>，まだ帰宅していない<u>と見える</u>。
(日記研編 2003: 183)
(102) [*]<u>僕は</u>，この業界も，最近は低迷気味だ<u>と聞く</u>。
(日記研編 2003: 183)

このことは，「見える」「聞く」は元来精神活動を表す動詞でありながら，モダリティーの形式化が進んでおり（日記研編 2003: 184)，先に見た他の言語表現のように概念者を事態の中に言語的に表現することができないと考えると，その意味的特徴を一般的に捉えることができる。

この観察を裏づけるように，「見える」「聞く」を否定形にして概念者にそのような知覚が起きていないことを表現することは，かなり不自然である[12]。

(103) 田中の車が駐車場にない。^{???}でもまだ帰宅していないと(は)見えない。
(104) この業界は，^{???}最近は低迷気味だと聞かない。

このような場合，否定の位置を埋め込み文に移動させ「聞く」を肯定の形のままで使うと，概念者にそのような知覚が起きていないことを表現できる。

(105) この業界は，最近は(もう)低迷気味ではないと聞く。

「見える」「聞く」のように日本語の「思う」という言語表現にも，概念者の思考活動の一瞬を捉えた以下のような例がある。ただし「思う」は概念者を事態の中に明示的に描き出すことができる点で，「見える」や「聞く」とは異なっている。

(106) この本はきっと売れる<u>と思う</u>。　　　　（日記研編 2003: 183)
(107) <u>僕は</u>，この本はきっと売れる<u>と思う</u>。　（日記研編 2003: 184)

一方，「思う」は概念者(1 人称)のその場での思考活動しか描き出せないと

---

[12] ただし，「見える」「聞く」の文字通りの意味，視覚・聴覚での知覚ができないといった意味では可能かもしれない。

いう意味で,概念者と意味的に強く連結した側面も持っている。

（108）　|僕／*佐藤|は，あの男が犯人だと思う。　　（日記研編 2003: 185）

（109）　|僕／佐藤|は，あの男が犯人だと思っている。　（日記研編 2003: 185）

(108)(109)を見ると分かるように,第3者の思考を伝えようとすると「思っている」という言語表現を用いなければならない[13]。このことは「思う」は,概念者という存在から切り離されて,第3者の思考活動を描き出せるほど自由ではないものの,概念者の思考活動を1人称の代名詞を用いて表現できるといった点で,純粋に概念者だけの認識や感覚を表している言語表現よりはまだ本動詞としての文法的性格を残していると言えそうである。

「思った」にも興味深い用法がある。通常「思った」は「思う」の過去形として用いられるが,概念者の思考活動の一瞬を捉えたと考えられる例もある。以下がその例である。

（110）　［子供がジュースをこぼしたのを見て］やると思った。

（日記研編 2003: 186(2)）

（111）　なんだ，山本か。田中かと思った。　　（日記研編 2003: 187）

(110)(111)はタ形を伴う形ではあるものの,概念者の過去の思考活動を報告しているのではなく,概念者の思考活動の一瞬を切り取って表現している。つまり概念者が「思った」のは,今まさに話している現在のことである。この「思った」の場合,概念者を事態の中に明示的に表現することもできない。

（112）　［子供がジュースをこぼしたのを見て］*僕は，やると思った。

（日記研編 2003: 187）

（113）　なんだ，山本か。*僕は，田中かと思った。

このような「思った」の用法は,直前に起きた出来事や事実が概念者の中で予想通りであったり,納得したりするといった思考活動がたった今起きたことを表現している（日記研編 2003: 186-187）。以下も,そのような例である。

（114）　雨か。どうりでむしむしすると思った。　（日記研編 2003: 187）

このような言語表現の意味と形のズレは,以下のような「思わなかった」

---

[13] ただし,小説などの特殊なジャンルでは,第3者の思考を描き出すのに「思う」が使われることがある。

　［刑事小説で］佐藤は被害者の夫がゆっくりとその場から立ち去るのをいつまでも見つめていた。間違いなく夫が犯人だと佐藤は思う。

の用法にも見られる。

(115) まさか，こんな弱い相手に負ける<u>とは思わなかった</u>。

(日記研編 2003: 187)

(115)で「思わなかった」という言語表現は，概念者が今はそのような考えを持っている，あるいは思っているといった，概念者の思考活動の一瞬を捉えた言語表現となっている[14]。概念者の過去の思考の状況を表現するには，「思ってはいなかった」という言語表現が使われる。

(116) まさか，こんな弱い相手に負ける<u>とは思っていなかった</u>。

(日記研編 2003: 188)

判断がかなり微妙になるが，「思わなかった」が概念者の思考活動の一瞬を切り取って描き出している場合には，概念者を事態の中で明示的に表現することはかなり不自然に感じられるが，単純に概念者の過去の思考の在り方を表現する「思ってはいなかった」の場合には，概念者を事態の中で明示的に表現することができる。

(117) まさか，??僕は，こんな弱い相手に負けるとは思わなかった。
(118) まさか，僕は，こんな弱い相手に負けるとは思っていなかった。

4.3.5 自発

概念者が自分の中に思考や感情が自然に湧き上がってきたことを表現するような場合，日本語では自発と呼ばれる種類の動詞が使われる。以下が，その例である。

(119) 私には佐藤が犯人だと思われる。　　　（日記研編 2009c: 284）
(120) 私には故郷が懐かしく思い出される。　（日記研編 2009c: 286）
(121) 僕には君の姿が見える。　　　　　　　（日記研編 2009c: 288）
(122) 僕には君の声が聞こえる。　　　　　　（日記研編 2009c: 288）
(123) 僕には君の気持ちがわかる。　　　　　（日記研編 2009c: 288）

これらは，思考や思い出あるいは知覚（視覚・聴覚）や理解が概念者の中で自然に湧き上がってきたことを表現する言語表現とされる。この意味で上で見

---

[14] この「思わなかった」の意味は日記研編 2003 では，「（略）直前に判明した事実によって，それが誤解・錯覚であったとする意味で用いられる（日記研編 2003: 187）」と説明されている。解釈がかなり高度で微妙になるが，直前に判明した事実によって，それが誤解・錯覚だと気づくということは，概念者が以前の自分の理解が間違っていたことに気づき，その結果，今は以前とは違った考え方を持っているといった意味に変化したものと考えられる。

た概念者の一瞬を捉えると考えた言語表現との間に意味的な共通性が見られる。一方，自発を表す言語表現では概念者が「に」格を伴って事態の中に言語的に表現されることが可能であり，概念者が自分の身に起きたことをより客観的に報告しているといった側面も感じられる。

また「見える」「聞こえる」「分かる」などの言語表現は，否定形になったり，他者(3人称)の中に起こる思考や感情を表現できるといった特徴があり(日記研編 2009c: 288)，この意味で純粋に概念者だけの知覚や理解を表現する言語表現ではないことが分かる。

(124)　僕には君の姿が見えない。　　　　　　　　（日記研編 2009c: 288）
(125)　彼にはもう君の声は聞こえない。
(126)　母には私の気持ちがわかる。　　　　　　　（日記研編 2009c: 288）
(127)　母には私の気持ちが分からない。

「思われる」「思い出される」の場合は，ときに意味的に競合する可能形があり，判断がより微妙である。一般に，自発形の否定形は，可能形を取った場合に比べると不自然である。

(128)　??私には佐藤が犯人だと思われない。　　　　（自発形の否定）
(129)　　私には佐藤が犯人だと思えない。　　　　　（可能形の否定）
(130)　??私には故郷が懐かしく思い出されない。　　（自発形の否定）
(131)　　私には故郷が懐かしく思い出せない。　　　（可能形の否定）

このように見てくると，自発と呼ばれる言語表現は，一般的な理解とはむしろ異なり，概念者の主観からやや距離をおいて事態を描き出しているような感じさえ与える。つまり概念者がその場で起こったことを咄嗟に，即時的に概念化・言語化しているというよりは，概念者の中に起きたことを他者に報告するための働きも持っているということになる。

4.3.6　概念者の一瞬を切り取った事態

このように見てくると，概念者が自分の頭の中に不意に浮かんだ考えや感覚，あるいは認識といったものを表現するような言語表現にも，その文法的な特徴から，大きく分けて3つのタイプがあることが分かってくる。以下が，その関係をまとめた図である。

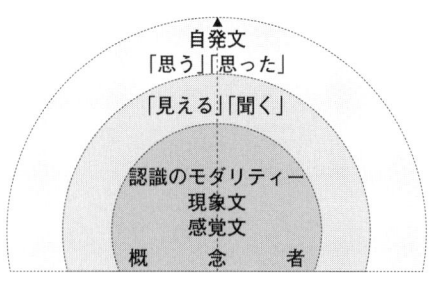

```
            ▲
         自発文
       「思う」「思った」
      「見える」「聞く」
     認識のモダリティー
        現象文
        感覚文
     概　　念　　者
```

図 3.25：概念者と事態の距離

　その1つは，概念者がそのときの概念者の中に浮かんだ感覚，あるいは認識といったものを，手つかずの状態でいわば独話のような形で表現するもので，概念者の感覚，現象文あるいは認識のモダリティーなどがこれにあたる。このような例では，主体に埋め込まれた意識が自分の意識を意識することができないように，概念者も自らの主観から距離をおいて自分を言語的に描き出すことはできない(subjectively construed conceptualizer)。

　それに対して自発と呼ばれる言語表現には，一般の理解とはむしろ異なり，自分の中に起きた事象を概念者がやや距離を取って描き出しているような側面もみてとれる。つまり概念者が，自分の中に起きた事象を受け手に向けて客観的に報告しているといった働きである。概念者の知覚・思考を表す言語表現はその中間に位置し，「見える」「聞く」は認識のモダリティー寄り，「思う」は自発寄りの性質を持っている。

4.4　概念化を描く言語表現

　最後に，概念者の一瞬というより，概念化の一部を描き出していると考えられる言語表現を見る。その1つは，概念化の中に起きた納得の瞬間とでも呼ぶような概念化の一瞬が描き出された言語表現である。たとえば，「のだ」という言語表現には，ある事象が起き，それを概念者が把握したということを示す場合がある(日記研編 2003: 202)。

(132)　あ，雨が降ってる<u>んだ</u>。　　　　　　　　（日記研編 2003: 202)

(132)では雨が降っており，概念者が外部を観察してその事実を把握するといった概念者の事象把握の過程が「のだ」によって描き出されていると考えられる。つまり，今まではうっかりしていて気がつかなかったが，雨が降っているという事象とともに，雨が降っていることに今気がついたという概念

化の一瞬が，言語的に切り取られていることになる。

　「わけ」「はず」などの言語表現も，概念者のこのような概念化の一瞬を描き出していると考えられる場合がある。

　　(133) 事故があったのか。どうりで渋滞している<u>わけだ</u>。

（日記研編 2003: 212）

　　(134) 事故があったのか。どうりで渋滞している<u>はずだ</u>。

（日記研編 2003: 212）

上の例で概念者は道路が渋滞しているということは以前から認識していた。そして車を進めるにつれ前方で事故があったことを知り，その瞬間に「あっ，事故があったから，渋滞が起こっているのか」といった概念者の理解あるいは納得が示されている（日記研編 2003: 212）。

　「思った」という言語表現が，上のような概念者の理解・納得といった概念化の一瞬を表現していると考えられる場合もある。

　　(135) 雨か。<u>どうりでむしむしすると思った</u>。　（日記研編 2003: 187）

上の例で概念者は周囲がむしむしすることを発話の以前から感じていた。そして（戸外では）雨が降っていることを知り，「雨が降っているから，むしむしする」ということを理解・納得している。したがって「はず」や「わけ」での言い換えも可能である。

　　(136) 雨か。どうりでむしむしする{と思った／はずだ／わけだ}。

（日記研編 2003: 187）

　また，この論理関係の理解・納得といった概念化の一瞬は，「のだ」で表現することもできる。

　　(137) ああ，事故があったから，渋滞が起きている<u>んだ</u>。

　　(138) ああ，雨が降っているから，むしむしする<u>んだ</u>。

これらの例では共通に，それまでなぜそうなのか事情がよく分からなかった事象がまずあり，その上で，概念者が他の事象を知ることにより，それらの2つの事象の関係が論理的・整合的に理解でき，納得できたということを表現している（日記研編 2003: 187, 212）。この理解・把握・納得といった心的な活動（出来事）は，概念化の中で起こるであろう心的活動であり，これらの言語表現の働きは，このような概念化の一瞬を捉えて描き出す言語表現と考えられる。

　そうなると，たとえば4.3.2で見た現象文には，このような「のだ」など

のような言語表現は現れないことになる。現象文とは概念者が目の前の状況を自分の判断を交えず発話するといった働きを持ち，概念者の理解・把握・納得といった概念化の過程を含まないはずだからである。

(139)　　あ，猫が ¦死んでる／*死んでるんだ¦。　（日記研編 2003: 202）

(139)は，多少状況を補って考えた方がおそらく考えやすい。たとえば概念者が車を運転していて，突然道の真ん中に猫の死骸があるのを見つけたような場合には，概念者が「猫が死んでいること」という事象を発見したとしても，通常はそれと論理的に結びつけられるような事象を前もって知っていたとは言えない。したがってこのような場合，「のだ」は不自然であろう。

もう1つ，概念化を描く言語表現として本書が考えているのは，概念化の時間的側面(処理時間)の一瞬を切り取って描き出していると捉えられる，以下の「ね」の例である。

(140)　［通行人に時間を尋ねられて。時計の針を見て］えっと，今ですか。
　　　　　今はですね。今は，3時をちょっと回ったところですね。

(140)で特徴的なことは，話し手(概念者)は(アナログ式の)時計を見ながら，そこから時間を読み取ろうとしている。このとき，概念者には何らかの検索あるいは計算といった心的活動が必要となる(金水 1993: 119; Watanabe 1998: 73-76)。本書では，この「ね」の用法を，概念者が概念化のその処理時間の一瞬を切り取って事態の中に描き出している例だと考えておく[15]。というのも概念化は，概念者の主観にはどんなに一瞬のことと感じられるにせよ，本書の立場である脳神経的な見方からは，そこに1ミリ秒単位での処理時間が想定でき，この処理時間を描き出す言語表現も，理論上は不可能ではないと考えられるからである。

---

15 日記研編 2003 では，このような「ね」の働きについて，「「ね」の第3の用法は，話し手が発話を続ける際に，聞き手を意識しているということを示すものである(日記研編 2003: 259)」との，本書とは異なる分析が示されている。

第4章

接 続

事態の関係の捉え方・「世界」の並べ方

> ある種の幻想が人を幸せにする。我々の幸福にとって非現実は現実と同じように必要である。
> No man is happy without a delusion of some kind. Delusions are as necessary to our happiness as realities.
> Christian Nestell Bovee（1820 – 1904）アメリカの作家

1. 接続

　ディスコースは，語や文などのさまざまなレベルの言語表現でつむがれていく。このとき，我々がディスコースの中で日常的に目や耳にするのは言語化された部分だけであるため，一見，ディスコースとは言語表現だけの問題であるように感じられる。しかし実際には，ディスコースには言語化された部分以外にも，他の多くの要素が関与しており，本書ではその大切な要素の1つとして，フレームという概念を見てきた。そこで，本章では接続という言語現象から，概念化の舞台裏を探ることにする。

1.1　接続とは

　一般に接続とは，人が想起するさまざまな知識・情報を（意識的であれ，無意識的であれ）互いに関連づけ，結びつけることである。これを言語的な現れ方だけに注目してみると，接続とはある言語表現 α と他の言語表現 β を結びつけることである。一般に接続では，本章で特に扱うような文レベルでの接続が多いが，それ以外のいろいろなレベルの言語表現も接続されうる。以下がその例である。

(1)　黒または青のペンで書いてください。(語)　　　(日記研編 2009b: 50)
(2)　ニュースは日本中へ，そして世界へ伝わった。(格成分)
　　　　　　　　　　　　　　　　　　　　　　　　　　(日記研編 2009b: 51)
(3)　頭がいたいとき，あるいは，熱があるとき，この薬がききます。
　　　(節)　　　　　　　　　　　　　　　　　　　　(日記研編 2009b: 51)
(4)　もう立春だ。だが，まだ寒い。(文)　　　　　　(日記研編 2009b: 51)

　本章では，文レベルの接続を中心的に議論する。というのは，文とは，述語と補語から構成される言語的・文法的なまとまりであり，事態を表現するための重要な言語的な入れ物であると考えられるからである[1]。一般に，比較的単純な事態は単文で表されることが多いが，より複雑で複層的な事態を

---

[1] ただし，たとえば「あれっ！」「火事！」などの独立語文などは，それ自体は述語を持った述語文ではないが，概念者の感覚や感情を表出したり，聞き手に向かって何かを伝えたりといった働きを持った，「文」に準じた言語表現であるとはいえる（日記研編 2010: 14）。また第3章で扱ったように名詞／名詞句も事態レベルの内容を表現する場合がある。本章では，議論を簡単にするために述語を兼ね備えた文や節だけを対象として論じていく。

文の形で表す場合には,「文も長く複雑になる(日記研編 2008: 3)」傾向がある。たとえば以下の簡単な例を見てみよう。ここでは,それぞれ１つ１つの単純な事態が,単文の形で表されている。

(5)　　駅前に白いビルがある。そのビルの１階に銀行がある。

(日記研編 2008: 280)

(6)　　昨日,友達と買い物に行った。レストランで昼食を食べた。

(日記研編 2008: 280)

(5)では,それぞれ「ある特定の駅の前に特定のビルがあること[2]」「この特定のビルの１階に銀行があること」,あるいは(6)では「(発話の前日に)話し手が友人と買い物に行ったこと」「(この同じ日に)話し手が特定のレストランで昼食を食べたこと」などが,言語的には日本語の単文の形で述べられている。これらの４つの文で表された事態は,以下のような簡単な複文で表されることも可能である。

(7)　　駅前に白いビルが{あり／あって},そのビルの１階に銀行がある。

(日記研編 2008: 280)

(8)　　昨日,友達と買い物に{行き／行って},レストランで昼食を食べた。

(日記研編 2008: 280)

このように,２つの文を何らかの文法的な方法を用いて並べ,ディスコースの中で複数の事態として述べ立てることを,本章では特に検討する。

ただし実際のディスコースの中では,接続された文が必ずしも言語的に隣接して発話されないことも少なくない。たとえば,以下の例では原因と結果となる事態を表す文(節)が,複数の発話を挟んで意味的に接続されている。

(9)　　(Aの飼っている犬の首輪の話.)

　　　　A：革なんだけど,

　　　　B：うーん

　　　　A：子犬の時買ったやつで,こんな細いやつだからね,

　　　　B：あぁー

　　　　A：いつもぐいぐい引っぱってんでしょ,

　　　　B：ふうーん

---

[2] もちろんこの例では,「特定の駅の前にビルがあること」「その特定のビルの外壁の色が白いこと」などといった２つの事態が述べられていると分析することもできる。ここでは議論を簡単にするために,１つの事態として扱った。

　　　　A：切れちゃったの．
　　　　　　　（現代日本語研究会 1997: No.5106, 本多 2005: 220（308）から転載）
(9)で，接続されている原因と結果となる事態は概ね，「(犬の首輪が)子犬のとき買ったやつで，こんな細いやつ」だから「(首輪が)切れちゃった」という関係になり，言語表現としては隣接していない。あるいは以下の例でも，理由となる事態(「明日数学の小テストがあること」)が他人の発話を挟んで発話されている。
　(10)　A「おれ，もう帰らなきゃ」
　　　　B「えーっ？　今日の部活休むの？」
　　　　A「だって明日数学の小テストなんだよ」　　（日記研編 2009b: 77）
このように，接続されるべき言語表現(文)が必ずしも隣接して同じ概念者によって発話されていない本書で共話と呼ぶ現象は，実際のディスコースの中では決して少なくない。しかし本書では，本書の興味・関心に沿った形での言語現象の分析を図ることを優先させ，とりあえず接続されるべき言語表現が 1 人の概念者によって発せられた例を中心に見ることにする。共話については，7. で改めて見る。

　また，本章で接続の意味的な分析をする場合，2 つの事象を言語的に表現する文は一般化して $LE_{(P)}$，$LE_{(Q)}$ と表すことにする。したがって，$LE_{(P)}$，$LE_{(Q)}$ は，そのディスコースの局面においては，$LE_{(P)}(C)LE_{(Q)}$ のように表される(C は connectives の略)。(C)は言語表現 $LE_{(P)}$，$LE_{(Q)}$ を言語的に接続するさまざまなレベルの言語表現のことであり，形式を伴わない(ゼロ形式の)場合もある[3]。日本語では，(C)には述語の活用形や接続助詞，接続詞，副詞など，実にさまざまな言語表現が含まれる。文は，主節(文)の場合もあるし，従属節(節)である場合もある。節は，独立した文ではないが，以下で見るように，文と同じように述語，補語という統語構造を持ち，単文とはディスコースに単独で現れた節であるとも言えるので，本章では，便宜的に文あるいは節などと記述することにする。以下，本節では，文の接続を中心に，ディスコースにおける接続の特徴を見る。

---

[3] 接続表現が後続の文の中に現れる，次のような例もある。
　　画期的な新製品が発売され，株価は急上昇すると思われた。市場は，しかし，意外に
　　落ち着いた反応だった。　　　　　　　　　　　　　　　　（日記研編 2009b: 51）

1.2　形から見た文の接続

　一般に，1つの単文が1つの事態(概念者の事象の捉え方)を表すと考えると，2つ以上の事態を接続して表現するには，対応する文をなんらかの方法で接続する必要がある。このとき日本語の文の接続には，文法・形態的な面から見ると，大きく分けて3つの方法がある。本節では，それらを便宜的に縦型の接続，横型の接続(複文)，横型の接続(単文)と呼び，以下でそれぞれの特徴を使われる言語形式から概観する。

1.2.1　縦型の接続

　2つの文を接続する1つの方法は，1つの文を他の文の要素を修飾する節として接続する方法である。このような接続では，文法上の異なったレベルである節が他の文の中に階層的に組み込まれていることから，このような接続の仕方を，本書では縦型の接続と呼ぶことにする。縦型の接続は，模式的に以下の図のように表され，図の三角形は，文(あるいは節)を表している。それぞれの文(ないしは節)の下のギリシャ文字は，それぞれの文(ないしは節)に含まれる言語表現を表しており，言語化の時系列に沿って発話される。

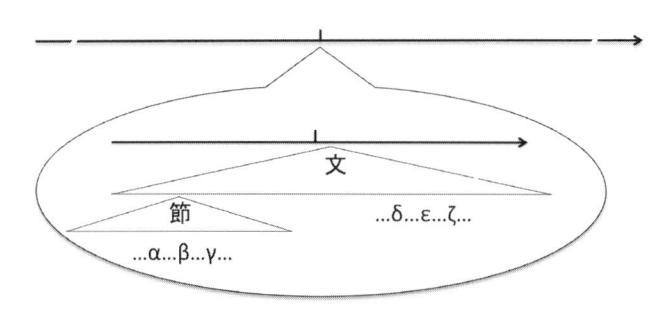

図 4.1：縦型の接続

　たとえば以下の文では，文の主語である「鈴木」という名詞を，もう1つの文が修飾節として修飾している。
　(11)　自分の仕事をすべて終えた鈴木が，私の仕事を手伝ってくれた。
　　　　　　　　　　　　　　　　　　　　　　　　　(日記研編 2008: 89)
(11)は一見，1つの事象を表しているように見えるが，表している内容は，「から」や「ので」のような接続助詞を使って，以下のように言い換えて表

現することができることから，意味的には2つの事態の時間的関係を表していると考えることもできる。

(12) 鈴木さんは自分の仕事をすべて終えてから，私の仕事を手伝ってくれた。

(13) 鈴木さんは自分の仕事をすべて終えたので，私の仕事を手伝ってくれた。

以下のような例も同様である。これらの例では最初の修飾節の表す内容が，主節(文)の表す内容の理由となっている。

(14) ビタミンCは肌によいという理由で，私は積極的に摂取している。

(日記研編 2008: 71)

(15) ビタミンCは肌によいというので，私は積極的に摂取している。

(16) つらい経験をしてきた私には，他人の痛みがわかる。

(日記研編 2008: 50)

(17) 私はつらい経験をしてきたので，他人の痛みが分かる。

このような縦型の接続で因果関係のある二つの事象を表現するのは，法律などのジャンルの文で多い[4]。

(18) 一種又は数種の営業を許された未成年者は，その営業に関しては，成年者と同一の行為能力を有する。

(民法第1編第2章第2節(未成年者の営業の許可)第6条)

(19) 人を殺した者は，死刑又は無期若しくは五年以上の懲役に処する。

(刑法第二編　罪　第二十六章　殺人の罪(殺人)第百九十九条)

(18)(19)は，(20)(21)のような複文で表現することもできる。

(20) 未成年者が一種又は数種の営業を許された場合，その営業に関しては，成年者と同一の行為能力を有する。

(21) 人を殺すと，死刑又は無期若しくは五年以上の懲役に処する。

一般に(18)(19)のような縦型の接続の仕方は，文が他の文の要素(名詞)を修飾したもので，全体として主節を構成する名詞句として組み込まれている。

---

[4] この点は，故寺村秀夫先生が講義の中で何度か指摘され，筆者が構文とジャンルという現象に興味を持つきっかけとなった。

1.2.2 横型の接続(複文)

1.2.1で見た縦型の接続と異なり，文がそれぞれの文としての性格をある程度以上保持しつつ，連続的に表現されたものを横型の接続と呼ぶ。横型の接続の1つは，接続助詞を介して，文法的には主節と従属節として接続され，一般には複文と言われることが多いので，本書では横型の接続(複文)と呼ぶことにする。横型の接続(複文)は，模式的に以下のように示される。

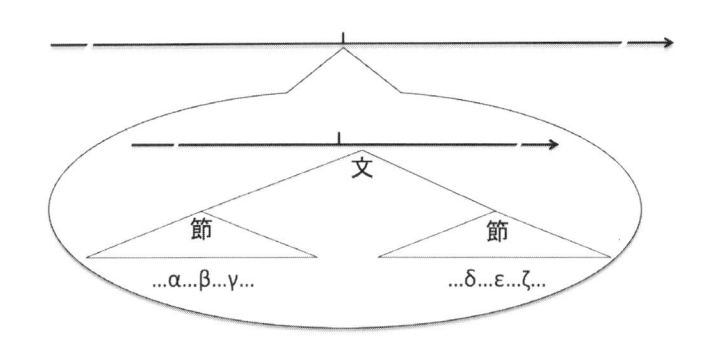

図4.2：横型の接続(複文)

横型の接続(複文)には，たとえば，具体的に以下のような例がある。

(22)　山田君は，頭はいいし，スポーツも万能だ。　　（日記研編 2008: 258）
(23)　サメは魚類だが，クジラは哺乳類だ。　　（日記研編 2008: 253）
(24)　清水寺へ行ったときに，お守りを買った。　　（日記研編 2008: 165）
(25)　本を読みながらコーヒーを飲んだ。　　（日記研編 2008: 239）
(26)　薬を飲んだから，熱は下がった。　　（日記研編 2008: 93）

これらは接続助詞が前節について接続されている例だが，以下のように，節が述語(動詞や形容詞)の活用形の形で接続されている例もある。

(27)　デパートに行って，くつを買った。　　（日記研編 2008: 279）
(28)　日曜日，父は釣りに行き，母は買い物に出かけた。

　　（日記研編 2008: 279）

(29)　盆地の気候は，冬は寒く，夏は暑い。　　（日記研編 2008: 279）
(30)　薬を飲めば，熱は下がる。　　（日記研編 2008: 93）

このような横型の接続(複文)は，日本語で最も生産的な接続の1つと言ってよく，動詞のテ形・連用形は，「複数の文を1文にまとめるのに用いられる

1. 接続　　231

もっとも単純な形である(日記研編 2008: 279)」ということになる。

1.2.3　横型の接続(単文)

　横型の接続には，文法的に独立した文をディスコースの中で横に開いて接続する例もある。このタイプの接続を，本書では横型の接続(単文)と呼ぶことにする。横型の接続(単文)は，模式的に以下のように示される。

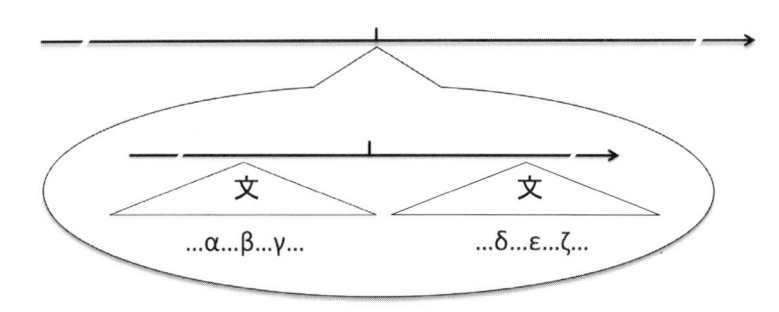

図 4.3：横型の接続(単文)

　横型の接続(単文)の1つの例は，いわゆる接続詞と呼ばれる言語表現が使われる以下のような例である。
　(31)　医者から体重を減らすように言われた。だから，毎日運動している。しかし，なかなか体重が減らない。　　　　　　　　(日記研編 2009b: 49)
　(32)　もう立春だ。だが，まだ寒い。　　　　　　　(日記研編 2009b: 53)
　一方，独立した単文が，なんら接続表現を伴わずに接続される以下のような例も決して少なくない。
　(33)　昔々，おじいさんとおばあさんがいました。おじいさんは山へ柴刈りに，おばあさんは川へ洗濯に行きました。
　(34)　私が乗り出してみろ。そんな問題，すぐに解決するから。
　　　　　　　　　　　　　　　　　　　　　　　　　(日記研編 2003: 69)
　(35)　私は感激した。父|が／*は|車を買ってくれたからだ。
　　　　　　　　　　　　　　　　　　　　　　　　(日記研編 2009a: 222)
(33)では，単文と複文が連続して接続されているが，その間には何ら接続表現が現れていない。(34)では先行する文が，命令文の形をとっており，意味的には「私が乗り出せば，すぐに解決する」のような，仮定の条件を表す接

続に近い意味になっている(日記研編 2003: 69)。更に(35)の例では，一見独立した2文のように見えるが，意味的には後続する文が前の文の原因や理由を述べており，後続する文が前の文に依存している。このような接続のとき，後続する文はこの例に見るように主体が「は」ではなく「が」で示されるといった文法的な特徴がある(日記研編 2009a: 222)。

1.2.4　日本語の文の接続

　日本語に見られるこのような文のレベルでの接続は，しかしながら連続的であり，このことが日本語の文法上の特徴ともなっている。その1つは，横型の接続で，等位節と接続表現を用いた以下のような接続は，文法上も連続している。

(36)　もう立春だが，まだ寒い。
(37)　もう立春だ。だが，まだ寒い。　　　　　　　　　(日記研編 2009b: 53)
(38)　日本の大学は入るのがむずかしく卒業するのが簡単なのに対し，アメリカの大学は入るのは簡単で卒業するのがむずかしい。
　　　　　　　　　　　　　　　　　　　　　　　　　(日記研編 2008: 268)
(39)　日本の大学は入るのがむずかしく卒業するのが簡単である。それに対して，アメリカの大学は入るのは簡単で卒業するのがむずかしい。
(40)　社会が急激にＩＴ化されていく一方で，ＩＴ関連のトラブルを防ぐ法律は整備されていない。　　　　　　　　　　(日記研編 2008: 269)
(41)　社会が急激にＩＴ化されていく。その一方で，ＩＴ関連のトラブルを防ぐ法律は整備されていない。

　また，日本語の接続のもう1つの文法的特徴は，本書で言う縦型の接続と横型の接続が，1つの文の中で組み合わされて表される場合があることであり，その文法上の組み合わせの可動域の広さは，日本語の特徴の1つとなっている。

(42)　収入は低いし，家事も手伝わない亭主に嫌気がさした。
　　　　　　　　　　　　　　　　　　　　　　　　　(日記研編 2008: 263)

(42)では，接続助詞を用いた横型の接続が縦型の接続(名詞修飾節)の中に埋め込まれており，この文の文法的な構造は以下のように示される。

(43)　［収入は低いし，家事も手伝わない］亭主に嫌気がさした。

　以下の例も同様である。しかも文法的に興味深いことに，接続助詞の種類

によって，意味的には似通った形式ではありながら，名詞修飾節への埋め込みの可否が異なる場合がある[5]。

(44)　被害にあった|けれども／が| 警察には届けない<u>という</u>人が多い。

(日記研編 2008: 259)

(45)　被害にあった|[?]けれども／*が| 警察には届けない人が多い。

(日記研編 2008: 259)

1.3　ディスコースの進め方と接続の概念化

1.2 では，文（あるいは節）の接続について，文法的・形態的特徴から概観した。そこで本小節では，このような接続が，一体どのような要因を概念化素材（あるいは基盤）として概念化されていくのかを探ってみることにする。

一般に，さまざまな言語表現を接続してディスコースを進めていくということは，いずれにせよ，概念者の個人的・主観的な営みである。しかし本書では，概念者のディスコース・プラン[6]といったものを主な概念化の基盤とするタイプの接続と，接続される事象が持っている性質，いわば事象自体が内在的に持っている性質を主な概念化の基盤とするタイプの接続に大きく分けたいと考えている。概念者のディスコース・プランを基盤とする接続とは，概念者がディスコースの内容をどう整理して，どう組み立てていくかという，いわば概念者のより主観的なプランに基づいて，適切な接続（そしてそれを表す言語表現）を選択していくタイプの接続である。それに対して，事象の内在的な性質を基盤とする接続とは，事象が内在的に持っている性質を概念者がどう認めて，それをどう組み直していくのかといったことに関わる，いわばより客観的な理由に依拠した接続である。したがって，概念者のディスコース・プランを基盤とする接続は概念者の恣意的なディスコースの進め方に基づいた接続であり，事象の内在的な性質を基盤とする接続は概念

5　本書は，おもに意味の問題を中心として扱うので，文の統語的な特徴についてはこれ以上深入りしない。しかしこのような問題は，日本語の研究史の中で重要な流れの1つとなってきた。詳しくは，南 1974, 田窪 1987 などの先行研究を参考にされたい。

6　ここで言うディスコース・プランとは，（意識的であれ無意識的であれ）概念者がディスコースを進め，1つのまとまったディスコースとして表出するための心理的な働きといった意味である。一般に，論文のような書きことばでは，ディスコース・プランが綿密に計画され，推敲される。それに対して，雑談のようなダイアログでは，ディスコース開始以前に概念者が綿密なディスコース・プランを準備して臨むことは，通常はあまりないと考えられる。

者の「世界」の見え方に基づいた接続であると言える。

　概念者のディスコース・プランを基盤とする接続は，更にその言語表現の出現順に交換性のある場合とない場合に分かれ，言語表現の出現順に交換性がない場合，接続の意味的な作用領域が隣接的な場合と，非隣接的な場合がある。事象の内在的な性質を基盤とする接続には，事象の生起順による場合と事象の因果関係による場合がある。一般に事象の内在的な性質を基盤とする接続の場合，接続を表す言語表現の数は限られている。この2つのタイプの接続をまとめると，以下のようになる。

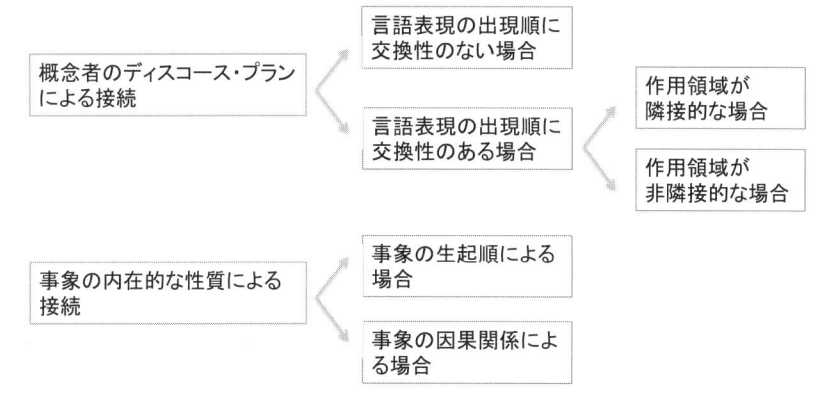

図4.4：接続の概念化とその基盤

1.3.1　概念者のディスコース・プランを基盤とする接続

　概念者のディスコース・プランを基盤とする接続とは，概念者が自らのディスコース・プランといったものと照らし合わせていくことによって，ディスコースを進めていくタイプの接続である。このタイプの接続には，それぞれの言語表現の出現順に制約のないものと，制約のある2つのタイプがある。以下は，それぞれの事象を表す言語表現に出現順に制約のないものである。

(46)　山本は私にとって友人でありかつ師でもある。(並存)

(日記研編 2009b: 106)

(47)　日本への帰化は，日本に5年以上居住し，かつ，元の国籍を喪失することを承諾する場合に申請することができます。

(日記研編 2009b: 107)

(48)　日曜日には，本を読んだり音楽を聞いたりします。

(日記研編 2008: 253)

(49) ストレス状態にある人は食事の仕方が人とちがうことがある。動物のようにがつがつ食べる。あるいは味を見ないで醤油をかけたりする。
(日記研編 2009b: 110)

(46)で,「山本氏が概念者の友人である」ことと「山本氏が概念者の師である」ことに,その言語表現の出現順に本質的な制約はない。(47)〜(49)も同様である。したがって,以下のような言い換えをしても,基本的に意味に大きな変更はない[7]。

(50) 山本は私にとって師であり,かつ友人である。
(51) 日本への帰化は,元の国籍を喪失することを承諾し,かつ,日本に5年以上居住している場合に申請することができます。
(52) 日曜日には,音楽を聞いたり本を読んだりします。
(53) ストレス状態にある人は食事の仕方が人とちがうことがある。味を見ないで醤油をかける。あるいは動物のようにがつがつ食べたりする。

概念者が2つの事象をディスコースの中で対比して描き出そうとするような以下のような接続でも,隣接する言語表現の出現順に内在的な制約はない。

(54) 科学技術の進歩は,日常生活に利便性をもたらした<u>反面</u>,公害や地球温暖化などの環境問題を引き起こした。 (日記研編 2008: 270)
(55) 田中は企業の社長である。{一方／他方},純文学作家としても有名である。 (日記研編 2009b: 130)
(56) 私達のチームは,勢いに乗ると大量に得点を取る。<u>一方</u>,攻められたときには,非常に弱い。(略) (日記研編 2009b: 111)

一般に逆接と呼ばれる接続の用法の1つも,以下のように2つの事象が対比的に接続されており,「しかし」を「一方」で言い換えたり,隣接する言語表現の出現順を交換することができる。

(57) ジャガイモは茎である。<u>しかし</u>,サツマイモは根である。
(日記研編 2009b: 79)
(58) ジャガイモは茎である。一方,サツマイモは根である。

---

7 と言っても,少なくとも概念者がどちらかの事象を先に述べ,どちらかの事象を後に述べたという意味での差異はあるだろうが。

(59)　サツマイモは根である。しかし，ジャガイモは茎である。

　これに対して概念者のディスコース・プランを基盤とする接続の中でも，隣接する言語表現の交換がしにくい場合もある。その1つは，論理的には交換は可能でも，「言語的」に言語表現の出現順が決まっていると考えられる場合である。

(60)　胸を<u>張って</u>，堂々と行進した。　　　　　　　　　　（日記研編 2008: 279）
(61)　??(選手たちは)堂々と行進し，胸を張った。

(60)で「胸を張った」ことと「堂々と行進した」ことは，ほぼ同時に概念者の目の前で生起したひとまとまりの事象と考えていいだろう。しかし日本語の自然な表現として，(61)のような言い換えはおそらく不自然であり，上のような例には「言語的」な習慣からその出現順に一定の慣用的な順番があるからと本書では考えておくことにする。

　もう1つの場合は，概念者の概念化の処理時間による制約がある場合である。たとえば，概念者が思いついた順番で話す以下のようなディスコースでは，それぞれの事態を想起した(あるいは言語化し発話しようとした)順番でしかディスコースを進めることができない。

(62)　チョコレートドーナツ3つください。|あと／それと|，シナモンも。　　　　　　　　　　　　　　　　　　　　　（日記研編 2009b: 89）
(63)　旅行の必需品か。パスポートでしょ。<u>それから</u>，飛行機のチケット。<u>それから</u>，ガイドブックに…。　　　　　（日記研編 2009b: 125）
(64)　ちょっと聴いてほしいんだけど…その一，<u>つまり</u>，何というか…
　　　　　　　　　　　　　　　　　　　　　　　　　　（日記研編 2009b: 96）
(65)　雨が降ってきた。|それに／しかも|，風も強くなってきた。
　　　　　　　　　　　　　　　　　　　　　　　　　　（日記研編 2009b: 89）

(62)から(65)では，概念者が概念を想起した順番，思いついた順番に従って具体的な言語表現が発話されている。この意味で，このような場合の隣接する言語表現の出現順を変えることは，実際のディスコースの中では実質上不可能である。

　一般に主題や話題と呼ばれる現象も，このような概念者のディスコース・プランや処理時間といった概念と関連がある。たとえば，「だが」「だけれども」「だけど」「であるが」などの形式は，その発話までは主題となってはいなかったものを新たに主題として提示するのに用いられる形式であり（日記

研編 2009a: 254），主題を導入する表現が，通常は先に発話される。

(66) ところで，例の件<u>だが</u>，どうなったかな。　　（日記研編 2009a: 254）
(67) ?? どうなったかな。ところで，例の件<u>だが</u>。
(68) 資料3ページの表<u>ですが</u>，これ<u>については</u>若干の訂正がございます。　　　　　　　　　　　　　　　　　（日記研編 2009a: 255）
(69) ?? これ<u>については</u>若干の訂正がございます。資料3ページの表<u>ですが</u>。

あるいは特別な言語表現を何も伴わない場合，日本語では概念者がダイアログに新しい話題をいきなり導入することは難しい。「ところで」はそのような話題の転換を示すときに使われる言語表現の1つである。ディスコースに新しい話題を導入する言語表現は当然，「ところで」の後に発話される。

(70) 予定の変更を先方に連絡しておいてください。<u>ところで</u>，頼んでおいた印刷は終わっていますか。(略)　　　（日記研編 2009b: 111）

もう少し高度なディスコースの意味的な側面に関わる制約もある。その1つは，概念者が情報に特定のディスコース上の性格を加味しながら提示していく以下のような場合である。

(71) 最近の大学生は車を持っていることが多い。｛<u>しかも／それも</u>｝，新車や外車を買って乗り回している。　　　（日記研編 2009b: 92）
(72) 「トラジ」は安い，うまい，早い。昼時には近所のサラリーマンでいつもいっぱいになる。<u>ちなみに</u>，トラジは韓国語で桔梗の意味。(略)　　　　　　　　　　　　　　　　　（日記研編 2009b: 133）
(73) あの職人は実にいい仕事をする。<u>ただ</u>，時間がかかる。(略)
　　　　　　　　　　　　　　　　　　　　　　（日記研編 2009b: 111）

これらの例では，それぞれのニュアンスには差異があるものの，新しい情報をディスコース上の特定の性格を持たせつつ加えていくという働きが共通にあり，仮に後件の言語表現で表現された内容を先に述べると，概念者のディスコース・プランが異なってしまう。

後続の言語表現で例を上げるような場合も同様である。

(74) 一般に小型の動物は，長生きしない。<u>たとえば</u>，ネズミの寿命は3年しかない。　　　　　　　　　　　　　（日記研編 2009b: 97）
(75) マンガの世界は人気の有無ですべてが決まるのである。<u>事実</u>，大家と言えるようなマンガ家の作品でも，すぐに連載が打ち切られてしまうことがある。　　　　　　　　　　　（日記研編 2009b: 98）

更にディスコースの中では，このような概念者のディスコース・プランに基づいて実に豊かな言語表現が使われている。

(76) 佐藤は病をおして創作を続けた。いわば，自分の命を燃やしながら作品を生み出しつづけたのである。　　　　　（日記研編 2009b: 97）

(77) 病気になれば健康保険があるし，仕事を失えば失業保険がある。このように，多くのセーフティーネットで守られている。（略）
　　　　　　　　　　　　　　　　　　　　　　　　　　（日記研編 2009b: 111）

(78) 今年の夏は浴衣が流行している。特に古典的な柄が人気だ。
　　　　　　　　　　　　　　　　　　　　　　　　　　（日記研編 2009b: 99）

(79) 若者の喫煙率は低くなっていない。むしろ，喫煙者は女性を中心に大幅に増えている。　　　　　　　　　　　　（日記研編 2009b: 103）

(80) 野党は内閣不信任案を提出しようとしているし，与党は徹底的に抗戦するつもりだ。いずれにせよ，国会は解散だろう。（略）
　　　　　　　　　　　　　　　　　　　　　　　　　　（日記研編 2009b: 111）

これらの例では，すでに述べた内容を，ことばを換えて表現したり(76)，まとめたり(77)，強調したり(78)，表現を換え内容をより精密に述べたり(79)，あるいはすでに述べた内容を無視したり(80)といったように，実にさまざまなディスコースを進める上でのレトリックが見られる。これらは，それぞれの事態のディスコース内での意味づけや役割の違いによって言語表現の出現順が決定されているという意味で，概念者の意図するディスコース・プランと言語表現の出現順は(概念者がそれに意識的であれ無意識的であれ)密接な関係があることになる。

　最後に，概念者のディスコース・プランにおいて，接続の意味的作用領域が隣接した言語表現だけでなく，より広範なディスコースの領域に及んでいる場合もある。このような場合も，ディスコース内での言語表現の出現順は変えにくい。たとえば，以下の例でディスコースの要点をまとめて示す「第1に」とか「まず」とかいった表現は，隣接する言語表現だけの領域に留まらず，ディスコースのより広い領域の構造を示している。このような例でも，概念者がどのような内容を盛り込んでどのようにディスコースを組み立てていくのかというディスコース・プランが，言語表現の出現順を決める重要な要因となっている。

(81) 今回の事故がおきた背景には3つの理由が考えられる。{第1に／

まず|,現場は見通しの悪い道路であったことがある。|第2に／つぎに|,当日は雨で路面が滑りやすくなっていたことが挙げられる。|第3に／さらに|,対向車のスピードの出しすぎがある。

(日記研編 2009b: 121)

(82) おいしいオムレツを作りましょう。作り方は簡単。<u>まず</u>,フライパンを温めておく。フライパンは厚めのものがよい。<u>つぎに</u>,ボールに卵を割る。<u>このとき</u>,卵をかき混ぜすぎないことがコツ。(略)

(日記研編 2009b: 51)

このように,概念者のディスコース・プランを基盤とする接続には,言語表現の出現順に交換性のある場合とない場合があり,言語表現の出現順に交換性のない場合には,接続の作用領域が隣接的な場合と非隣接的な場合があることになる。

1.3.2 事象の内在的な性質を基盤とする接続

事象の内在的な性質を基盤とする接続とは,事象が内在的に持っている性質を基盤に,それを概念者がどう論理的に組み直して適切な概念化(そしてそれを表す言語表現)を選択してディスコースを進めていくかといった,いわば,より客観的な要因を概念化素材とするタイプの接続である。事象の内在的な性質には,(事象の)生起順と因果関係の2つがある。事象の生起順とは,概念者の対象時間の中に記憶された事象の成立時間のことである。事象の生起順に基盤を持つ接続では,言語表現の出現順と接続形式の選択のされ方は,述べ立てられている事象の発生順に依拠していることが多い。

(83) 今日は午前中法学部の授業に出た。<u>そして</u>,昼から映画を見に行った。

(日記研編 2009b: 87)

(84) 今日は午前中法学部の授業に出て,昼から映画を見に行った。

(85) 宿題を終わらせてから,寝た。

これらの例では,「法学部の授業に出たこと」と「映画を見たこと」あるいは「宿題を終わらせたこと」と「寝たこと」の間には,それぞれの事象が生起した時間に差異があり,それぞれ前者が後者に時間的に先行している。以下も,事象の発生順に沿って事態が述べ立てられている例である。

(86) リンゴを<u>受けとり</u>,一口食べた。 (日記研編 2008: 283)

(87) 新宿へ<u>行って</u>,映画を見た。 (日記研編 2008: 283)

(88)　駅まで歩いて，電車に乗った。（略）　　　（日記研編 2008: 280）
(89)　雨が降っているうえに[8]，風も強まってきた。　（日記研編 2008: 271）
(90)　雨が降っている。そのうえ，風も強まってきた。
(91)　出かけたあとで，忘れ物をしたことに気づいた。（日記研編 2008: 203）

　一般に，言語表現の形態的な特徴と言語的に表現された内容に何らかの具体的な関連があることを言語のアイコン性（iconicity）[9]と呼ぶと，事象の生起順とそれを表す言語表現の出現順との間に見られる平行性も，言語のアイコン性の現れの1つと捉えることができる。そして，このような言語のアイコン性の特徴を最大限に活かしたのが小説などの地の文で，小説などでは事象の生起順にディスコースを進めていくことで，ディスコースを分かりやすく進めていくことが多い。これを受け手（読者）としての概念者の立場から見れば，文を順番に読み進めることで，内容となっている事象を（基本的には）発生順に頭に思い浮かべて理解していくことが可能になる。

(92)　［小説で］そろそろと裸足の足をのばすと，つま先に川の水が触れた。冷たい。川の水から秋の冷気が伝わってきた。ハンターは，後を振り向くと，「だめだ，冷たすぎるよ」と笑った。

(92)では，「（主人公であるハンターが）足をのばす」「（主人公の）つま先に水が触れる」「（主人公が足先に）冷たさを感じる」といった言語的に描き出された事象の生起順と言語表現の出現順は平行になっている。

　ただし言語表現によっては，このような事象の成立順と言語表現の登場順に見られるアイコン性に敢えて従わない表現もある。日本語の「まえ」「まえに」という形式は，そのような言語表現の1つである。

(93)　寒くなるまえに，冬物の衣類を出す。　　　（日記研編 2008: 196）

8　ただし，日本語の「うえに」は，英語の upon と異なり，概念者の何らかの意図・感情といったものも感じられるとする分析もあろう。それに対して英語の upon は，純粋に事象の生起順に対応しているようである。
　［試験問題の指示で］Upon completing Question 1, please go to Question 2.
　この例で Upon completing …は，Q1 が終了後に Q2 に進むようにという時間的関係しか述べ立てていない。
9　たとえば，合唱団の指揮者がリハーサル中に「ここは大きな声で歌ってください」と大きな声で言い，「ここは小さく歌ってください」とささやき声で言うような場合，言語表現（この場合は，音声による言語表現）と言語の表す内容（「大きな声」や「小さな声」）に音響的な値（デシベル）においての具体的な関連がある。一般に音声言語は，手話に比べてアイコン性（iconicity）が顕著には見られないとされるが，この例に見るように，音声言語にもまったく観察されないわけではない。

(94)　夏休みが終わるまえに，宿題を終わらせた。　　（日記研編 2008: 165)

(93)(94)では「冬物の衣類を出すこと」は「(天候が)寒くなること」より先に起き，「宿題を終わらせた」のは「夏休みが終わった」のより以前のことである。つまり日本語の「まえ」「まえに」という言語表現は，事象の成立する順番と言語表現の出現順を敢えて反対にした，文法的には「従属節の事態を基準として，その前に起こる事態を主節で述べる形式である(日記研編 2008: 197)」ということになる。

　事象の内在的な性質を基盤とする接続の2つ目は，事象の因果関係に基づくものである。以下の例では，文の出現順と接続のされ方は，述べ立てられている事象の生起順とともに，それらの間に見られる因果関係に基づいている。

(95)　駅まで歩いて，足が痛くなった。(略)　　　（日記研編 2008: 280)
(96)　風邪をひいて，仕事を休んだ。　　　　　（日記研編 2008: 279)
(97)　薬を飲んだら，熱が下がった。(略)　　　　（日記研編 2008: 98)
(98)　スイッチを押した。だから電気が消えた。(略)（日記研編 2009b: 59)

これらの例で，「駅まで歩いたこと」と「足が痛くなったこと」，「風邪をひいたこと」と「仕事を休んだこと」，「薬を飲んだこと」と「熱が下がったこと」，そして「スイッチを押したこと」と「電気が消えたこと」の間には何らかの因果関係が想定されている。つまり，今仮に1番目に述べられた事象をP，2番目に述べられた事象をQと表記すれば，Qの成立にはPの成立が必要だったと考えられ，反対にもしPの事象が成立していなかったら，Qの事象も成立していなかったと考えていることになる[10]。以下も何らかの因果関係に基づいた接続の例である。

(99)　お金がなかったから，車は買えなかった。(略)（日記研編 2008: 121)
(100)　結婚指輪をしているから，ミセスにちがいない。(略)

（日記研編 2008: 121)

　先に事象の生起順に基づく接続でも見たように，事象の因果関係に基づく接続も，接続の表現さえ適切に選択すれば，言語表現の出現順を変えること

---

10 このことは，日常生活では通常，ある事象Pが起きたときに事象Qが起き，Pが起きなかったときにはQが起きなかった，ということを確認すれば十分であるという直観に通じる。それに対して，科学的な因果関係の認定をするには，Qが起きなかったときにPが起きなかったこと(*〜Q→〜P)の確認などが必要であり，このような検証のプロセスは，もちろん日常生活の中では不可能であり，不要である。

も可能である。

(101) 電気が消えた。<u>というのも</u>スイッチを押したからだ。（略）

(日記研編 2009b: 59)

更に，我々の一般的な知的能力として，このような経験的に学習した因果関係を一般化し，仮定的な状況にあてはめて述べることも可能である。

(102) この薬を飲め<u>ば</u>，熱が下がるだろう。（略） （日記研編 2008: 98)
(103) この薬を飲んだもの<u>は</u>，熱が下がるだろう。
(104) この薬を飲みなさい。そうすれば熱は下がる。
(105) スイッチを押しなさい。<u>そうしないと</u>電気は消えないよ。（略）

(日記研編 2009b: 59)

(102)(103)(104)では「薬を飲むこと」と「熱が下がること」の間に因果関係を想定し，仮定的な「薬を飲む」という事象が成立すれば，「熱が下がる」という事象が成立する（と概念者が考えている）ことが述べられている。(105)では「スイッチを押すこと」と「電気が消えること」という2つの事象間に因果関係を認めた上で，もし「スイッチを押さなければ電気が消えない（〜P→〜Q）」という関係が述べられている（〜PはPの否定を表す）。

反対に，概念者がこのような因果関係が成立することを認めない場合には，以下のような言語表現が使われる。

(106) 薬を飲ん<u>でも</u>，熱は下がらない。 （日記研編 2008: 93)
(107) 薬を飲ん<u>でも</u>，熱は下がらないだろう。（略） （日記研編 2008: 146)

更に，概念者がこの因果関係に普遍性を認めれば，以下のように一般的な法則（時空を問わず成立する因果関係）として表現することも可能である。以下の例では，「薬（解熱剤）を飲むこと」と「熱が下がること」に普遍的な性質を認めている。

(108) 解熱剤を飲め<u>ば</u>，熱は下がる。（略） （日記研編 2008: 98)
(109) 私は，この薬を飲め<u>ば</u>，熱が下がる。（略） （日記研編 2008: 98)

(108)では概念者がこの因果関係を一般的な法則（経験則）として述べており，(109)では概念者の経験の中ではこの因果関係が繰り返し成立したということが述べられている。

このように接続して表現される事象に，何らかの因果関係が認められる場合で興味深いのは，いわゆる逆接と呼ばれる用法の1つである。この逆接の用法の1つでは，言語化された2つの事態以外の事象が言語化されずに描

かれている。

(110) 薬を飲んだのに，熱は下がらなかった。(略)　　（日記研編 2008: 146）
(111) スイッチを押した。しかし電気は消えなかった。(略)

（日記研編 2009b: 59）

(112) あいつは由衣に好意をもっているようだ。|それなのに／そのくせ|
　　　会うと素っ気ない態度をとる。　　　　　　（日記研編 2009b: 82）

これらの例では「薬を飲むこと」と「熱が下がること」，「スイッチを押すこと」と「電気が消えること」，そして「(知人に)好意を持つこと」と「(その知人と)親しくすること」の間に因果関係が想定されている。そして，そのような因果関係を下敷きにしつつ，実際にはその因果関係がこのディスコースで描く現実の「世界」の中では成立せず，それと反する「熱が下がらなかったこと」「電気が消えなかったこと」「素っ気ない態度を取ること」が成立したと述べられている。つまり因果関係の存在は肯定しつつも，実際にはそれと反する事象が起きたこと，そして通常は想定した因果関係が成立することといった，概念者の「世界」の捉え方の一端が表現されているわけである。

このような逆接の接続の特徴は，以下のような実際には起きなかったことを述べるディスコースにも表れている。

(113) この薬を飲めば，熱が下がったのに。(略)　　（日記研編 2008: 98）

(113)で，逆接の接続表現である「のに」は，本来成立すべき因果関係が成立しなかったことを述べ立てている。つまりこの例では，概念者の信じる因果関係が，ディスコースの描き出そうとしている現実の「世界」では成立しなかったこと，概念者が本来はこの関係が成立すべきであったと考えていること，そして成立しなかった因果関係を敢えて述べ立てることにより，現実に対して概念者が不満を持っていることなどが表現されている[1]。

ここで見た事象の生起順や因果関係は，概念者の持つ構造化された知識という意味で，本書ではフレームの1つであると考えている。そこで，このような事象の生起順や因果関係に基づく接続，そしてそれらの接続を表現する言語表現の特徴について，以下の節で詳しく見ていくことにする。

---

1 なぜ，この「のに」を用いた言語表現がこのような複層的な意味を持ちえるのかについては，4.でフレームという概念を用いた説明を試みる。

2. 事象の生起順を基盤とする接続

　1.で見たように，ディスコースでの接続でも，一見，言語表現だけが操作されているように見えて，その舞台裏ではさまざまな概念化が行われていた。そこで本節では，事象の生起順を表すフレームを概念化素材とする概念化と，それを表すさまざまな言語表現について順次見ていくことにする。

2.1　事象の生起順を基盤とする接続（継起）

　通常，2つの事象に時間的な差異があり，その成立の順番に沿って事態を述べ立てるとき，接続はその事象の生起順を概念化の基盤として接続が行われることが多い。このような接続のことを本書でも一般にならって「継起」と呼ぶことにする。以下に見るように継起は，比較シンプルなフレームに基づいて概念化が行われる。継起の接続で，日本語で最もよく使われる形式の1つは，いわゆるテ形と呼ばれる接続の形式であり，以下は，テ形の接続の例である。

(1)　　うちに帰っ<u>て</u>，シャワーを浴びた。　　　　　（日記研編 2008: 129）
(2)　　デパートへ<u>行って</u>，くつを買った。　　　　　（日記研編 2008: 279）
(3)　　ベルが<u>なって</u>，受験生が教室に入ってきた。　　（益岡 1997: 14(23)）

上の例では，「（話し手が）うちに帰ったこと」「（話し手がうちで）シャワーを浴びたこと」，「（話し手が）デパートに行ったこと」「（話し手がデパートで）くつを買ったこと」，そして「（試験会場の）ベルがなったこと」「（教室の外で待っていた）受験生が教室に入ってきたこと」などが，接続された事象の時間的な生起順に従って事態として言語的に表現されている。それぞれのフレームのおおまかな内容と概念化を図示すると，概ね以下のようになる。以下で，「▶」は，時間の生起順を表している。

(4)　　P「（概念者が）うちに帰ったこと」▶ Q「（概念者が）うちでシャワーを浴びたこと」
(5)　　P「（概念者が）デパートに行ったこと」▶ Q「（概念者が）デパートでくつを買ったこと」
(6)　　P「（試験会場の）ベルがなったこと」▶ Q「（教室の外で待っていた）受験生が教室に入ってきたこと」

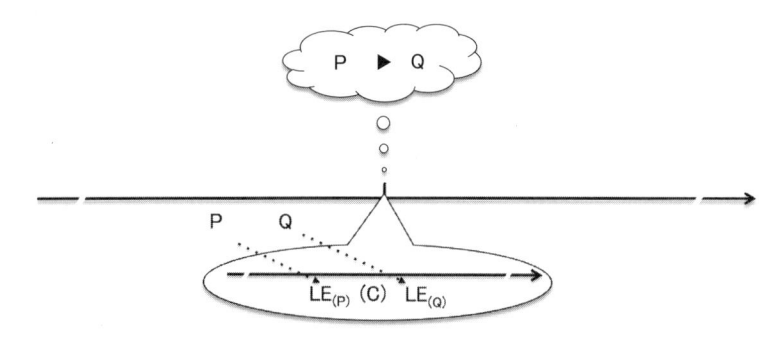

図 4.5：テ形(継起)の概念化

　動詞のテ形以外にも，日本語では動詞の連用形(7)(8)，名詞修飾節(9)(10)，接続詞(11)(12)などが，事象の生起順を基盤に事態を表現する言語表現である。

(7)　1時間目が {終わって／終わり}，2時間目が始まった。
(日記研編 2008: 283)

(8)　夕食後，シャワーを {浴びて／浴び}，歯を磨いた。
(日記研編 2008: 287)

(9)　食事を終えた田中は，足早に社に戻った。　(日記研編 2008: 89)

(10)　自分の仕事をすべて終えた鈴木が，私の仕事を手伝ってくれた。
(日記研編 2008: 89)

(11)　今日は午前中大学へ行った。それから，アルバイトへ行った。

(12)　今日は午前中法学部の授業に出た。そして，昼から映画を見に行った。
(日記研編 2009b: 87)

ただし，先にも見たように，事象の生起順とそれらを表す言語表現の出現順が異なる場合もある。

(13)　夕食後，歯を磨く前に，シャワーを浴びた。

(14)　私の仕事を手伝ってくれる前に，鈴木は自分の仕事をすべて終えた。

(15)　今日はアルバイトへ行った。その前に午前中大学へ行った。

これらの事象の生起順と言語表現の出現順を図示すると，以下のようになる。

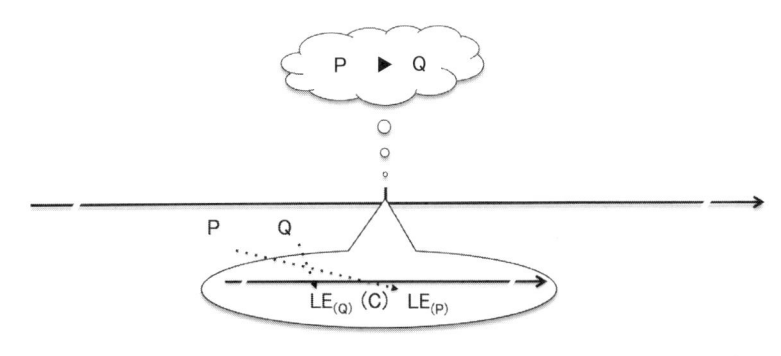

図 4.6：「まえに」の概念化

　事象の生起順と言語表現の出現順が逆転(交差)するこのような現象は，一見単純な現象のように思われるが，後の節でも見るように接続のいろいろな概念化において非常に重要な役割を担っている。
　上の例は，事象の生起が過去(発話の前)に起きた例であるが，以下は2つの事象の生起が未来(発話以降)に起きる例である。これらの例の概念化と言語化の過程は，以下のように表される。

(16)　うちに帰って，シャワーを浴びます。
(17)　うちに帰ってから，シャワーを浴びます。
(18)　[試験で。教師が学生に] 試験を終えた人は，私に提出してください。
(19)　レポートを書きおわり次第，私のところに来てください。

(日記研編 2008: 207)

(20)　今日は午前中まず大学へ行きます。それから，アルバイトへ行きます。

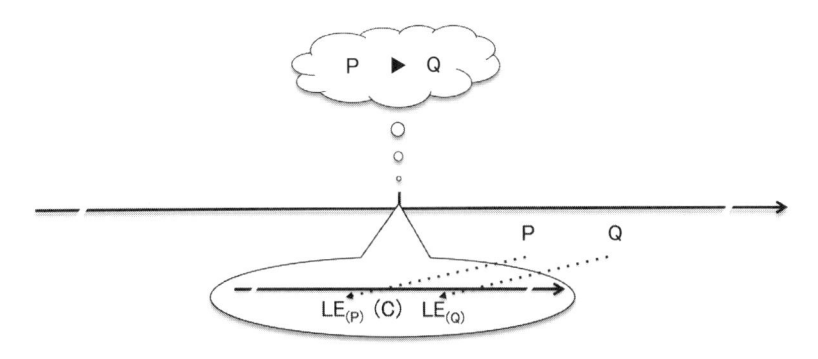

図 4.7：未来における継起の概念化

事象の生起順を基盤とする接続でもう少し複雑なフレームに基づくものに以下のような例がある。以下の例では，「P ▶ Q」の生起ペアが，時間の経過の中で複数回起こっている。

(21)　　2，3行読んでは，窓の外を見た。　　　　　　（日記研編 2008: 112）
(22)　　お菓子を作っては，近所の子どもたちに分け与えた。
　　　　　　　　　　　　　　　　　　　　　　　　　（日記研編 2008: 112）

これらの例では，Pが起き，その後Qが単独で複数回起きるというよりも，ペアとなった「P ▶ Q」という事象が，そのペア内部の時間的構造(生起順)を維持しながら何回も生起した，ということを表している。本書では，このような例の表す事象パターン(フレーム)を，数式の書式を援用して「(P ▶ Q)^n」のように示すことにする。

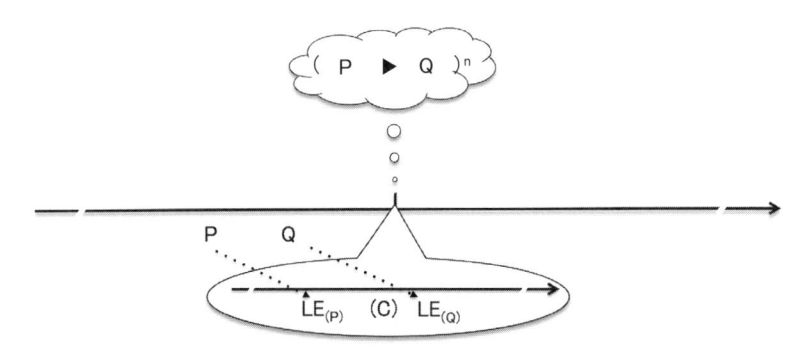

図4.8：繰り返しの継起の概念化

　一般に，このような継起型の接続では，何かセットとなる事象(P ▶ Q)が起きた(あるいは起きる)ことを言語的に表現する場合が多いが，事象が起こらなかったことが表現される以下のような例もある。

(23)　　(昨夜はとても疲れて)歯も |磨かずに／磨かないで|，就寝した。

この例では，概ね「(話し手が)疲れたこと」「(話し手が)歯を磨かなかったこと」「(話し手が)寝たこと」などの事象が言語的に表現されている。ここで注目に値するのは，「(話し手が)歯を磨かなかった」という事象で，これは起こらなかった事象なので，本来言語化してわざわざ表現する必要は必ずしもない。しかし，この起こらなかった事象を言語的に述べ立てることに意味があるのは，概念者に，いわば，第3章で見たようなフレーム(ここで

は仮に就寝のフレームと呼ぶ)があり，その中で「歯を磨くこと」がその要素となっているからと考えれば理解しやすい。反対に，概念者にこのようなフレームがなければ，しなかった事象をわざわざ言語化する必要もないはずである。つまり本来「就寝のフレーム」で起こるはずの「歯を磨く」という行為が行われなかったということが，生起しなかった事象を敢えて言語的に述べ立てる理由となっているのである。現実の世界でフレームと異なった事象が起こったことを述べ立てるこのような概念化は，以後の節で見るように実は少なくない。ここでも，本書でフレームと呼ぶ，構造化された知識の働きが，言語表現の成立に重要な役割を担っている。

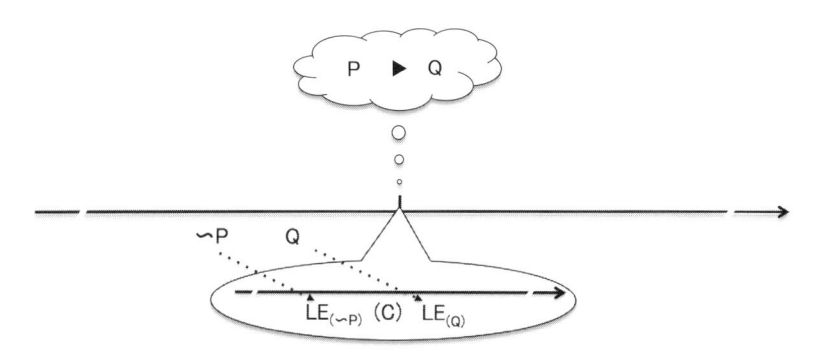

図4.9：起こらなかった継起の概念化

2.2　継起式の接続と概念者の認識・知覚の働き

　一般に，事象の成立を認識・知覚するのは概念者の認知の働きである。しかし，概念者の認識・知覚が必ずしも言語的に表現されるとは限らない。これを本書の用語で言えば，概念者の認識・知覚は通常は概念者の主観の中に埋ずめられており(subjectively construed)，それを敢えて客観的に言語的に表現しない場合も多いということになる。一方，第3章の4.で見たように，概念者の認識・知覚が言語的に敢えて表現される場合もありえる。以下は，「かと思うと」という言語表現で概念者の認識・知覚が表現されている例である。
　(24)　猫は目覚めたかと思うと，食べ物をねだりはじめた。
　　　　　　　　　　　　　　　　　　　　　　　　　　（日記研編 2008: 216)
　(25)　あの歌手は，デビューしたかと思うと，瞬く間にスターになった。
　　　　　　　　　　　　　　　　　　　　　　　　　　（日記研編 2008: 216)

これらの例では，概念者の認識・知覚が言語的に表現されているが，題材となった事象とその生起順は，基本的に言語的な表現と並行的であり，以下のように言い換えてもその事象群の成立順は変わらない。

(26) 猫は目覚めると，食べ物をねだりはじめた。
(27) あの歌手はデビューすると間もなく，スターになった。

ただし「かと思うと」という表現を使うと，概念者の認識・知覚の働きが前景化され，その結果，事象群の生起と概念者の認識・知覚の成立がほぼ同時，ないしは直後であるというニュアンスがでる。

　一般にこのような概念者の認識・知覚というのは，(言語化されているか，されていないかに関わらず)実はさまざまな接続の概念化にも顔をのぞかせている。その1つが一般に「きっかけ」や「発見」と呼ばれるタイプの表現である。

(28) 道をまっすぐ行くと，右手に郵便局があった。(日記研編 2008: 109)
(29) 箱を開けたら，中にハンカチが入っていた。　(日記研編 2008: 108)
(30) ロープウェイで頂上まで登った。すると，紅葉がきれいだった。
　　　　　　　　　　　　　　　　　　　　　　　　(日記研編 2009b: 69)

(28)(29)(30)に共通する意味的な特徴は，事象の成立順と言語表現に現れる順番が実は異なっていることである。たとえば(28)では，「概念者が道をまっすぐ行く」はるか以前から「道の右手には郵便局が存在していた」だろうし，(30)では「(概念者がロープウェイで(山の)頂上まで登った)以前から「(山の木々の)紅葉はきれいだった」はずである。すなわち，言語表現の後件に描かれた事態は，概念者の対象時間上のマッピングから言えば時間的に先に起こった事象を言語化したものであり，前件は後件の成立を受けてから(あるいは前提として)成立した事象である。これらの事象と概念化は，以下のように示される。ここで以下の概念化は，2.1 で見た図 4.6 と実はその構造が同じであることに注意されたい。

(31) P「右手に郵便局があること」▶ Q「(概念者が)道をまっすぐ歩いたこと」
(32) P「(箱の中に，誰かが)ハンカチを入れたこと」▶ Q「(概念者が)箱を開けたこと」
(33) P「(木々が)紅葉したこと」▶ Q「(概念者が)ロープウェイで頂上まで登ったこと」

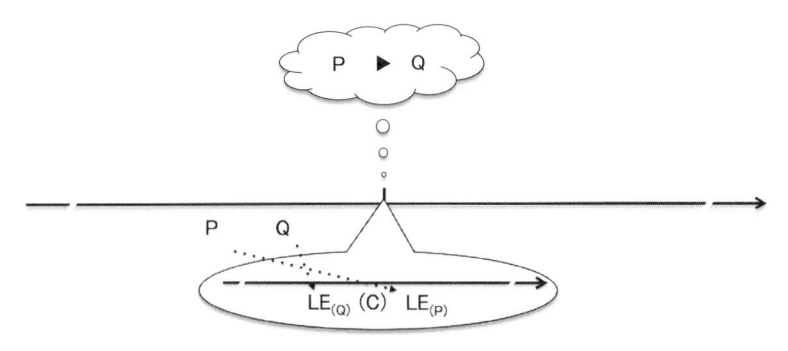

図 4.10：〜すると，〜（発見・きっかけ）の概念化

　その上で，上の例に共通する意味的・表現的な特徴を考えてみれば，前件が後件を「発見」する「きっかけ」となっていることである。換言すれば，もし前件が成立しなければ，（少なくとも概念者の中では）後件の成立の「発見」もなかったということなのである。これは，客観的に考えてみれば実に理不尽なことではあるが，人間という概念者の性質を考えてみれば，その特徴を巧みにとらえた表現だとは言える。すなわち人間という概念者には，自分が「発見」しない限り，その後件に表された事象は存在しないのである。この概念者の「発見」という認知・心理プロセスは，以下のような知覚（味覚）に関する表現にも（この例でも概念者は言語的には明示的ではないものの）現れている[2]。

（34）　その料理を食べてみたら，おいしかった。　　（日記研編 2008: 109）

　この「発見」「きっかけ」型の接続は，以下のように前件の表す事象（すなわち概念者の認識・知覚が成立するきっかけ）が，未来（発話後）に起こると考えられる事象でも同じことである。しかもこの場合，厳密に考えれば概念者の認識・知覚は発話の段階ではまだ成立していないわけだから，後件に表される事象は受け手の中にまだ成立さえしていない（発見されていない）ということになる。

2　ただしこれは，味覚という感覚を通した判断をどう理解するかによって，その解釈は異なる。もしこの味覚という感覚が概念者の味覚を感じる神経系に起こる現象だとすると，この感覚は概念者が食べる前に生じるはずがないので，これは事象の生起順と言語の生起順が一致する，通常の継起型の接続となる。一方，この「おいしい」をその特定の食べ物に属する性質と解釈すれば，これは事象の生起順と言語の生起順の一致しない，本節で言う「発見」の例となる。

(35) この道をまっすぐ行ったら，銀行があります。（日記研編 2008: 99)
(36) P「銀行があること」▶ Q「(受け手が)この道をまっすぐ行くこと」

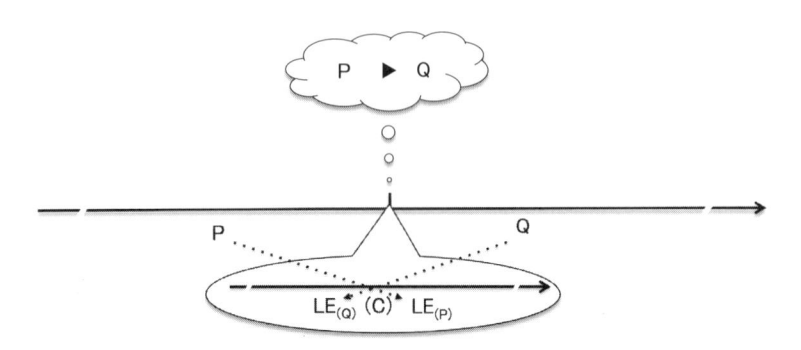

図 4.11：未来における発見・きっかけの概念化

　このような「発見」「きっかけ」型の接続は，接続の概念化の基盤が概念者の対象時間上にあると考えるとき継起型と理解されるものの，それに次節で見る事象間の因果関係のフレームや概念者による受け手に対する発話行為のタイプが重ね合わされると，その働きは限りなく疑似条件文に近づいていく。この意味で，事象の生起順と言語表現の出現順が逆転(交差)する現象は，「発見」「きっかけ」だけに特殊な現象ではなくて，接続の概念化と言語化においては一般的な性質である。

3. 事象の因果関係を基盤とする接続

　日常，私たちはさまざまな事象の連続に遭遇している。そして仮に事象 P が起こったときには，いつも事象 Q が起きていると私たちが感じたとしよう。こんなとき私たちは，事象 P と Q の間には何らかの因果関係があり，私たちの身の周りの世界では，この関係が現在あるいは未来においても繰り返されるだろうと考えるようになる[1]。

---

[1] このような知的能力は，ヒトの祖先がチンパンジーの祖先と分岐してからの進化であり (Corballis 2011: 102; Gazzaniga 2008: 274)，ヒトが未来のことを想像するときには，過去の出来事を思い出すときと同じ脳の部位が活動するとの興味深い指摘がある (Addis et al.

このような2つの事象の因果関係を表すフレームは，言語的には実にさまざまな言語形式を通して表される。一般に，条件文と呼ばれる言語表現はその中の1つであり，他に理由文，反事実条件文，譲歩文などがある（坂原1985: 117-119）。本節では，このような異なった接続を順次見ていくことにする。

3.1　条件文

　条件文は，事象間の因果関係を概念化の基盤とする典型的な言語形式の1つで，以下がその例である。

(1)　　［居間で。父親が遊びに行きたいとむずかる子供に］明日天気が良かったら，ピクニックに行こう。

(2)　　コーヒーを飲めば眠れないぞ。　　　　　　　　　（坂原1985: 120(50a)）

(1)では，話し手は「天気が良い」という事象と「ピクニックに行く」という事象の間に因果関係があると考え，あるいはそのようなフレームを前提として，「もし明日天気が良ければ，ピクニックに行く」という発話を行っている。(2)では「コーヒーを飲む」という事象と「眠れない」という事象の間に，同様に因果関係があると考えて発話を行っている。今，それぞれの概念者の想定する因果関係の前件をP，後件をQとすれば，以下のようになる。「→」は，事象間の因果関係を表している。

(3)　　P「明日天気が良くなること」→ Q「ピクニックに行くこと」

(4)　　P「コーヒーを飲むこと」→ Q「眠れなくなること」

この2つの因果関係を，本書の書式で表す。

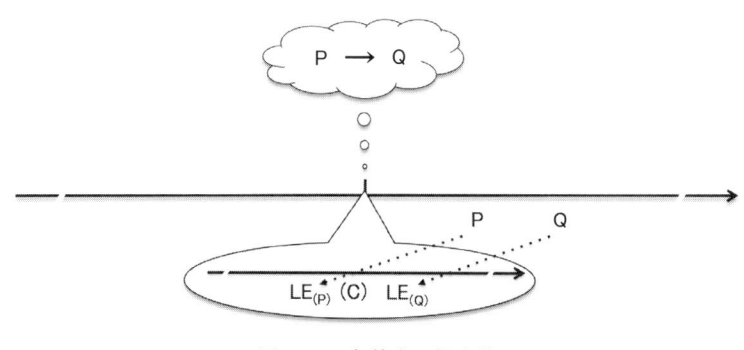

図4.12：条件文の概念化

2007: 1363-1364, 1368, 1372, 1375; Corballis 2011: 101）。

もちろん，このような因果関係を表すフレームが，これ以外の言語形式によって表される場合もある。

 (5) 金を出すか，子供が死ぬかだ。   （坂原 1985:111(34)）
 (6) P「(親が誘拐犯に)身代金を出すこと」→ Q「子供が生きて親元に帰ること」

また総称文と呼ばれる文も，事象間の因果関係を表す言語表現の1つである(坂原 1985:137)。以下の例では，P「鶏がメス」である事象と，Q「(鶏が)卵を産む」事象との関係が述べられている。

 (7) めんどりは卵を産む。   （坂原 1985:137(96a)）
 (8) めんどりであれば，卵を産む。

3.2　理由文

3.1で述べた条件文の場合，「P → Q」という因果関係を構成する事象の成立は未来あるいは一般化された現在における関係であった。理由文も「P → Q」という事象の因果関係を基盤とする接続の1つであるが，理由文の場合には，少なくとも事象の1つであるPが成立していなくてはならない。以下は，因果関係「P → Q」を構成する事象のPとQの両方が過去，つまりこの発話以前に成立している例である。

 (9) コーヒーを飲んだから眠れなかったのだ。 （坂原 1985:120(50c)）
 (10) おまえが警察に知らせたから，子供を殺したのだ。（坂原 1985:121(53)）
 (11) 井上は仕事が早く終わったから，英会話学校に行った。
                 （坂原 1985:130(73)）

これらの事象間の関係は，以下のような図に表される。ここで，それぞれの事象は，概念者の対象時間の過去にマッピングされている。

 (12) P「コーヒーを飲んだこと」→ Q「眠れなかったこと」
 (13) P「(子供を誘拐された親が誘拐の事実を)警察に知らせたこと」→ Q「(誘拐犯が)子供を殺したこと」
 (14) P「井上の仕事が早く終わったこと」→ Q「井上が(仕事後に)英会話学校に行ったこと」

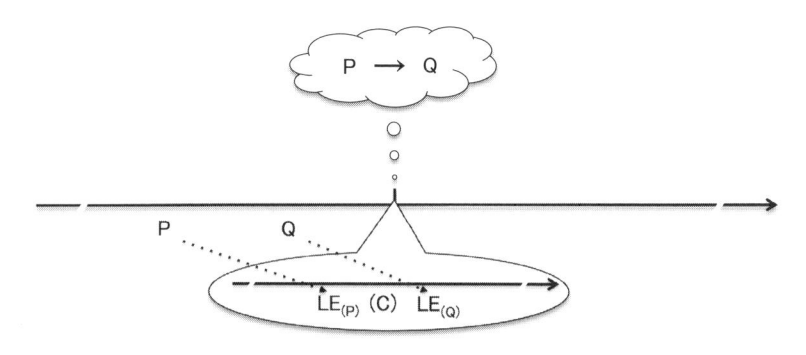

図 4.13：理由文の概念化 1

　一方，Q が発話後に成立する場合もある。ここで，因果関係の後件「眠れない」ことと，「試験が受けられない」こととは，この発話以降に成立する（可能性のある）事象である。
　(15)　コーヒーを飲んだから眠れないぞ。　　　　　　（坂原 1985: 120 (50b)）
　(16)　受験票を忘れたから，試験が受けられない。
このような 2 つの事象間の関係は，以下のように表される。
　(17)　P「コーヒーを飲んだこと」→ Q「眠れないこと」
　(18)　P「受験票を忘れたこと」→ Q「試験が受けられないこと」

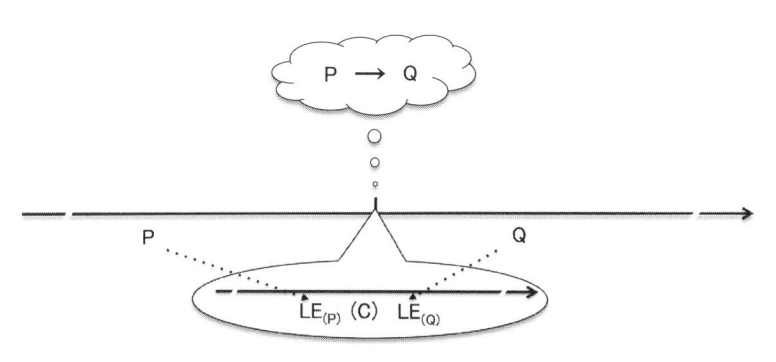

図 4.14：理由文の概念化 2

　概念者の判断が後件となる場合もある。つまり前件となった事象を認識して，そこから概念者の判断・推測等が生まれ，その 2 つの事象の間に因果関係があるということを述べ立てる場合である。この意味でこのような例は，

3. 事象の因果関係を基盤とする接続

判断の根拠と呼ばれることがある(日記研編 2008: 124)。

(19)　結婚指輪をしているから，ミセスにちがいない。

(日記研編 2008: 121)

3.3　譲歩文

　ここまで述べてきた例は，条件文も理由文も因果関係に関連した事象は2つであったが，もう1つ(以上)の事象が因果関係の成立に関与している場合もある。これは，たとえば，以下のような譲歩文と呼ばれる言語表現で表されることが多い。

(20)　[居間で。父親が遊びに行きたいとむずかる子供に]明日天気が良かったら，ピクニックに行こう。ただし，太郎が今日一日，お利口にしていたらね。

(21)　運動会は10月10日に開催されます。ただし，もしその日に台風が来れば，運動会は中止になります。　　(坂原 1985: 126(63))

(20)で，「太郎(息子)が今日一日お利口にしていること」は，「明日天気が良いこと」と並んで，「(明日)ピクニックに行くこと」の成立条件となっている。逆にもしこの2つの条件が成立しなければ，「(明日)ピクニックに行くこと」は成立しないと概念者は考えている。またそれぞれの事象の成立順は，概ね「太郎(息子)が今日一日お利口にしていること」「(発話の翌日)天気が良いこと」「(発話の翌日)ピクニックに行くこと」となっている。また(21)では，「(10月10日の前日あるいは当日に)台風が来ないこと」「10月10日になること」「運動会が開催されること」といった事象の生起順になる。これらの事象の関係を整理してまとめると，以下のようになる。

(22)　O「太郎が今日一日お利口にしていること」▶ P「明日天気が良いこと」→ Q「ピクニックに行くこと」

(23)　O「台風が来ないこと」▶ P「10月10日になること」→ Q「運動会が開催されること」

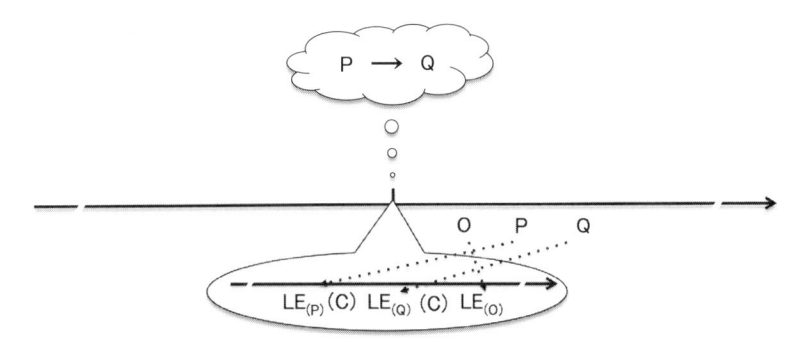

図4.15：譲歩文の概念化

(22)(23)で大切なことは，事象Oは直接の因果関係のフレーム「P → Q」が成立するための，ある種，前提条件となっているということである。つまりこれらの例では，事象Oが起きただけではQは起きないが，Oが起きPが起きたときに初めて「P → Q」の因果関係が発動し，Qが成立すると（少なくとも概念者は）考えている。このような譲歩文の概念化では，Oが「P → Q」の因果関係が発動する前提であり，その前提が成立して初めて因果関係が発動する。この意味で，このような言語表現が「譲歩文」と呼ばれているのであろう。

3.4　疑似条件文

さてここで，一見，文の形式は条件文と同様であるが，実は言語化された前件と後件の間には，上で見たような因果関係を見出すことはできない種類の接続がある。この疑似条件文と呼ばれる接続は，形態上は通常の条件文のように見えるが，前件と後件の間には合理的な因果関係があてはまりにくい。以下が，その例である。

(24)　先生に会いたかったら，研究室にいるよ。
(25)　のどが渇いていたら，冷蔵庫にビールが冷やしてあるよ。

（日記研編 2008: 100）

(26)　もしあなたがノーマンに会いたいのなら，彼はグランドホテルにいます。　　　　　　（Johnson-Laird 1983: 55, 日本語訳は坂原 1985: 51）

たとえば(24)で，聞き手が先生に会いたいと思うようになれば，それが理由で先生が自身の研究室にいる（あるいは存在する）ようになるとは考えにくい。

また(25)で聞き手の喉が渇いていたら，ビールが意志を持って魔法のように冷蔵庫の中に入り込み，そして飲み頃の温度まで冷えているといったこともない。このように疑似条件文は，一見，形こそ条件文の形はしているものの，その内容は上で見た条件文とは異なっていることが分かる。

また疑似条件文には，もう1つの興味深い意味的な性質がある。それは，このタイプの文は，概念者が受け手に何か行動を起こさせようとする意図を持ってした発話が多いことである。たとえば(24)では，概念者は受け手に(もし受け手がそう希望すればの話だが)先生の研究室に(先生に会いに)行くように勧めている。(25)では，勧誘というよりは，むしろ許可といったニュアンスではあるが，概念者は受け手にビールを飲むことを勧めている。

このような疑似条件文の言語表現としての形と意味の乖離性には，坂原1985が理論的で生産的な説明を与えている。坂原1985では，以下のような系列の異なる2つの命題連鎖を想定し，「同一系列の命題を結合すれば通常の条件文を得(坂原1985: 150)」，疑似条件文とは「異なる系列の命題同士を結合して得られる条件文(坂原1985: 150)」としている。このモデルから生成される文には，たとえば以下のような例がある。

(27) （pならばq）暑ければ喉が渇く。　　　　　　（坂原1985: 149(114a)）
(28) （pならばs）暑ければ昨日ビールを買ったよ。（坂原1985: 149(115a)）

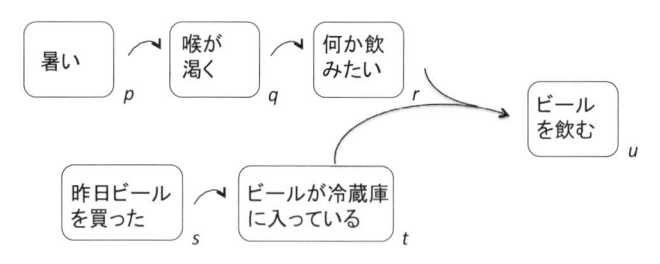

図4.16：坂原1985: 149 図3・10　暑さとビールに関する命題連鎖

たとえば(27)では，同じ系列に属する命題が接続されているので通常の条件文が作り出され，(28)では異なる系列に属する命題が接続されているので，疑似条件文ができるという説明である。実際，この説明は，以下のような命題同士の組み合わせの疑似条件文を正しく予想できるという点で，極めて明解な説明となっている。

(29) （pならばt）暑ければビールが冷蔵庫に入っているよ。

(坂原 1985: 149(115b))

(30) （qならばt）喉が渇いているならビールが冷蔵庫に入っているよ。

(坂原 1985: 149(115c))

ただし，坂原1985が言うように異なる系列に属する命題を機械的に組み合わせてみても，ここで見たような疑似条件文の働きを持った発話としては必ずしも解釈しにくい場合もある。

(31) （sならばq）昨日ビールを買ったなら，さっきから喉が渇いてしょうがないんだ。　　　　　　　　　　(坂原 1985: 150(116a))

(32) （tならばp）冷蔵庫にビールがあるなら，暑くてしょうがないんだ。

(坂原 1985: 150(116b))

(31)(32)では，条件文のような形と意味との乖離性こそ疑似条件文的ではあるが，概念者がこの発話をもって受け手に何らかの行動を起こすことを勧めているといった，疑似条件文の発話行為上の性格を持ったニュアンスは感じにくい。むしろ非常に遠まわしにビールを飲みたいと言っているように解釈しようとすると，その解釈のためには実際の発話の内容があまりに遠すぎて，冗談を言っているように聞こえなくもない。

坂原1985のもう1つの問題は，2つの(あるいは複数の)系統の命題連鎖を想定して，そこから疑似条件文の産出のプロセスを説明したことはとても分かりやすい説明になっているが，その反面，この2つの系統の命題連鎖が理論の枠組み上，お互いに別系列の命題連鎖となってしまい，お互いの時間的・因果関係的な関連がうまく捉えられていないことである。つまり実際にはたとえば，「昨日ビールを買ったこと」や「(今日は)暑いこと」などは，(本書の枠組みからは)おそらく概念者の対象時間の上に構造化されて記憶されているはずのものだが，坂原1985の枠組みでは別系統の因果関係を構成する命題(事象)として扱われてしまう。

そこで本書では，このような疑似条件文の特徴も，3.3で見た譲歩文と同様に，実際の接続の概念化には(少なくとも)3つの事象が関わっており，その中の1つであるOは，因果関係「P → Q」が成立するための前提としての性格を帯びているという説明をしたいと思う。たとえば以下のような例の場合，接続の概念化に関与した事象とそれらの関係は，以下のような3つの事象で説明できる。比較のため，上で見た例を繰り返す。

(24) 先生に会いたかったら，研究室にいるよ。
(33) O「先生が研究室にいること」▶ P「(受け手が)先生に会いたいと感じること」→ Q「(受け手が先生に会いに)先生の研究室に行くこと」
(29) (p ならば t)暑ければビールが冷蔵庫に入っているよ。

(坂原 1985: 149 (115b))

(34) O「ビールが冷蔵庫に入っていること」▶ P「(受け手が)暑いと感じること」→ Q「(受け手が)ビールを飲むこと(涼むこと)」

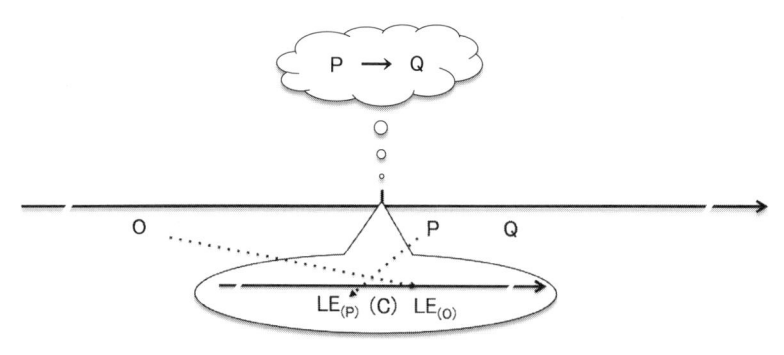

図 4.17：疑似条件文の概念化

実際，言語的には，後件で言語的に表された事象 O が一連の事象成立の前提条件となっていることは，以下のような言い換えが可能であることからも確かめられる(日記研編 2008: 100; 坂原 1985: 117)。

(35) 先生は研究室にいるから，(先生に)会いたければ研究室に行けばいいよ。
(36) 先生に会いたければ，先生は研究室にいるからね。
(37) ビールが冷蔵庫に入っているから，暑ければビールを飲んでいいよ。
(38) 暑ければ，ビールが冷蔵庫に入っているからね。

つまりいずれの場合でも，「先生が研究室にいること」あるいは「ビールが冷蔵庫に入っていること」という事象は，「P → Q」という因果関係が成立するための前提となる事象であると解釈され，理由を表す「から」という形式を用いて接続することも可能なのである。O は因果関係のフレーム「P

→ Q」の成立の前提であり，Oが成立しなければ，「P → Q」のフレームも発動しない。このような一連の事象の成立の前提となる事象が，言語表現としては後件として表される事例は，2.で見た「きっかけ」や「発見」の例，あるいは本節で見た譲歩文や疑似条件文に共通して見られる概念化上の特徴となっている。

更に因果関係のフレーム「P → Q」を構成する事象Pは，Q成立のための「きっかけ」としての性格も持っていると考えられる。つまり，もしPが成立すれば，それが「きっかけ」となってQが成立する可能性もあるが，必ずしもいつもQが成立するといったわけでもないという具合である。ここから先に見た疑似条件文の勧誘や許可といったニュアンスが生まれてくると考えられる。

そして，この一連の前提や因果関係の連鎖の中で，概念者が本当に言いたいQ「(受け手が)先生の研究室に行くこと」や「(受け手が)ビールを飲むこと」が敢えて言語化されずにほのめかされるということこそ，疑似条件文の働きの本質であろう。概念者は，自分が一番言いたいこと(すなわち受け手によるQの成立)を敢えて言わず，受け手に前提と「きっかけ」を与えて推論させることで，自分の言いたい結論を受け手に示唆している。つまり「きっかけ(P)」さえ成立すれば，Qが成立する前提(O)はすでに存在しているということを伝えることが発話の目的なのである。そして，このような疑似条件文の意味と形の乖離とは，受け手に事象の成立を勧めたりうながしたりする発話行為的な機能を，その言語表現に焼きつけるための仕掛けであると考えれば，より一般的な説明が可能になる[2]。

4. 架空の世界を基盤とする接続

2., 3.では，事象の生起順や因果関係に関するフレーム(「P ▶ Q」「P → Q」)を概念化素材とする比較的シンプルな概念化を見た。そこで本節では，概念者が現実の世界とは別に，架空の(ということは現実の世界とは異なる)世

---

[2] このような意味と形の明らかな乖離という点では，たとえば英語の仮定法過去や仮定法現在などもそのような例であろう。

界を敢えて想定する，より高度で複線的な概念化[1]が行われている例を見る。このような現実と架空の世界の複線的な概念化を伴うディスコースには，言語表現的に反事実条件文や逆接と呼ばれるタイプの接続などがある。

4.1 反事実条件文

　反事実条件文とは，概念者が現実の世界とは別に，現実の世界とは異なる時間軸を持った架空の世界を想定し，その架空の世界の在り方も概念化素材としてディスコースが進められていくタイプの言語表現である。以下が，反事実条件文の例である。

　(1)　　コーヒーを飲まなければ眠れたはずだ。　　　(坂原 1985: 120(51a))
　(2)　　おまえが警察に知らせなかったなら，子供は殺さなかった。

(坂原 1985: 121(54))

たとえば(1)で，現実の世界で起こった事象は「(受け手が)コーヒーを飲んだこと」「(受け手が)眠れなかったこと」であり，(2)では「(両親が誘拐を)警察に知らせたこと」「(誘拐犯が被害者の)子供を殺したこと」である。つまり現実の世界とは，概念者が実際に過去に起きたと信じている事象とそれらを含む世界であり，それぞれの事象の間に概念者は何らかの因果関係を想定している。この概念者の信じている因果関係をまとめると，以下のようになる。

　(3)　　P「(受け手が)コーヒーを飲んだこと」→ Q「(受け手が)眠れなかったこと」
　(4)　　P「(両親が誘拐を)警察に知らせたこと」→ Q「(誘拐犯が被害者の)子供を殺したこと」

これらの因果関係は，以下のような理由文で表現することもできる[2]。

　(5)　　(夜遅く)コーヒーを飲んだから眠れなかった。
　(6)　　(被害者の両親が)警察に知らせたから，(誘拐犯が)子供を殺した。

1　筆者はこの草稿を書いている頃(2011年秋)，大阪府吹田市にある国立民族博物館を訪れ，ヒトがいかに死後の世界について多様で潤沢な想像力を巡らせているかについて改めて考えさせられた。こうした我々の想像力は，芸術や道具の製作にも表れており，今から3万年から4万年ほど前の間に爆発的に増加したらしい(Gazzaniga 2008: 205)。この意味で我々が言語的に架空の世界を創り上げる能力は，本章の冒頭に引用したように，極めて「人間」らしい営みなのだろう。
2　この反事実条件文と理由文の関係は，5.でもう一度見る。

その一方，言語的に表現された「(受け手が)コーヒーを飲まなかったこと」「(受け手が)眠れたこと」，「(両親が誘拐を)警察に知らせなかったこと」「(誘拐犯が被害者の)子供を殺さなかったこと」などの事象は，概念者が現実とは異なる架空の世界で起こったと想定している事象である。つまり架空の世界とは，概念者が過去に起きて欲しかったと願っている事象と，それらを含む世界のことである。この世界の因果関係をまとめると，以下のようになる。

(7) 〜P「(受け手が)コーヒーを飲まなかったこと」→ 〜Q「(受け手が)眠れたこと」

(8) 〜P「(両親が誘拐を)警察に知らせなかったこと」→ 〜Q「(誘拐犯が)子供を殺さなかったこと」

ここで大切なことは，架空の世界に想定した事象と現実の世界で起きた事象が異なるということを概念者が知っていることとともに[3]，現実世界の事象間に成立した(と概念者が信じている)因果関係(「P → Q」)から推測された因果関係「〜P → 〜Q」が，少なくとも架空の世界の中では成立していると考えていることである。逆に，架空の世界とは，現実の世界とは異なる事象群が起こりえることを想定するために，概念者がわざわざディスコースの中で創り上げた世界である。この架空の世界と現実の世界の複線的な関係を図で示す。点線の矢印は，架空の世界の時間の流れを表している。

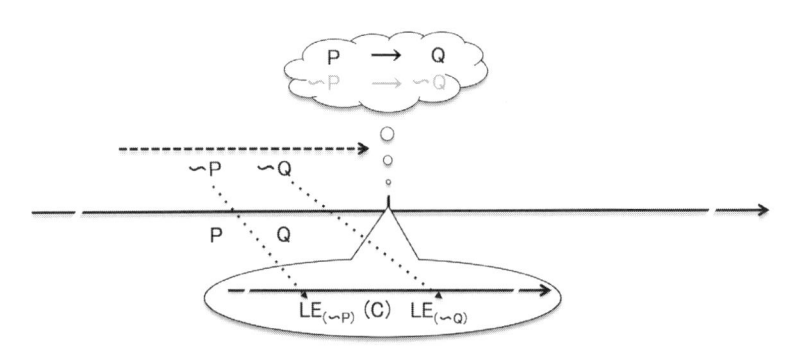

図4.18：反事実条件文の概念化1

---

[3] ただし，もちろん概念者に精神的な障害，たとえば統合失調症(schizophrenia)などがあり，現実世界と架空の世界の区別がつかなくなった場合は，この限りではない。

反対に，概念者が自分の想定する因果関係(「P → Q」)が現実の世界では起きずに架空の世界で起きたと概念化する場合が，以下の(9)である。(9)で想定されている因果関係は以下の通りであり，(9)からも理由文が作られる。

(9) あの時，宝くじがあたっていたら，もうとうに仕事をリタイヤしていた。　　　　　　　　　　　　　　　　　　　　　　(反事実条件文)
(10) P「宝くじがあたること」→ Q「仕事をリタイヤすること」
(11) あの時，宝くじがあたらなかったから，まだ仕事をリタイヤしていない。　　　　　　　　　　　　　　　　　　　　　　　　(理由文)

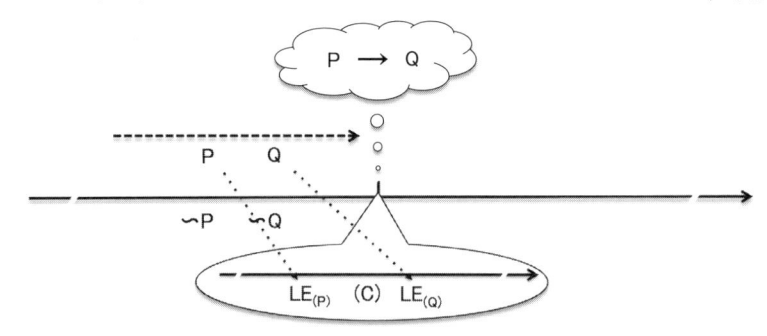

図 4.19：反事実条件文の概念化 2

言語的に興味深いことは，この概念者が創り上げた架空の世界と現実の世界の間で起きた(あるいは起きるはずだと想定された)事象が異なっているということを表現する言語表現には，言語によって実にさまざまな形があることである。たとえば上の(9)の例は，日本語では以下のように，後件に「はず」などの概念者の推論を表す形式がついたり，「のに」のような接続助詞がつく。これらはいずれも，現実には起きなかった架空の世界の状況を描き出すための日本語の言語表現[4]であるが，必ずしも反事実的な事象を描き出すためだけの専用形式ではない。

(12) あの時，宝くじがあたっていたら，もうとうに仕事をリタイヤしていたはずだ。
(13) あの時，宝くじがあたっていたら，もうとうに仕事をリタイヤして

---

[4] なぜこのような意味で，逆接の接続助詞である「のに」が使われるかは，4.3 で見る。また，これらの言語表現の意味は近似しているが，本書の分析では若干の違いがある。

いた<u>のに</u>。

　これに対して英語では，このような事実に反する架空の世界の状況を言語的に述べるために，それ専用の文法形式を使用する。英語では，仮定法という通常の時制体系とは異なる特別の言語表現が使われ，同じ内容は理由文としても表現される。

(14)　If I had won the lottery then, I would have quit my job.
(15)　Since I did not win the lottery then, I did not quit my job.

4.2　推論否定の逆接

　一般に逆接の接続表現の中で，「denial of expectation（Blakemore 1988: 25-28; R. Lakoff 1971: 133)」「逆接の推論否定読み（渡部 1990: 58）」「推論的逆接（渡部 1995c: 557, 595）」，あるいは「逆接の反予測の用法（日記研編 2009b: 78）」などとさまざまな呼称で呼ばれるタイプの接続も，ディスコースの中で架空の世界を想定している。以下がそのような逆接の例であり，本書では推論否定の逆接と呼ぶことにする。

(16)　雨は 1 日降り続いた。<u>しかし</u>，ダムの貯水量はあまり回復しなかった。
　　　　　　　　　　　　　　　　　　　　　　　　（日記研編 2009b: 78 (1)）
(17)　ブレーキを思いきり踏んだ。｜しかし／それなのに｜車は川に落ちた。
　　　　　　　　　　　　　　　　　　　　　　　　（日記研編 2009b: 78 (3)）
(18)　時間はなかった｜けど／のに／くせに｜，わざとゆっくり歩いた。
　　　　　　　　　　　　　　　　　　　　　　　　（渡部 2001: 50 (注10)）

これらの例で，現実の世界で起きた（と概念者が信じている）事象は，以下の通りである。

(19)　P「雨が 1 日降り続いたこと」▶ R「ダムの貯水量はあまり回復しなかったこと」
(20)　P「(概念者が)ブレーキを思いきり踏んだこと」▶ R「(概念者の乗っていた)車が川に落ちたこと」
(21)　P「時間がなかったこと」▶ R「(概念者が)わざとゆっくり歩いたこと」

これに対して，概念者は自分の因果関係のフレーム（「P → Q」）に照らし合わせてみて，概念者の想定した架空の世界では以下の事象群が起きていたはず，あるいは起きていた可能性があったものと考えている。

(22) P「雨が1日降り続いたこと」→ Q「ダムの貯水量が回復したこと」
(23) P「(概念者が)ブレーキを思いきり踏んだこと」→ Q「(概念者の乗っていた)車が(川の手前で無事止まって)川に落ちなかったこと」
(24) P「時間がなかったこと」→ Q「(概念者が)速く歩いたこと」

ここで，現実世界で起きた事象Rとは，概念者が架空の世界で起き，本来現実世界でも起こるべきだったと考えている事象Qの否定と近値である（R ≒〜Q）[5]。したがってこれらの逆接の表現では，概念者が自分のフレーム「P → Q」に照らし合わせてみて，現実世界でも起こるべきだと考えたQが，現実の世界では起きなかったこと（〜Q）が表現されていることになる。この因果関係のフレーム（「P → Q」），現実世界での事象のマッピング（「P ▶ R」），架空の世界での事象のマッピング（「P → Q」），そして事象間の関係（R ≒〜Q）を整理して図示してみると，以下のようになる。このタイプの逆接は，かなり高度で複雑な概念化のプロセスを経て，言語化されていることが分かる。

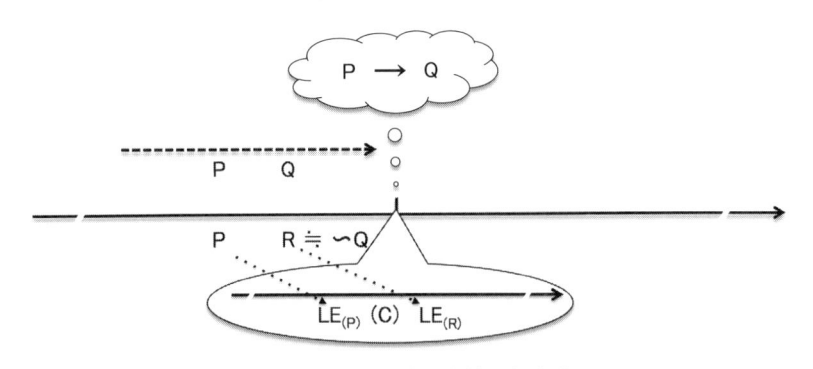

図 4.20：推論否定の逆接の概念化

ここで，概念化と言語表現の関係を考えるのに面白い言語現象が日本語にある。たとえば，(18)で見た「けど」「のに」「くせに」などの言語表現の場合，「けど」が発話以降（未来）に起こる事象（R）にも使えるのに対し，「のに」

---

[5] ただし，たとえば「速く歩かなかったこと（〜Q）」と「ゆっくり歩いたこと（R）」は「論理」的に等値ではない。しかし，このような非「論理」的な推論を基盤にして概念化が行われることこそ，我々の日常言語の特徴であろう。この点については，5.でもう一度見る。

「くせに」は使えない。日本語の接続表現の場合，R (≒〜Q) の事実性によって，接続のための言語表現に差異がでると考えられる場合があるからである。以下がその例である。

(25) 時間がない{けど／*のに／*くせに}，ゆっくり歩きましょう。

(渡部 2001: 36 (6))

(26) 時間がない{けど／*のに／*くせに}，ゆっくり歩きたい。

(渡部 2001: 36 (7))

(25) と (26) では，R は概念者の勧誘や希望などを表す表現であり，その意味でこれらの事象は概念者の中でもまだ成立していないと考えられる。R にこのような事象が現れる場合，「けど」は用いられるが「のに」「くせに」は使えない。このときの概念化は，以下の図のように示される。

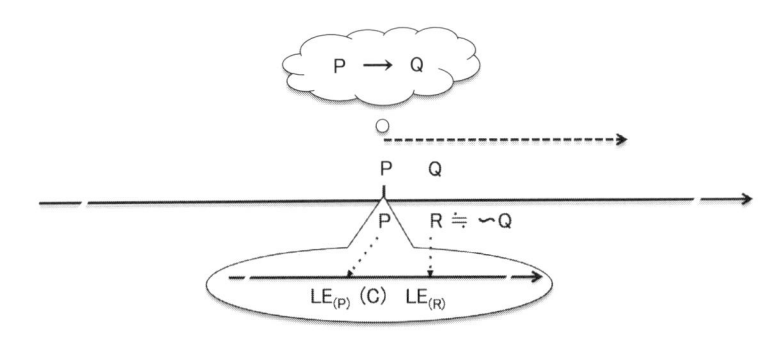

図 4.21：「のに」「くせに」の使えない逆接の概念化

反対に R (≒〜Q) を概念者の中ではすでに成立した事象と見なし，その上でディスコースを更に進めていくタイプの接続の場合，「のに」や「くせに」が使える場合がある。以下がその例である。

(27) 時間がない{*けど／のに／くせに}，ゆっくり歩くな。

(渡部 2001: 37 (11))

(28) 時間がない{*けど／のに／くせに}，ゆっくり歩かないでくれ。

(渡部 2001: 37 (12))

これらの例では，表面に現れた言語表現とその裏にある概念化のプロセスが複雑にねじれて表現されていると考えられるので，まずその全体像を以下に整理してみる。概念者は「(概念者と受け手に) あまり時間がない」ことから

「P → Q」のフレームに照らし合わせてみて，受け手に「(受け手が)急ぐこと」を期待している。しかし概念者は，実際は「(受け手は)ゆっくりと歩いている」と認識しており，概念者はその現実認識に基づき，自分の中では成立した事象である「(受け手が)ゆっくりと歩いていること」に反発して，「(受け手が)ゆっくり歩かないこと」がこの発話以降に成立するように受け手に求めている。つまりこの「(受け手が)ゆっくりと歩いている」という事象R（≒～Q）は，概念者の中では事実である。このディスコースの概念化の概略は以下のように示せる。

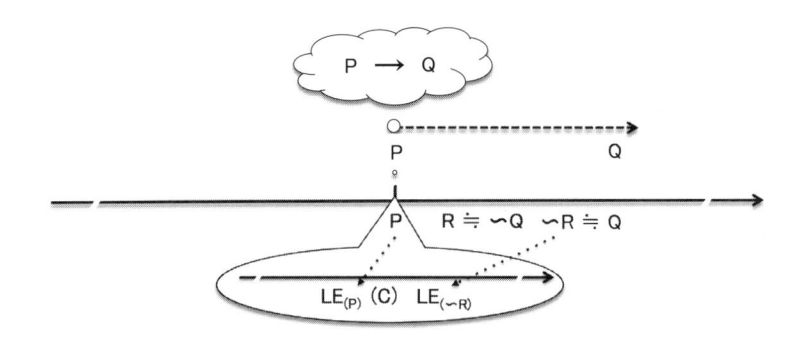

図4.22：P {のに／くせに} ～Rの概念化

R（≒～Q）が「のに」と「くせに」の概念化の中で，概念者に事実として前提とされていることは，以下のような例からも読み取ることができる。

(29) ［駅で。夫は天井の装飾を見上げながら歩いている。妻が腕時計を見て］
妻「ちょっと，時間がない{のに／(って言ってる)くせに}，ゆっくり歩かないでよ」
夫［大股で歩き出し］「なんで？！　全然ゆっくり歩いてなんかいないじゃん！」

(29)では「夫がゆっくり歩いていると妻が感じていること」が妻の発話の前提となっている。そこで夫は，妻の発話の前提部分に焦点をあてて，妻の発話が妥当なものではないことを主張している。夫の反駁は，妻がそのような前提をもって発話していると考えなければ，的を外れた指摘となってしまう。

また，この「のに」と「くせに」のR(≒~Q)の働きは，理由を表す「から」からも見ることができる。興味深いことにこの「のに」と「くせに」での接続は，理由を表す「から」を用いて同様の因果関係を簡潔に表現することができる。

(30) 　時間がない{*けど／のに／くせに／から}，ゆっくり歩くな。

(31) 　時間がない{*けど／のに／くせに／から}，ゆっくり歩かないでくれ。

　ただし，この「から」での言い換えは言語的に可能ではあるものの，「のに／くせに」と「から」での言い換えは必ずしも概念者の感情的な意味でも同値であることは意味しないようである。一般に「のに」や「くせに」には，特別な感情的なニュアンスがあるとされ(前田 1996: 161; 白川 2009: 114 (40))，たとえば，「のに」には，「(終助詞)予想に反した意外な気持や期待外れの不満を表す。相手への恨み，非難・詰問に転ずることもある(国語大辞典「言泉」)」といったような感情的な側面が，わざわざ辞典に言語的な特徴として特記されている。このような受け手を責めるような響きは，「のに」の場合は避けることができないが，「から」の場合にはあまり感じられない[6]。

　これは1つには，「のに」や「くせに」の場合には，概念者の中で事象R(≒~Q)がすでに成立したものとみなされているからと考えれば，その感情的なニュアンスを原理的に導き出せるように思われる。つまり概念者のいらだちは，自分の望まないRが事実であることを一方で苦々しくも認めながら，自分の希望する因果関係(「P → Q」)が現実の世界でも成立することを望んでいることに発していると説明できる。いわば，概念者はこの言語表現で自分の理想と現実とのギャップを事態として描き出している。

　また「から」が「P → Q」の因果関係のフレームを比較的素直に言語化して述べ立てる形式であるのに対し，「のに」や「くせに」の場合には，実

---

[6] 更に「のに」と「くせに」には，意味的な振る舞いの差もある。「やっと降った(のに／??くせに)，(雨は)長続きしないね(渡部 2001: 41(40))」。この意味的な差異に対して，渡部 2001 では「第二者，第三者に対する表現主体の非難，なじりの気持ち(北条 1989: 98)」や，「攻撃性が伴い，非難・難詰・軽蔑など程度が甚だしいものから，「揶揄・からかい」といった軽いものまで含まれる(今尾 1994: 97)」などの引用をしている。この意味的な異同に対して渡部 2001 では，「くせに」に語彙的な制約を想定することで説明している。詳しい議論は，渡部 2001 を参照されたい。

は論理が1回転しており，Qを導き出すのに「P → ～R ≒ ～(～Q) ≒ Q」というかなり複雑な概念化を経ていることもその理由となるかもしれない。一般に遠まわしの言い方には，概念者に何らかの特殊な意図，感情的な傾きがあることが多い。以下は，「から」を用いた場合の概念化の例である。もしこの分析が正しければ，「のに」や「くせに」の場合と比べて，「から」の場合はその感情的な意味をあまり感じないのは，その概念化が「のに」や「くせに」と比べて若干シンプルだからと説明できることになる。

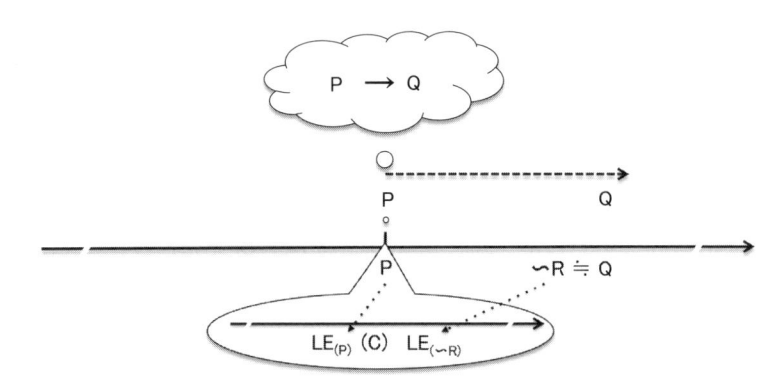

図4.23：P「から」～Rの概念化

4.3 反事実条件文と推論否定の逆接との接点

　本節の最後に，4.1と4.2で見た，反事実条件文と推論否定の逆接の接点を見よう。反事実条件文と推論否定の逆接は，日本語ではこれらに用いられる言語表現の種類や形，あるいはその概念化で近似している。しかし，より仔細に見ると，これらの接続の概念化には微妙な差異がある。そのため，まず，典型的な反事実条件文とその接続の概念化を見ることにしよう。以下に整理してその例を繰り返す。

(9) 　あの時，宝くじがあたっていたら，もうとうに仕事をリタイヤしていた。

(12) 　あの時，宝くじがあたっていたら，もうとうに仕事をリタイヤしていた<u>はずだ</u>。

(14) 　If I had won the lottery then, I would have quit my job.

ここで，この因果関係のフレーム（P → Q）をP「宝くじがあたること」→

Q「仕事を辞めること(リタイヤすること)」とすると，この反事実条件文の接続の概念化は以下のように表すことができる。つまりPとQは概念者の現実世界では成立しておらず，言語化は現実とは異なる概念者の架空の世界にマッピングされた事象に基づいて行われている。このときの接続の概念化を図示すると，以下のようになる。

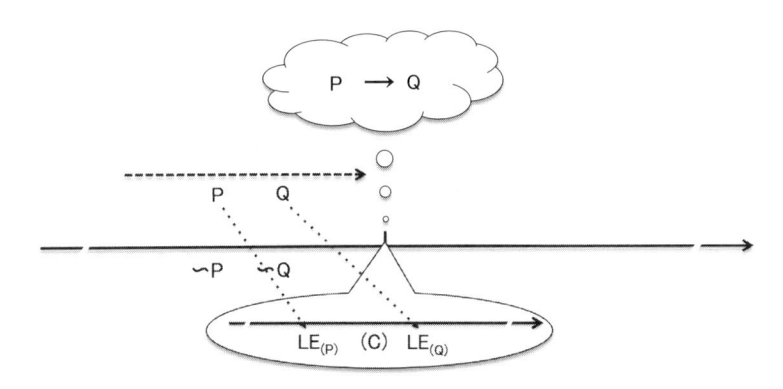

図4.24：反事実条件文の概念化(図4.19)

これに対して，以下の推論否定の逆接では，概念者の世界観は似ているものの，言語化は現実の世界の事象に基づいて行われている。

(32) あの時，宝くじがあたった{けど／のに}，まだ仕事をリタイヤしていない。

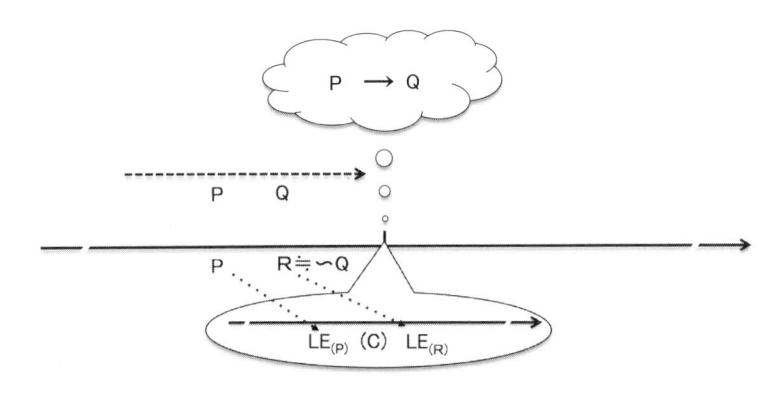

図4.25：推論否定の逆接の概念化

4. 架空の世界を基盤とする接続

さて，ここで逆接の接続詞「のに」や「けど」を使った接続を見てみよう。これらの例では意味的にかなり微妙になるが，概念者は架空の世界と現実の世界を交えた接続を行っていることが分かる。

(33) あの時，宝くじがあたっていたら，もうとうに仕事をリタイヤしていた{はずだけど／はずなのに}，まだリタイヤしていない。

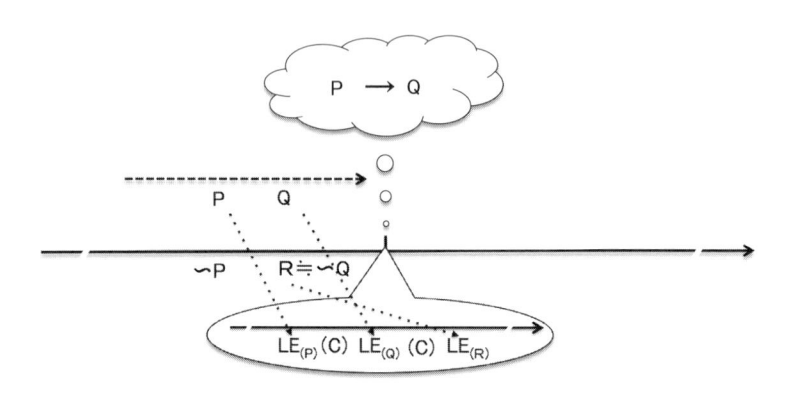

図 4.26：反事実条件文に現実世界の R を加えた概念化

このような「のに」の分析に従えば，以下のような「のに」を使った言い切りの接続は，一見，反事実条件文とその概念化が同じように見えて，その実その概念化に微妙な差異を想定することも可能である。

(13) あの時，宝くじがあたっていたら，もうとうに仕事をリタイヤしていたのに。

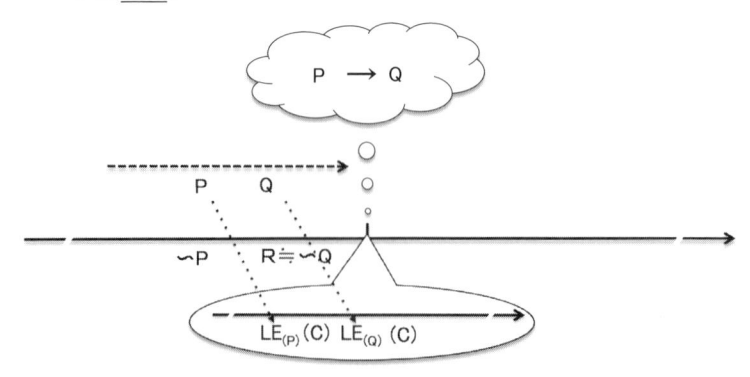

図 4.27：「のに」で言い切りの文の概念化

このような反事実条件文と推論否定の逆接を比べてみると，その概念化の大局は近似しているものの，その細部は微妙に異なっていることが分かる。違いは，反事実条件文の場合には，概念者の現実の世界ではPもQも成立していない（～P ▶ ～Q）（図4.24）のに対して，通常の推論否定の逆接では現実の世界ではPは成立しているものの，Qは成立していない（P ▶ ～Q）（図4.25）。

　一方，逆接の接続表現を使った反事実条件文に現実世界のRを加えた言語表現では，概念者は架空の世界と現実の世界を巧みにブレンドしてその概念化を行っており（図4.26），「のに」で言い切りにした文の概念化では，現実世界で起きたRを敢えて言語化することなく，間接的にほのめかしている（図4.27）。

　このように，これらの多種にわたる言語表現はその捉え方（事態）は似通っているものの，その細部では微妙に異なる概念化と言語化が行われていると考えられる。その一方で，これらのすべての例で「P → Q」という因果関係のフレームが下敷きにされており，推論否定の逆接や，概念者のモダリティーを表すとされる言語表現（「はず」など）が使われて，反事実条件文と似通ったディスコースが表現されている。いわばこれらの概念化は，同じ因果関係のフレームを共通の概念化素材として持つ，「兄弟」的な概念化とその言語化ということになる。

5. 誘導推論とフレーム

　本章で扱っている条件文や理由文といったものは，ある事象Pとその他の事象Qがあれば，それらの間に何らかの因果関係を認めてしまう人間の認知の働きがその背後にある。一方，事象Qを引き起こすのに，必ずしも事象Pだけが，その直接の原因や理由になるとは限らないはずである。しかし，人は条件文や理由文が使われるとき，Pだけが唯一無比のQの成立要因だと考えがちである（坂原1985: 100）。一般に，このような誤った推論を誘導推論という。そこで本節では，なぜ条件文や理由文からこのような誘導推論が生まれやすいのかについて見る。

5.1 誘導推論（条件文の場合）

　人は，スイッチを押すと天井の電気が点灯することを何度も経験すると，「スイッチを押すこと」と「天井の電気が点くこと」といった２つの事象が単にいつも同じ順番で成立する(P ▶ Q)のみならず，何らかの因果関係(P → Q)をもって成立していると感じるようになる。一般にこのような因果関係を表現する条件文からは，実に豊かな誘導推論が生まれる。以下はその例である。

　(1)　　宝くじがあたったら，幸せになる。
　(2)　　きみが 5000 円持っていれば，このレコードを買えます。

(坂原 1985: 101 (27))

(1)は「(概念者の買った)宝くじがあたること」「(概念者が)幸せになること」，(2)は「(聞き手が)5000 円持っていること」「(話し手が持っている)このレコードを買えること」の間に因果関係があると概念者が認め，その関係を条件文として述べ立てたものである。これらの条件文から，以下のような誘導推論が生まれる。

　(3)　　宝くじにあたらなかったら，幸せにならない。
　(4)　　5000 円持っていなければ，このレコードは買えない。

もちろん，私たちはこのような誘導推論が，多くの場合正しくないことを知っている。たとえば宝くじにあたらなかったからといって，その人物が幸せにならないとは限らないし，(2)で話し手がこのレコードを実は 3500 円で売ろうとしているのなら，聞き手は話し手の持っているレコードを，たとえ手元には 4000 円しか持っていなくても購入することは可能である。

　では，一体，なぜこのような(一見，もっともらしいが，実は誤った)誘導推論が条件文から生まれてしまうのだろうか。本書ではこの問いに対して，我々の持っているフレームが実は単項的ではなく，多項的であると考える必要があると考えている。たとえば(1)では，「(概念者が)幸せになること」が成立するためには，「(概念者の買った)宝くじがあたること」以外にも，たとえば，「(概念者の起こした)会社がうまくいくこと」「(概念者が)生涯の伴侶にめぐり会うこと」「(概念者の)家族が増えること」などの事象が考えられる。つまりこのフレームの内部構造は，｛P「(概念者の買った)宝くじがあたること」→ Q「(概念者が)幸せになること」｝と言った単項的な構造ではなく，｛…M「(概念者の起こした)会社がうまくいくこと」，N「(概念者が)生涯の伴侶にめぐり会うこと」，O「(概念者の)家族が増えること」，P「(概念者の

買った)宝くじがあたること」→ Q「(概念者が)幸せになること」…｜といった，多項的な内部構造をフレームが持っていると考えれば説明しやすい。

したがって，仮に言語的にP→Qだけを発言したからといって，そのフレームが｜P → Q｜なのではなく，｜…M，N，O，P → Q…｜といった構造を持ち，それ以外の事象(の候補)が排除されたわけではないのである。しかし，誘導推論という(一見，もっともらしいが，実は誤った)条件文が産出されてしまう背景には，言語的に表現された以外の可能な前件の候補が(誤って)排除されてしまうからだと説明できる。これは，以下のような図で示される。

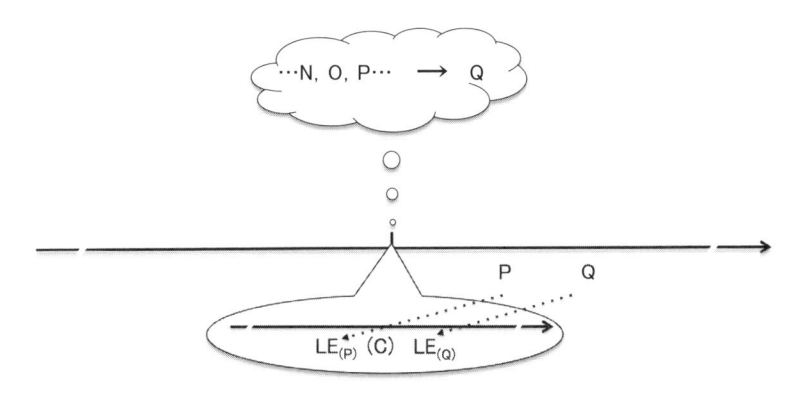

図4.28：多項の因果関係

図4.28では，フレームの中に複数の要素を認めるものであったが，第2章で見たようにフレームに含まれる「要素／役割」に何らかの段階性も想定できる場合がある。(2)がその例である。(2)では，P「(受け手が)5000円持っていること」の他，M「(受け手が)3500円持っていること」，N「(受け手が)4000円持っていること」，O「(受け手が)4500円持っていること」などといった可能性を想定できる。このとき，話し手の持っているレコードの値段を仮に3500円とするならば，このいずれの前件の場合にも，受け手がレコードを買うことができる。しかも第2章で見たように，数量はそれ自体に段階性を含んだ概念であるので，数量を含む事象は自然な段階性を持っていると考えられる。つまり｜…M「(受け手が)3500円持っていること」＜ N「(受け手が)4000円持っていること」＜ O「(受け手が)4500円持っていること ＜ P「(受け手が)5000円持っていること」→ Q「(受け手が概念者の持っ

5．誘導推論とフレーム　　275

ている)このレコード買えること」…|といった内部構造を持ったフレームである。これを図示すると,以下のようになる。

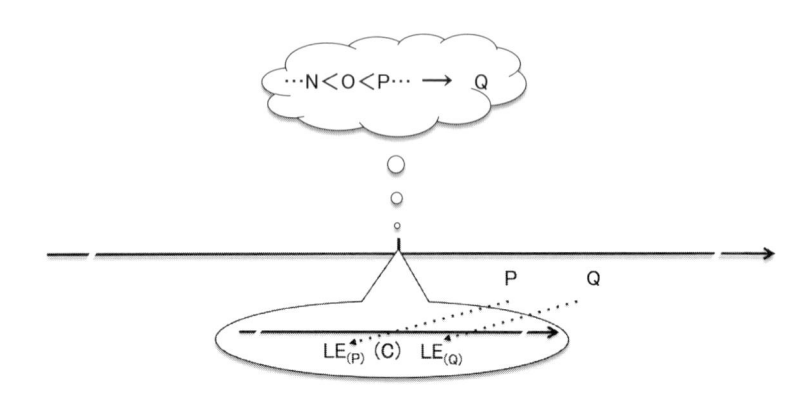

図4.29:段階的な項の因果関係

5.2 誘導推論(反事実条件文の場合)

4.1でも見たが,反事実条件文の描き出す事態は理由文で表現され,反事実条件文と理由文はお互いに誘導推論的な関係にあると考えられる(坂原 1985: 121, 123)。たとえば,以下の理由文と反事実条件文は,お互いにお互いの誘導推論として感じられる。

(5)　あの時,宝くじがあたらなかったから,まだ仕事をリタイヤしていない。

(6)　あの時,宝くじがあたっていたら,もうとうに仕事をリタイヤしていた。

これらの例で共通に想定されている因果関係は,P「宝くじがあたること」→ Q「仕事をリタイヤすること」である。(5)の理由文は,このフレームの前件に該当するような事象が過去に起きなかったため,後件に該当する事象が起きなかったという関係,(6)では,過去においてフレームの前件に該当するような事象がもし起きていれば,後件が起きていただろうと述べ立てるものである。このような理由文と反事実条件文の関係は,実は本書の枠組みではかなり簡潔な説明を与えることができる。なぜなら,本書の枠組みでは,理由文と反事実条件文は,以下の図のように現実の世界と概念者の想定

した現実とは異なる架空の世界という，いわば複線的なパラレルワールドで起きた並行的な事象群と捉えることが可能だからである．違いは，概念者がどちらの世界の事象を言語化しているかだけであり，現実の世界から見れば全く同じ事象の関係を(実は)述べ立てていたに過ぎない．このフレーム，架空の世界，現実世界，そして，言語表現からなる複雑なディスコース構造は，本書の枠組みでは以下のように示される．

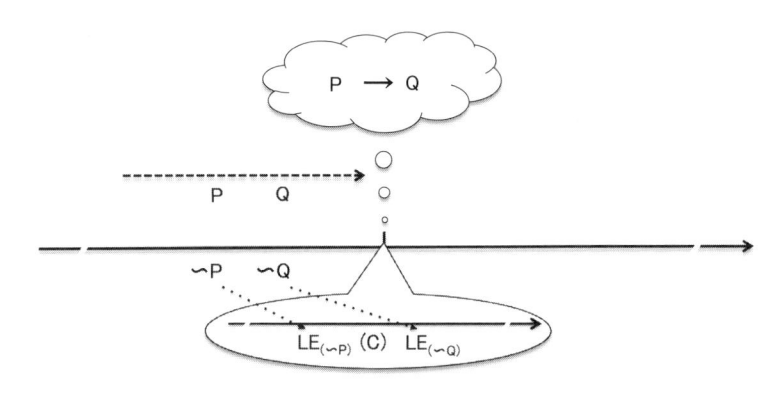

図 4.30：理由文

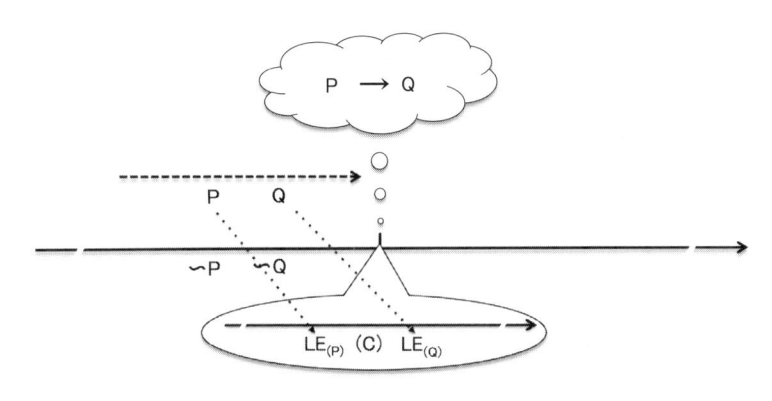

図 4.31：反事実条件文

5. 誘導推論とフレーム　　277

6. 言語化されない接続

　ここまで見てきた例では，文あるいは節といった文法的な単位が，前件，後件として何らかの接続表現を伴った形で表現されていた。一方，ディスコースによっては，必ずしも接続に関与するすべての事象が言語化されていない場合もあり，日本語においてはこれらの一見特殊と見える接続の出現率は決して低くない。そこで本節では，前件と接続表現だけが言語化される場合「LE$_{(P)}$C」，接続表現と後件だけが言語化される場合「C LE$_{(Q)}$」，そして，前件・後件のどちらも言語化されない場合「C」の3つのタイプに分け，順に見ていくことにする。本書では，このような言語的には不十分な形に見える接続には，フレームがその概念化素材になっている場合と，概念者の感情的な発露がその接続の概念化素材となっている場合があると考えている。

6.1　後件が言語化されない場合(LE$_{(P)}$C)

　一般に日本語では，文法的な主節は後件に現れることが多いので，後件が言語化されない場合というのは，主節のない，従属節のみで発話される場合ということになる[1]。これらの文は統語的な見地から見れば，主節の伴っていない，従属節で終止した文であるが，その中には主節を補わないと意味的に完結しない場合と，従属節だけで意味的に完結している場合がある（日記研編 2008: 291; 白川 2009: 4）。たとえば，以下の(1)は前者，(2)は後者の例である。

(1)　［会社で。上司に来週のプレゼンの打ち合わせをしたいと言われ］えっと，今日の午後は，お客さんとアポが入っていて，ちょっと忙しいんですけど［と言いながら，手帳を開く］。

(2)　［ホテルへの電話で］予約したいんですけど。　　（日記研編 2008: 291）

(1)では，しばらくの沈黙のあと，この話し手が今日の5時過ぎとか明日の午前には時間が取れると続けてもおかしくない。また聞き手である上司は，(この場面では)部下の発話が続くことを期待して待っているのが普通である。

---

[1] 次のような倒置の表現は例外である。「早く走って，時間がないから」「じゃあ（喫茶店に）寄っていこうか，時間はあまりないけど」。これらの例では文法上の主節が先，従属節が後に発話されている。

それに対して，(2)の場合，お客からの発話はここで一度終了したと見なして，電話を受けたフロント係が「はい。では，お泊りはいつですか」という発話を続けても構わない。このように，文法的には他の文に従属しなければならないはずの従属節が，文法的には独立した文である主節と同じように機能し（白川 2009: 4），その働きを果たすことは決して少なくない。本節では，このような主節が伴わなくても機能が成立する後者のタイプの文を見る。

　その1つ目のタイプは，本書の主要な概念であるフレームが，その概念化の基盤となっているものである。たとえば，概念者が受け手に文脈内での検索をうながし，その中で推論を進めさせる（本多 2005: 218; 日記研編 2008: 291; 白川 2009: 48），以下のような文がその例である。

(3) 　［会社で。同僚が営業に出ようとしている。窓から外を見て］あっ，雨が降ってきた<u>から</u>…。

(4) 　健康にはあれほど注意していた<u>のに</u>…。　　　　（日記研編 2008: 292）

(3)では概念者は受け手に「雨が降ってきたこと」を告げ，受け手に傘を持って行った方がよいことを推測させている。(4)では概念者は受け手に「健康には注意してきたこと」を告げ，それにも関わらず概念者が健康を損なってしまったことを受け手に推測させようとしている。

　このタイプの接続は，本書で論じてきた，概念者の因果関係のフレーム「P → Q」を下敷きにしていると考えれば説明しやすい。たとえば(3)では，「雨が降っていること」をP，「傘を持って外出すること」をQとすると，概念者の概念化と言語化は，以下の図のように表せる。

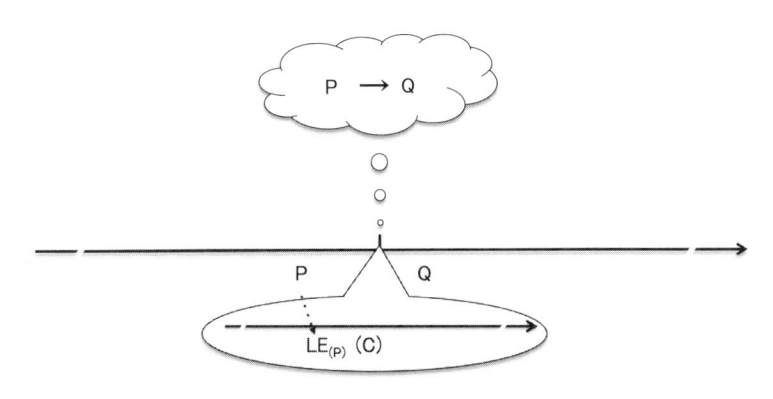

図 4.32：P「から」…の概念化

また(4)では，推論否定の逆接の概念化を想定して，「健康にとても注意すること」をP，「健康を維持すること」をQ，「健康を害すること」をRとすると，以下のような図に表される。

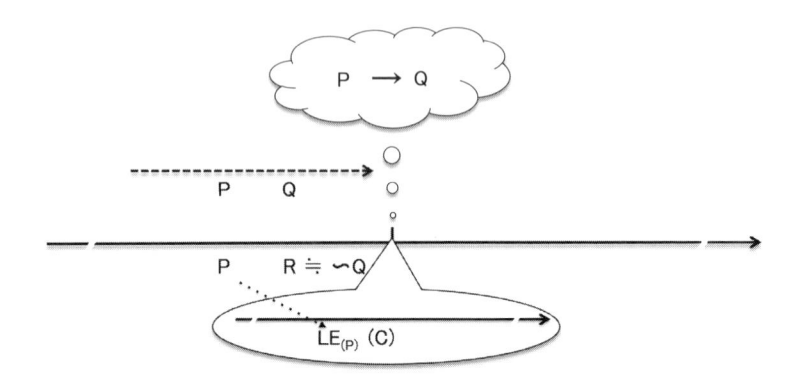

図4.33：P「のに」…の概念化

つまり，これらの用法では概念化の一部だけが言語化されており，本書の立場から見ると，むしろ一般的な接続と概念化の枠組みで説明できることになる。

　また，このようなタイプの敢えて従属節で終止した用法は，共話という概念から新たに見直すこともできる。共話とは，複数の概念者が1つのディスコースの進め方に関与していると考える言語現象である。したがって，このようなディスコースでは，概念者は受け手にも自分と同じようなフレームがあると想定した上で，受け手に後件の事象を推論(想像)させつつ，ディスコースを進めていることになる。つまり，ここで見たような従属節で終止した接続の形は，決して文法的に不十分な形なのではなく，そのような相互行為のディスコース(共話)を進めるための日本語の言語的な仕組みの1つなのである(本多 2005: 228, 230)。このような共話とフレームの働きについては，7. でも詳しく見る。

　概念者の何らかのフレームを下敷きにしたようなタイプの用例には，概念者が受け手に情報を与えて，その上で受け手の反応を促すといった，概念者から受け手への働き方が更に強くなったような例がある(日記研編 2008: 291; 三原 1995: 82)。

(5)　　ちょっと買い物に行ってくるから。　　　　（日記研編 2008: 291）
(6)　　ぼんやりしてないで，さっさと済ませたら？　（日記研編 2008: 291）

これらの例では，概念者は受け手がこれらの発話を聞いて推論するだけでなく，実際に何らかの行動を取ることを期待している。たとえば，(5)では受け手が留守番をすることであり，(6)では(受け手がしていた)作業を進めるなどといったことである。

　これらの例で興味深いことは，このような意図を持った概念者は，自分が受け手にして欲しいことを敢えて言語化することはむしろ少なく，(5)や(6)で見た表現が定型化した依頼・命令の文となっていることである。(6)で見た「たら」などは，形式と機能の結びつきが固定し，ほとんど決まり文句のようになっている。

　ここまで見た例は，概念者が受け手の何らかの行為を求めるものであったが，概念者自らの都合や便宜のために，敢えて主節を伴わない従属節だけの文が選ばれることもある。その1つは，概念者が自分の都合で敢えて発話を従属節で終止しつつ発話をつないでいくといった，以下のような発話である（白川 2009: 24）。これらは，概念者が自分の処理時間の中で余裕を持ってディスコースを進めていくのに際し，ことばをなるべく滑らかに続けていくために利用する，言語的な仕組みの1つであると考えられる。

(7)　　祖母はね，若いころ，テニスをね，ま，テニスといっても軟式テニスですけど，やってたんです。当時は珍しかったみたいです。
　　　　　　　　　　　　　　　　　　　　　　　（日記研編 2008: 293）
(8)　　このごろの学生は，人にもよるが，あまり酒を飲まないようだ。
　　　　　　　　　　　　　　　　　　　　　　　（日記研編 2008: 293）

これらの例では，概念者は考えながら話し，話しながら考え，次に何を話すべきかを考えている。このとき，「けど」や「が」は，概念化や言語化に伴う処理時間の中で，ことばをつないでいく(その意味で，接続表現に固有の特定の意味の希薄化した)形式であると考えられる。つまり音形はあるものの，意味のない，「えっと」や「ああ」などの間投表現に近い言語表現である。

　もう1つは，従属節で敢えて終止した表現が，一種の丁寧さを表現する手段として使われるようになったタイプである。

(9)　　［電話が鳴って］はい，鈴木ですが。　　　（日記研編 2008: 292）
(10)　［オフィスで。隣の席の同僚が立ちあがって］ちょっと，飲み物，買っ

てくるから。
(11) ［冒険家の講演会に行くかどうか聞かれて］いや，行かない。明日は忙しい。それに興味ないし。
(12) ［不動産の登記変更に行こうとして。妻が夫に］ちょっと，一緒に来てくれる？　1人じゃ，心細くて。
(13) 息子がお世話になりまして。　　　　　　　（日記研編 2008: 294)

これらの例では，たとえば，(9)では通常の推論否定の逆接のような，前件からの推論を否定したような内容の後件を想定することは難しいし，(10)で前件の内容を理由とした結果も考えにくい。一般に上のような表現は，従属節で終止される場合が多く，文法的な主節が続くことの方がむしろ少ない。

実際，これらの例では，以下のように文末に現れる言語表現（接続助詞や動詞の活用形）を取り，全体を文法上の主節として発話しても，上の例と同等の発話の働きを果たすことができる。

(14) ［電話が鳴って］はい，鈴木です。
(15) ［オフィスで。隣の席の同僚が立ちあがって］ちょっと，飲み物，買ってくる。
(16) ［冒険家の講演会に行くかどうか聞かれて］いや，行かない。明日は忙しい。それに興味ない。
(17) ［不動産の登記変更に行こうとして。妻が夫に］ちょっと，一緒に来てくれる？　1人じゃ，心細い。
(18) 息子がお世話になりました。　　　　　　　（日記研編 2008: 294)

ただし，これらの例を比べてみるとすぐ気がつくことだが，接続表現を伴った（つまり従属節として終止した）表現の方が日本語としてはより丁寧に感じられ，主節として終止した表現の方がむしろぶっきらぼうな，取りつく島のないような印象を与えてしまうことが多い。このことが，日本語で統語的には不十分なはずの従属節での終止が許容される1つの理由であろう。これらの表現は，したがって，統語的には不十分な文ではありながら，日本語で丁寧な印象を与えるための言語的な仕組みの1つということになる。

6.2　前件が言語化されない場合（C LE$_{(Q)}$）

6.1で見た，従属節で意味的に完結する例とは対照的に，接続表現の前に，前件にあたるべき事象が言語化されていないように見える例もある。これら

は言語化された前件がないわけだから，接続表現がどんな内容を後件の内容に結びつけようとしているかが不明である。しかしながら，このような例は実は日本語では決して少なくなく，そのディスコース上で果たしていると考えられる機能も多岐にわたる。以下は，その例のほんの一部である。

(19) ［夫婦で旅行の写真を整理しながら，ふと思い出して］
　　　A「しかし，あそこのラーメンはおいしかったよなあ」
　　　B「そうねえ」　　　　　　　　　　　　　　（日記研編 2009b: 80）
(20) ［授業が終わって食事に行く相談をしているときに，ふと思い出したように］でもさあ，今日の授業だけどさ，先生，試験範囲じゃないって言ってたけどホントかなあ。　　　　　　　　　　（日記研編 2009b: 80）
(21) ［食堂の前で，食べたいメニューがないなあとぼやいている友人に］どっちみちこの店しかないんだから，ここで食べるしかない。
　　　　　　　　　　　　　　　　　　　　　　　　（日記研編 2009b: 138）
(22) ［勉強したらお小遣いがもらえると聞いて勉強を始めた子供を見て］何にしても，勉強することはいいことだ。　　　（日記研編 2009b: 140）
(23) ［バラエティー番組で。料理の腕を披露しているゲストに向かって］ちなみに，この料理はご自分で考えられたものですか？
　　　　　　　　　　　　　　　　　　　　　　　　（日記研編 2009b: 137）
(24) ［デート中にしばしの沈黙のあと恋人に］それで，今日はこれからどうする？　　　　　　　　　　　　　　　　　　（日記研編 2009b: 88）
(25) ［友人と食事をすることになり，とりあえず歩きはじめて］ところで，何，食べる？　　　　　　　　　　　　　　　（日記研編 2009b: 115）
(26) ［友人と歩いているときに突然］ていうか，おなかすかない？
　　　　　　　　　　　　　　　　　　　　　　　　（日記研編 2009b: 103）

(19)や(20)は，受け手にはやや唐突な感じではありながら，概念者がずっと気にかかっていたことや，あるいは記憶のなかから何らかのきっかけでよみがえってきた話題を持ち出す一種の話題提示の用法となっている（日記研編 2009b: 80）。(21)や(22)では，前件となるべき内容を無視して自分の意見を述べており（日記研編 2009b: 138），(23)では相手の心理を斟酌して，やや遠慮がちに受け手に情報を求めているという体裁になっている（日記研編 2009b: 137）。(24)や(25)は，いわゆる話題転換の用法であり，(26)は概念者がその場で思いついたことを話題とする比較的新しい用法とされる（日記研

編 2009b: 103)。これらのダイアログの例は，概念者がこれらの接続表現にディスコースを進める上で何らかの機能を持たせて，受け手に示していると考えることもできる。

　それに対して以下のような独話の例では，ややニュアンスが異なる。
(27)　［なかなか来ないバスを待ちながら］しかし，遅いなあ。
　　　　　　　　　　　　　　　　　　　　　　　　（日記研編 2009b: 80)
(28)　［真夏の昼日中。しばらく汗をかきながら歩いたあと］｜しかし／それにしても｜暑いなあ，今日は。　　　　（日記研編 2009b: 80)

(27)(28)の独話の例では，話し手である概念者が受け手である概念者に話しかけているわけだから，ディスコースの進め方を受け手に示しているとは言いがたい。これに対して，これらの発話の前提となっている，バスの定時運行や気温に関して概念者に何らかの思いがあり，この思いに反して，事象「バスが定時に来ないこと」「気温が高いこと」が起きた。この望まぬ現実に対して概念者が自分の感情を発露しようとしたと考えればつじつまがあう。

　一般に，ダイアログの場合にも，このような前件となる事象を伴わずにいきなり接続表現で始められる発話には，概念者の心理的・感情的なニュアンスが入り込みやすい。以下は「だから」の例である。
(29)　A「じゃあ，仕事に行ってくる」
　　　B「どこに行くの？」
　　　A「だから，仕事だよ」　　　　　　　　　（日記研編 2009b: 64)
(30)　A「本当に1人で大丈夫ですね」
　　　B「だからさっきからそう言ってるじゃない」（日記研編 2009b: 64)
(31)　A「山本さん，結婚するんだって。お祝い，どうしよう」
　　　B「何か実用的なものがいいんじゃないかなあ」
　　　A「だから，何がいい？」　　　　　　　　（日記研編 2009b: 64)

これらの例では，「だから」の理由文としての解釈はもちろん可能であり，後件では行動の理由を述べたり，原因から受け手の推論を求めているととれなくもない。しかし，一般には概念者のいらだち，怒りといった感情の方がむしろ強く感じられる。

　興味深いことに，このような接続表現の働きは，必ずしも日本語だけに特有の言語現象ではない。たとえば，日本語の「しかし」にあたるフランス語の mais やドイツ語の aber にも，以下のような例が見られる (Bruxelles et al.

1976: 50; Weydt 1983: 148-155)。

（32）　Du hast aber einen Bart!「それにしてもすごい髭だねえ」
　　　　　　　　　　　　　　　　　（Weydt 1983: 151（7），日本語訳は渡部）
（33）　Mais qu'est-ce que tu es belle!「なんてきみはきれいなんだ！」
　　　　　　　　　　　　　　　　　（Weydt 1983: 154（18），日本語訳は渡部）
（34）　［夫婦喧嘩で。自分を弁護しつづける夫に。妻が］Mais tais-toi donc!
　　　　「いいから黙って」
　　　　　　　　（Bruxelles et al. 1976: 51（11.1），日本語訳は渡部・文脈一部改編）

上のような例からは，この接続の論理から感情表現へといった意味の広がりは，ある種，我々の言語に共通の文法化の1つと考えられる[2]。

ただし，これらの言語で逆接を表すとされる言語表現が帯びる，概念者の心理的・感情的な陰影は言語によって微妙な差異があるようである。一般に日本語の「しかし」には，概念者の目の前の状況に対するあきらめたような，がっかりしたような気持ちが感じられるのに対し，フランス語の mais には概念者のいらいらしたような，現実に対する強い怒りのこもったような感情が読み取れる。

（35）　［仕事もせず，遊んでばかりいる新入社員を見て。上司が同僚の課長に］
　　　　しかし／Mais，彼はちっとも働かんね。　　　（渡部 1989: 24（29））
（36）　［早く帰宅したいが，雨がやまず，いらいらと外を見て］しかし／
　　　　Mais，もう三時間も降り続いている。　　　（渡部 1989: 24（30））

また，このフランス語の mais の特徴は，感情が高ぶってくるのにつれ，mais の許容性が高くなる以下のような例にも見ることができる。

（37）　［市場で。要領の悪い店員］
　　　　客「リンゴを 10 個とサクランボを 200 グラムと，そうねプラムも 15 個ちょうだい」
　　　　店員「えーと。リンゴが 10 個にサクランボを 200 グラムと，あれ，プラムも 15 でしたね」
　　　　客「ええ(Oui／?Mais oui)」
　　　　［店員，奥に取りに行って，大きな声で］「奥さん，リンゴが 10 個，サクランボが 200 グラム，でプラムが 15 ？」

2　ただし，文法化の方向としては，感情的な働きから論理的な働きへといった方向も考えられる。

　　　　客「そうよ(Oui／?Mais oui)」
　　　　[店員。しばらくして，奥から手ぶらで出てきて]「あの，すんません。
　　　　覚えが悪くて。確か，リンゴが10個にサクランボが200グラム，
　　　　でプラムが15個でいいですよね」
　　　　客「そうよ！(Mais oui)」　　　　　　(渡部1989: 25(35)，文脈一部改編)
一般にフランス語のこのmaisの用法は，概念者のいらだち，怒りといった感情と結びつきやすいと考えられる。

6.3　前件も後件も言語化されない場合(C)

　最後に，ディスコースの中で言語化された前件も後件も存在せず，一般に接続表現とされる形式だけが発話される例を見る。

(38)　[息子は何度注意しても，部屋を片づけない。母が子供の部屋に入り，あまりの乱雑さを見て] しかしねえ。(渡部1989: 26(37)，文脈一部改編)

これは考えてみれば，かなり奇妙な例である。接続表現とは，本来何らかの内容と内容をつなぐために存在する言語表現のはずである。しかしこのような例では，接続表現がつなぐべき事象は，どちらも言語化されていない。したがって受け手にとっては，接続表現が一体何を接続しているのか分からないし，概念者の立場から見れば，何かの事象間のつながりを積極的に表現しようともしていないことになる。となると，このタイプの単独で発話される「しかし」の役割は，本書でも，概念者が概念者の周囲で起きた事象に対して，納得できないとか，呆れ，驚き，受け入れ難さを表明した，話し手の感情を吐露した表現と考えておくのが妥当なようである(日記研編2009b: 80; 渡部1989: 28)。

　日本語では，更に以下のような例もある。

(39)　[机の上を片づけ] さて [と言って立ち上がる]　(日記研編2009b: 115)
(40)　A「また財布なくしたの？　あれほど気をつけてって言ったのに」
　　　B「だって…」　　　　　　　　　　　　　　(日記研編2009b: 77)

これらの例で，「さて」や「だって」の後にことばをつなぐことはもちろん可能である(その場合，形式的には「C LE$_{(Q)}$」の例になる)。しかし，ことばをつながなくてもディスコースの発話としては充足しているということの方が，むしろ重要であろう。

　最後に，先に見たフランス語のmaisやドイツ語のaberにもこのような例

がいくつかあることを紹介しておく．これらの例も，概念者の感情的な発露を表現するための言語的な仕組みの1つと考えておくことにする．

(41) ［アパートのドアを開けると不審な男が部屋を荒らしている］Mais!
　　　　　　　　　　　　　　　　　　　　　　　　　　（渡部 1989: 26 (38)）

(42) ［学生が教室で騒いでいる．ドイツ語の教師が頭をふりながら］Aber, aber!　　　　　　　　　　　　　　　　　（Weydt 1983: 155 (21)）

7. 共話

本章ではここまで，1人の概念者が進めていくタイプのディスコースを見てきた．しかし，実際の音声や手話によるディスコースでは，複数の概念者が同時に1つのディスコースを(共同で)進めているように見える，本書で共話と呼ぶ現象も決して少なくない．そこで本節では，そのような共話と見られるような現象を本書の立場から分析してみることにする．本書では，複数の概念者に共有されたディスコースの進め方を概念化素材としたタイプの共話と，事象の内在的な性質を概念化素材としたタイプの共話があると考えている．

7.1 共話とは

共話とは，複数の概念者によって1つのディスコースの一部と感じられる言語表現が発話されていく現象である．典型的には前件が1人の概念者によって言語化されたあと，前件の概念者とは異なる概念者によって接続表現及び後件が言語化された以下のような例を言う．つまり，前件とそれに続く接続表現で概念者が異なっており，それにも関わらずディスコースが円滑に進められていく，以下のような例である．

(1) 　A「田中さんて，タフな人だね」
　　　B「学生時代にラグビーで鍛えてる<u>から</u>ね」　（日記研編 2008: 292）
(2) 　（出勤時間をめぐる会話．）
　　　09G: →奥さんのが←[1] 遅いんだもん，1時間．

---

[1] 現代日本語研究会 1997 の表記法では，前の発話に重なった部分は，始まりが「→」，終わりが「←」で示されている．

　　　　09F: あ，そっか，近いから．
　　　　　（現代日本語研究会 1997: Nos.4168-4169，本多 2005: 221(311)から転載）
(1)で田中氏がタフな人であることの理由をつけているのはBであり，AとBの2人の概念者は共同で，1つのディスコースを作り上げていく。(2)も同様に奥さんの出勤時間が遅いことへの理由を述べているのは，最初の概念者(09G)とは違う概念者(09F)である。このような例では，1つのディスコースが2人の異なる概念者によって共同で進められている。しかもこれらの例で特徴的なのは，2人の概念者が1つの因果関係のフレーム「P → Q」を共有し，その上で1つのディスコースをつむいでいっているように見えることである。そこで本節ではディスコース・プランを概念化素材とした共話と事象の内在的な性質を概念化素材とした共話を順番に見て，それぞれの概念化にもフレームが重要な役目を担っていることを示すことにする。

7.2　ディスコース・プランを基盤とする共話

　共話の1つ目のタイプは，複数の概念者がディスコースの進め方といったディスコースのメタ的構造をその概念化素材としている場合である。一般にディスコース・プランとは，概念者がそのディスコースをどう進めていくか，あるいはまとめていくかといったことに関わる行為なので，その意味でその概念者の主観性・個人性が強くなる。したがってディスコース・プランを基盤とする共話では，異なる概念者の独立性を担保しつつ共話を行うという側面がある。

　ディスコース・プランを基盤とする共話で，異なる概念者の独立性を確保するという性格が最も見てとれるのは，前件の概念者に発話をうながす，以下のような接続であろう。

　　(3)　　A「昨日，道歩いてたら，1万円札が落っこっててさ」
　　　　　B「それで？」　　　　　　　　　　　　　　　（日記研編 2009b: 88）

(3)で後件の概念者が行っているのは，前件の概念者のディスコース・プランの内容までには敢えて深く入り込まず，ディスコースを前に進めようとする働きである。同様に，話題の転換も，異なる概念者がそれぞれの認知的な独立性を確保しつつ，共同でディスコースを進め，運営するといった性格が強くなる。以下がその例である。

　　(4)　　[自宅で。年末年始の予定を話し合いながら] 妻「ということでさ，論

文の締め切りが来年の5日までだから，今年は帰省するの無理ね」
　　　　　　夫「ところでさ，お正月と言えば，今年のお年玉どうする？」
　ディスコース・プランを基盤とする共話で，ディスコースのメタ的構造というよりはむしろ相手の言った内容について反応するタイプの共話もないわけではない。たとえば，対比，補足，言い換えなどの共話は，異なる概念者が他の概念者のことばの内容に反応する。以下は，対比の例であり，前件で述べられた事象に対して，相反するような内容の事象が起きたことが後件の概念者によって述べられている。
　　(5)　　A「報告書は今週中に完成できそうだね」
　　　　　　B「それが，データの一部が消えちゃったんです。今朝，気づいたんですけど」　　　　　　　　　　　　　　　　（日記研編 2009b: 81）
　あるいは前件の概念者の述べた内容を言い換えたり，補足を求めたりするような共話の例もある。
　　(6)　　A「このチャンスを活かさない手はないよ」
　　　　　　B「いってみれば，渡りに船ということですか」（日記研編 2009b: 94）
　　(7)　　[行けない理由をあれこれ上げる夫に妻が]｛要するに／結局｝行きたくないってことね。　　　　　　　　　　　　　（日記研編 2009b: 130）
　　(8)　　A「最近ではおいしいデザートがコンビニでも買えるし，日本の食文化も豊かになったね」
　　　　　　B「｛そうじゃなく／そうじゃなくて｝，実際は安直になっただけだよ」　　　　　　　　　　　　　　　　　　　（日記研編 2009b: 102）
　　(9)　　[バラエティー番組で。料理の腕を披露しているゲストに向かって]ちなみに，この料理はご自分で考えられたものですか？
　　　　　　　　　　　　　　　　　　　　　　　　　（日記研編 2009b: 137）
　　(10)　　A「以上，今回のプロジェクトの内容を説明しました」
　　　　　　B「ちなみに，今度の私の担当はどこになりますか」
　　　　　　　　　　　　　　　　　　　　　　　　　（日記研編 2009b: 134）
(6)(7)(8)が言い換えの例であり，(9)(10)は補足の例である。補足の例では，異なる概念者の独立性を確保しつつも，「遠慮がちに（日記研編 2009b: 137）」「ちょっとついでに聞くが（日記研編 2009b: 134）」といった性格も読み取れる。
　最後に，語用論的にはやや乱暴ではあるが，相手の言った内容をとりあえ

ず無視して，ディスコースを進める以下のような例もある。相手の言った内容を無視するという行為は相手に対して協力的な態度とは言えないが，相手の言語化した内容までは踏み込まないという意味では，少なくとも相手の概念者の心的な独立性は確保していることになる。

(11)　A「山本さん，断り切れなくてしぶしぶ来るみたいですよ」
　　　　B「何にしても，あの人が来れば助かる」　　（日記研編 2009b: 140）
(12)　A「財布，落としたみたい。おかしいなあ，どこで落としたんだろう。それとも，すられたのかなあ，電車の中で」
　　　　B「とにかく，今すぐカード会社に電話しなさい」
　　　　　　　　　　　　　　　　　　　　　　　　　　　（日記研編 2009b: 139）
(13)　A「この本，読みましたか。おもしろくて，明け方まで読んじゃいましたよ」
　　　　B「それより，私が頼んだ仕事，早くやってくださいね」
　　　　　　　　　　　　　　　　　　　　　　　　　　　（日記研編 2009b: 121）

7.3　事象の内在的な性質を基盤とする共話

共話の2つ目のタイプは，接続される事象が本来持っている性質を基盤としたものである。本書ではこれを事象の内在的な性質を基盤とする共話と呼ぶ。中でも本書で因果関係のフレームと呼んでいる「P → Q」を基盤にした条件文は，共話の中によく現れる。以下が，その例である。

(14)　A「山本さんは市長選挙に立候補しないそうですよ」
　　　　B「｛そうすると／そうなると／となると｝，次の市長は田中さんに決まりですね」　　　　　　　　　　　　　　　　（日記研編 2009b: 70）
(15)　A「山本さん，会が中止になったことを知らずに1人で会場に行ったそうですよ」
　　　　B「だったら，きっと怒ってるでしょうね」　　（日記研編 2009b: 68）
(16)　A「山本さんは来週から一ヶ月，中国に出張です」
　　　　B「｛すると／そうすると／とすると｝，再来週の研修会には出席されないんですね？」　　　　　　　　　　　　　　（日記研編 2009b: 71）
(17)　A「チーフが急に出張することになったって」
　　　　B「じゃ，午後のミーティングはどうなるんですか」
　　　　　　　　　　　　　　　　　　　　　　　　　　　（日記研編 2009b: 69）

これらの例で後件の概念者は，自分が前件の事象から推論した内容を前件の概念者に尋ねている。つまり後件の概念者は，自分の持っている因果関係のフレーム「P → Q」の内容が前件の概念者と同じかどうか，またそのフレームに基づいた自分の推論が正しいかどうかを前件の概念者に確認してもらっているのである。このような共話では，いわば概念者同士がお互いのフレームのすり合わせをしているとでもいった側面が見られる。
　したがって後件が，後件の概念者の推論である場合，それが推論であることを示す明示的なモダリティー形式や，概念者の意図を表す言語表現が用いられることが普通である。

(18)　A「朝9時の新幹線に乗ったそうですよ」
　　　B「じゃあ，もう東京に着いているはずだ」　（日記研編 2009b: 67）
(19)　A「山本さんは田中さんと同じ職場で働いていたそうだよ」
　　　B「そうすると，2人は面識があることになるな」
　　　　　　　　　　　　　　　　　　　　　　　（日記研編 2009b: 67）
(20)　A「明日，雷雨になる確率が高いらしいよ」
　　　B「それなら，明日，山へ行くのは無理かな」（日記研編 2009b: 67）
(21)　A「このデータの入力，今日中に終わらせなきゃならないんです」
　　　B「じゃ，山本さんに頼みましょう」　　　（日記研編 2009b: 68）

ただし，同じような推論をするにせよ，結果からその原因・理由を推測するタイプの共話では，後件の概念者の納得を示す形式（日記研編 2003: 202-204, 212）が使われる場合もある。

(22)　A「山本さんが，例の件，助かりましたって礼を言ってたよ」
　　　B「じゃ，うまくいった{んだ／わけだ／？ようだ／＊らしい}ね」
　　　　　　　　　　　　　　　　　　　　　　　（日記研編 2009b: 68）

　更に，事象の因果関係のフレームを基盤にして，より高度なディスコースが進められている場合もある。

(23)　A「この定食，安いねえ」
　　　B「そのわりに，味も悪くないでしょ」　　（日記研編 2009b: 82）
(24)　A「今回は何とかノルマ達成できそうだね」
　　　B「じゃないと，クビになる」　　　　　　（日記研編 2009b: 72）
(25)　A「昨日の懇親会は佐藤先生もいらっしゃってたよ」
　　　B「それなら，私も行ったのに」　　　　　（日記研編 2009b: 68）

(23)では前件から推論されることに相反する事象が起きていること(推論否定の逆接), (24)では前件の事象が成立しなかったときに起きると予想される事象, (25)では実際には起きなかった概念者の反事実的な希望といった具合に, 後件の概念者の想定した架空の世界を基盤とした共話が行われている。

　事象の因果関係のフレームを基盤とする共話に対し, 事象の生起順のフレームを基盤とする共話は実際のディスコースの中では必ずしも多くない。ただし以下のような概念者に共通の体験を語るタイプの共話や作業の仕方などを説明するタイプの共話は可能ではある[2]。

(26)　　［昔の旅行のことを思い出して。夫と妻が］
　　　　夫「それでロンドンへ行って, ユーロスターに乗って」
　　　　妻「そうそう, それでパリからウイーンまで回ったのよ」
(27)　　［工場で。先輩の工員が新規採用者に設備の説明をして］
　　　　工員1「まずここでこの機械に用紙をセットするわけだけど」
　　　　工員2「用紙がつまりやすいから, まずこの留め具を外して」
　　　　工員1「紙を金具の間にそっと入れて」

7.4　共話と概念者

　ここまで見てきたように, 共話という複数の概念者が共同で進めていくタイプのディスコースでも, 複数の事象を言語的に描き出して, それらを結んでいくといった接続は, ごく普通に見られる現象であった。このことは反対に言えば, 条件さえ整えば, 複数の概念者でも1つのディスコースを共同で進めていくことができるということになる。

　その一方, 言語表現によっては, 共話で使えるかどうかが異なる場合がある。たとえば,「ところで」や「さて」は, ディスコース・プランを概念化の基盤とする言語表現で, 概念者がディスコースのトピックを変換したいときによく用いられる言語表現だが,「ところで」が共話で使えるのに対し,「さて」は使えない。

2　実は, このような事象の生起順のフレームを基盤としたと考えられる共話は, 小説やドラマなどの会話の中でこそかなり頻繁に見受けられたが, 筆者の実生活の中では適切な例を見つけることはできなかった。本書では作例を使ったが, やはり小説やドラマの脚本のように感じられる。

(28) ［科学史の講義で。講師が］ということで，DNAの発見は，20世紀の大発見の1つと考える研究者は多いのです。｜ところで／さて｜，では，このDNA技術は，一体他の分野でどのように応用されているのでしょうか。

(29) A「あのシリーズ，どこまでやる気かなって思ったよ。子役もすっかり大人になっちゃったし。俳優変えるとイメージ変わっちゃうし」
B「｜ところで／＊さて｜スピルバーグの新作，もう見た？」

(日記研編 2009b: 118)

事象の内在的な性質を概念化素材とする言語表現でも，共話で使えるものと使えないものがある。

(30) A「新監督の下，期待されていたナショナルチームですが，シーズン中1勝もできなかったそうですよ」
B「｜そうなると／となると／＊してみると／＊こうなると｜，監督交代の声が高まるのは必至でしょう」 (日記研編 2009b: 71)

「そうなると」「となると」「してみると」「こうなると」は前件で表現された事象から，概念者が推論した内容を述べる言語表現だが，「そうなると」「となると」が共話でも使えるのに対し，「してみると」「こうなると」はかなり不自然に感じられる。

あるいは，後件で概念者の希望を述べるようなときに使われることの多い言語表現である「じゃ」「それなら」「すると」なども，共話に使える言語表現と共話にはそぐわない言語表現がある。

(31) A「田中さんも今夜の会食に来るそうだよ」
B「｜じゃ／それなら／＊すると｜，私も行きたい」

(日記研編 2009b: 68)

「そこで」は前件がきっかけになって，後件が起きたことが述べられる継起の意味を持つ接続表現(日記研編 2009b: 66)であるが，共話では使えない。

(32) 説明書を読んでも，トラブルの原因がわからなかった。そこで，サービスセンターに電話してみた。 (日記研編 2009b: 66)

(33) A「昔から小説を書くのが夢でした」
B「｜＊そこで／それで／だから｜，50歳で退職なさったんですか」

(日記研編 2009b: 66)

このような現象には，本書でも，それぞれの語彙に語彙的な制約を与える

7. 共話

といった以上の説明はない。しかし，共話という言語現象が概念化にも個を超えた側面があることを示唆していると考えると，共話は本書で今まであまり語ってこなかった，概念化のもう1つの側面を探るための手掛かりになってくれる可能性がある。本書で想定した脳神経系やミラー・ニューロンといった見地からすれば，ヒトのコミュニケーションはいずれにせよ共話的であるはずである。となると共話という言語現象は，ヒトのコミュニケーションのその特徴を，うまく「言語化」してくれている例と考えることができる。共話とは，この意味で，言語的に外に現れたミラー・ニューロンなのである。

補説[1]

脳の仕組みと働き

> この小さな脳のうずきが特権的な名で呼ばれている。我々はそれを「思考」と呼ぶ。
> What a peculiar privilege has this little agitation of the brain which we call 'thought'
>   David Hume (1711 – 1776) スコットランドの哲学者

---

[1] 補説は，生理学の教科書である Carlson 2013 を基本的な参考書とし，適宜 Ramachandran 2011 などの記述も参照した。医学関係の日本語を調べるのには，Carlson 2010 の日本語版である泰羅・中村 2010 なども参照した。

補説では，本書が想定している脳と脳神経系の構造と働きについてごく簡単に述べる。ただし，脳や脳神経系の仕組みはかなり複雑であり，それらの複雑な仕組みのすべてが直接に言語的な現象に反映されているわけでもない。そこで，ここでは本書の関心に関係すると見られる部位とその働きだけに絞り，その概略をかいつまんで述べることにする。

1. 脳の部位

我々の脳の大きな特徴の1つは，脳の表面の皮質と呼ばれる組織(cortex)を上から見たときに左右2つの半球からなっていることである。図1が脳を上から見た図である。それぞれ，(脳の)左半球(left hemisphere)，右半球(right hemisphere)と呼ばれており，本書では分かりやすく(脳の)左脳，右脳と呼ぶ。これらの2つの脳は孤立しておらず，脳梁(corpus callosum)と呼ばれる神経組織で結ばれている。したがって，脳の2つの半球は脳梁を通じて絶えず連絡を取っていることになる。

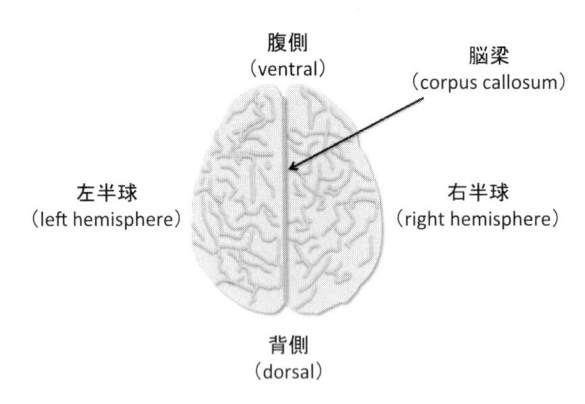

図1：大脳の2つの半球(脳を上から見た図)

更に，それぞれの(脳の)半球は，頭の後方から前方に向かって後頭葉(the occipital lobes)，頭頂葉(the parietal lobes)，側頭葉(the temporal lobes)，前頭葉(the frontal lobes)の4つに分かれ，それぞれ独自の働き・機能を持っている。したがって，我々の脳の外側にある大脳皮質(the cerebral cortex)は構造上，

左右の後頭葉，左右の頭頂葉，左右の側頭葉，左右の前頭葉の計8つの部位に分かれることになる。以下がその図であり，それぞれの脳の部位については，以下で簡単にその働きについて述べていく。

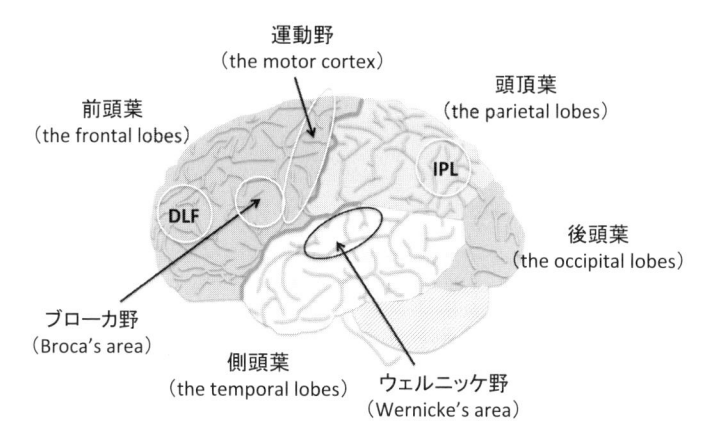

図2：大脳皮質(脳を左から見た図)

1.1 後頭葉(the occipital lobes)

（左右の）後頭葉(the occipital lobes)の主な働きは，大まかにいって視覚情報の処理である。本書の関心から言えば，（左右の）後頭葉は概念者が現場文脈からの情報を視覚的に処理するための部位ということになる。

1.2 頭頂葉(the parietal lobes)

（左右の）頭頂葉(the parietal lobes)も，主に感覚からの情報の処理に充てられるが，後頭葉(the occipital lobes)とは大きな機能上の違いがある。その1つが頭頂葉では視覚や聴覚といった感覚に加え，触覚や身体内部にある筋肉や関節などからの感覚(体性感覚)，あるいは平衡感覚などの異なった感覚入力を総合的に処理し，自分の肉体や周りの状況を理解するための処理が行われることである。この意味で頭頂葉とは，概念者が自分の肉体とその肉体の置かれた周りの状況，いわば脳が脳の外の「世界」を把握するための，一種の総合的な知覚・理解のための部位であると言える。したがって，本書の関心から言えば，頭頂葉は概念化素材となる現場からのさまざまな情報(現場文脈)を構築し，それを概念化に提供するための重要な器官ということになる。

1. 脳の部位　　297

また(左右の)頭頂葉の特徴には，単なる外部世界の知覚・理解のための器官としての働きを超え，極めて人間らしい能力を司る働きもあるとされる(Ramachandran 2011: 22)。たとえば，(左右の)頭頂葉下部(the inferior parietal lobules，図2ではIPLと表記)と呼ばれる頭頂葉の下側に位置する部位は，サルの脳にはほとんど存在しないが，ヒトの脳では進化の結果大きく発達した。この結果，この左右の頭頂葉下部(IPL)は，更に2つの部位に分かれ，上部にあたる縁上回(the supramarginal gyrus)と下部にあたる角回(the angular gyrus)に分化している。上部にある左脳の縁上回は，人が意識的に裁縫や釘打ちをしたり，あるいは(別れぎわに)手を振るなどといった高度な行為を行う場合に活動するとされ，下部にある左脳の角回は数の計算(arithmetic)をしたり，抽象化(abstraction)をしたり，言語などの精神活動に関わっているとされる(Ramachandran 2011: 20)。この意味で，頭頂葉は先に見たように脳の総合的な知覚・理解のための部位であると同時に，言語を含む，肉体や精神の人間らしい活動を生み出す部位と言うこともできる。

1.3　側頭葉(the temporal lobes)と大脳辺縁系(the limbic system)

　側頭葉(the temporal lobes)の基本的な働きは，一般に記憶の出し入れに関する働きに関係すると考えられている(Carlson 2013: 467, 490, 499; Ramachandran 2011: 65)。たとえば，側頭葉下部にある紡錘状回(ぼうすいじょうかい・fusiform gyrus)は，漢字などの文字や人の顔を判別するときなどに働くとされ(Carlson 2013: 505; Ramachandran 2011: 101, 299)，本書の用語を使えば，紡錘状回は概念者が視覚からの情報と側頭葉から引き出した記憶を照らし合わせ，それが何であるか，あるいは誰(の顔)であるかを判断するために重要な役割を果たしている部位ということになる。一般に，言語の意味に関連すると考えられているウェルニッケ野(Wernicke's area)と呼ばれる部位は左脳の側頭葉上部に存在し，記憶の引き出しに関する働きを持つ海馬(hippocampus)は左右の側頭葉の内部に存在する。また言語の比喩的な意味には，右脳の側頭葉上部の働きが必要との指摘もある(Carlson 2013: 490-491)。

　したがって側頭葉は，本書の関心から言うと，記憶に関する広範な心的現象を司る脳の中心的な部位であり，本書で記憶文脈と呼ぶフレームを含む意味記憶は，一般にウェルニッケ野と呼ばれる部位とその周辺を中心に蓄えられている可能性があると考えている。

側頭葉にはもう少し異なったタイプの記憶に関係している可能性もある。たとえば側頭葉は，大脳皮質(the cerebral cortex)に包まれて存在する大脳辺縁系(the limbic system)と呼ばれる部位と連絡を持ち，側頭葉が認識したさまざまな事物に対してそれに伴った「感情」を与えるといった働きもあるとされている。大脳辺縁系の「感情」を司る働きには，側頭葉の前部に接触する形で存在する扁桃体(the amygdala)と呼ばれる器官が重要な働きを担っているとされる。図3は側頭葉と大脳辺縁系の位置関係を示した図であり，図4は大脳辺縁系の脳神経系のネットワークを Ramachandran 2011 の記述をもとにまとめたものである。

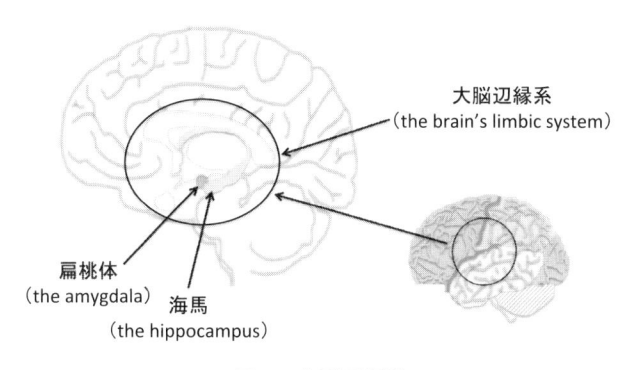

図3：大脳辺縁系

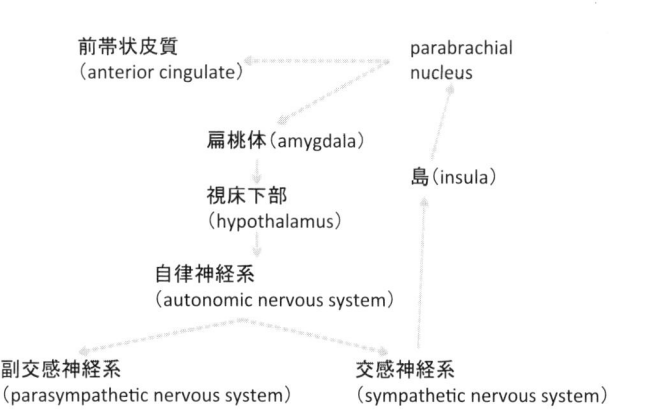

図4：概念化と大脳辺縁系のネットワーク
(Ramachandran 2011: 65, 148, 294-295 の記述をもとに渡部が作成)

更に大脳辺縁系には，脳の他の複数の部位を結ぶ，いわばハブ的な働きも担っていると言う研究者もいる。たとえば，Iacoboni 2008 では，島(insula)が中継点となって，ヒトのミラー・ニューロンと大脳辺縁系を繋いでいるとしており(Iacoboni 2008: 117-118, 119(Figure 2), 127, 165)。Gazzaniga 2008 では，決断という行為と感情には関係があるとしている(Gazzaniga 2008: 73, 120)。また Hall 2010 では，このような高度な精神活動に関連して同時に活動する複数の脳の部位として，前頭前皮質内側部(medial prefrontal cortex)，前頭前皮質背外側部(dorsolateral prefrontal cortex)，前頭前皮質腹内側部(ventromedial prefrontal cortex)，眼窩前頭皮質(orbitofrontal cortex)，前帯状皮質(anterior cingulated cortex)，扁桃体(amygdala)，島皮質前部(anterior insular cortex)，大脳基底核(basal ganglia)，腹側線条体(dorsal striatum)，背側線条体(ventral striatum)，被殻(putamen)，海馬(hippocampus)，後帯状皮質／楔前部(posterior cingulated/precuneus)，上側頭溝／側頭頭頂接合部(superior temporal sulcus/temporoparietal junction)などの部位が上げられている(Hall 2010: 65-66, 74, 76, 84-87, 100, 104, 107, 111, 121, 125, 156-159, 161, 182, 185, 197, 200, 217, 222, 231, 261)。

一般にこのような，脳の進化の上で比較的新しく進化した部位(皮質)と，脳の中心に存在する古くからの部位(大脳辺縁系)が連動してヒトの高度な知的活動を担っているという考え方は，本書の立場からも興味深い。本書にたびたび登場した意味記憶とエピソード記憶の場合，意味記憶は抽象的な個人的な情動をあまり伴わないといった性格を持っていると考えられるのに対し，エピソード記憶は個人的な体験を通した情動的意味づけが伴っているタイプの記憶であると考えられている。するとこのようなエピソード記憶の性質には，感情を司るとされる大脳辺縁系の働きがより大きく関係している可能性がある。本書でも，評価・好悪・個人的つながりなど，概念者の感情的な意味づけをエピソード記憶の重要な特徴の1つと考えており，この特徴が一部の言語表現の意味的・文法的振る舞いの差異に現れてくると考えた。

1.4 前頭葉(the frontal lobes)

一般に前頭葉(the frontal lobes)は，人間の高度な精神活動を司る器官として考えられている。前頭葉の上部(頭頂葉に近い部位)には運動野(the motor cortex)と呼ばれる人の運動を司る部位があり，運動野の下部には言語表現の

操作(形態・統語的な操作)に関連するとされているブローカ野(Broca's area)が隣接している(図2)。ただし，このブローカ野に関しては，サルのミラー・ニューロンの発見された部位(F5)にあたり，そのことからブローカ野はヒトだけに特有の部位ではなく，ミラー・ニューロンに関わる部位が，ヒトの場合，言語表現の操作を扱う部位としても進化したのではないかと主張する研究者もいる(Corballis 2011: 60-62; Feldman 2006: 61; Ramachandran 2011: 182)。

更に，左右の前頭葉には前頭葉前部(the prefrontal lobes)と呼ばれる部位があり，人間の高度な精神性を司ると考えられている。たとえば，人が目標を持って何らかの一連の行為を行うときに必要となる短期的な記憶は，前頭葉前部の中の背側前頭葉前部(the dorso-lateral prefrontal lobes, 図2ではDLFと表記)と呼ばれる部位にあると考えられている(Ramachandran 2011: 20-21)。あるいは左脳の前頭葉前部に障害が起こると，一切の社会的な生活から隠遁し自分の殻の中に籠るようになったり，右脳の前頭葉前部に障害が起こると葬式の場で笑ったり，あるいは公衆の面前で放尿したりといった問題行動を起こす場合がある(Ramachandran 2011: 21)。

このように前頭葉は，その働きを簡略にまとめるにはかなり高度で複雑なものであるが，本書の関心から言えば，前頭葉が一連の行為を行うときに必要な短期記憶を司る部位であることから，言語的にもディスコースの円滑な運用に必要な作業記憶もまた前頭葉にあるのではないかと考えている。また音声や手話によるさまざまな言語表現も，その言語化に必要な調音器官(筋肉や他の組織)の動き(articulation gesture)として記憶されていると仮定すれば，言語表現は，ブローカ野や運動野の中に一連の筋肉の動きとして記憶されているという可能性もあろうかと考えている(Carlson 2013: 13, 484, 499; Corballis 2011: 70; Iacoboni 2008: 103; Ramachandran 2011: 175)。

2. 脳と脳神経系

前節でごく簡単に概観した前頭葉，側頭葉などの脳のさまざまな部位は，実は一般にニューロン(neuron)と呼ばれる神経細胞の複雑な集合体である。脳は約1000億(100,000,000,000)のニューロンからなっており(Ramachandran 2011: 14)，1つのニューロンはそれぞれ1,000から10,000ほどの他のニュー

ロンと結びついて,何兆にも及ぶ膨大な脳内神経ネットワーク(Feldman 2006: 56)を作っている。これがニューロン・レベルから見た脳の内部構造である[1]。ニューロンの中にはいろいろな長さのものがあり,たとえば足の指先から脊髄(the spinal cord)まで信号を伝える長さのニューロンもある(Feldman 2006: 50)。

　この脳の中でニューロンが情報を伝えていく仕組みは,比喩的に表現すれば,一種の壮大なバケツ・リレーのような仕組みである。1つのニューロンは絶えず1,000から10,000ほどの他のニューロンから信号を受けており,そして,もしそこから受けた信号が十分に大きい場合には自分も活動し,その活動を他のニューロンに伝えていく。つまりニューロンは,他のニューロンからの活動を他のニューロンに伝えていくことで脳内の情報の伝達単位となり,さきほど述べた前頭葉や側頭葉などの脳の部位も(実はバラバラに存在しているわけではなく)ニューロンを通じて,幾重にも結ばれて存在していることになる。

2.1　ニューロン(neuron)

　ニューロンが他のニューロンから信号を受け,自らも活動し,そしてそれを他のニューロンに伝えていく仕組みはかなり複雑である。また,ニューロンの活動の仕組み自体が直接に言語的な現象に反映されるわけでもないので,ここではその概略をごくかいつまんで述べる。

　ニューロンは,身体を構成する他の細胞と同様に細胞核を持ち,その細胞核の周りに樹状突起(dendrites)と呼ばれる細長い多くの突起がある。ニューロンは,更に軸索(axon)と呼ばれる長く伸びた構造を持つ。軸索は,他のニューロンから信号を受けたニューロンが,他のニューロンにその活動を伝えていくのに活躍する(Ramachandran 2011: 15)。軸索の先端は神経端末(axon terminal)と呼ばれる。ニューロンの樹状突起周辺にあるシナプスが,いわばそのニューロンへの信号の入り口とすれば,軸索は信号を伝達する電気ケーブルであり,神経端末は他のニューロンと連絡して,信号を伝えていくため

---

[1] より正確に言うと,ニューロンには感覚ニューロン(sensory neuron),運動ニューロン(motor neuron),介在ニューロン(interneuron)の3種類がある(Carlson 2013: 28)。感覚ニューロンは感覚からの情報を集め,運動ニューロンは筋肉の収縮に伴う運動をコントロールしている。ここで言う介在ニューロンは,中枢神経系の中だけに存在し,脳はニューロンの集合体であるというイメージに最も近い。

の出口である。以下が，その構造を模式的に示した図である。

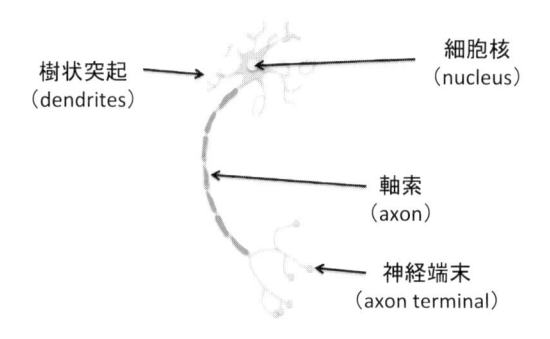

図5：ニューロン

2.2 シナプス（synapse）

　ニューロンへの信号の入り口では，樹状突起にできたシナプス（synapse）という部位が活躍する。シナプスとは，樹状突起が他のニューロンの神経端末と連絡する場所で，2つのニューロン同士は直接結びついてはおらず，シナプスと呼ばれる狭いギャップで，一般に神経伝達物質（neurotransmitter）と呼ばれるさまざまな化学物質を通して連絡している。以下がその図である。

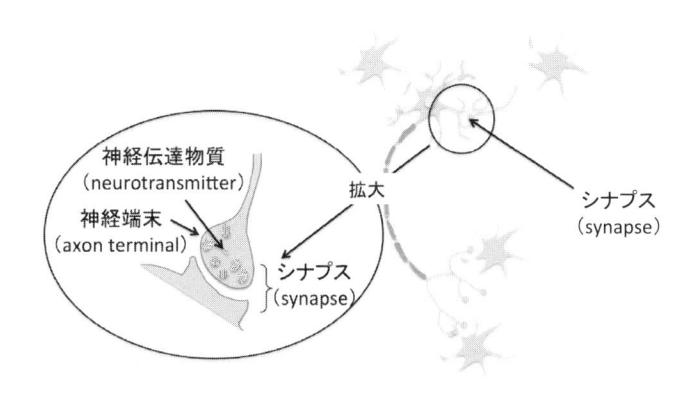

図6：シナプス

　1つのニューロンは，シナプスを介して通常1,000から10,000の他のニューロンと連絡しており，他の細胞から信号を受けている。そして他のニューロンから受けた神経伝達物質が十分な量（threshhold）に達すると，そ

のニューロンが活動し,他のニューロンへとその活動を伝えていくことになる。このときのニューロンの活動は,1ミリ秒(1,000分の1秒)で起こる(Carlson 2013: 48; Feldman 2006: 37 (Table 3.1))。ここで神経伝達物資の中にはニューロンの活動を促す働きを持つものと抑える働きを持つものがあり,ニューロンの樹状突起周辺では,シナプスを通して他のニューロンからの賛成票(活動を促す神経伝達物質)と反対票(活動を抑える神経伝達物質)の投票が絶えず行われているようなものである(Ramachandran 2011: 14)。もちろん,賛成票の数が十分に大きければそのニューロンが活動する[2]。

2.3 ニューロンの活動

本書でニューロンの活動と便宜的に呼んだ現象は,実はニューロン内部での電位(electric potential)差によって生じる電気的な活動のことである。通常,ニューロンの細胞膜(membrane)の内外には電位差があり,ニューロンの(細胞膜の)外部にはプラスの電荷を帯びたナトリウムイオン(Na^+)やマイナスの電荷を帯びた塩素イオン(Cl^-)が存在している。これに対して,ニューロン内部にはプラスの電荷を帯びたカリウムイオン(K^+)やマイナスの電荷を帯びた有機物イオン(A^-)が存在しており,全体として細胞膜の外がプラス,中がマイナスになっている。これが通常の(活動していないときの)ニューロンの電位的な状況である。

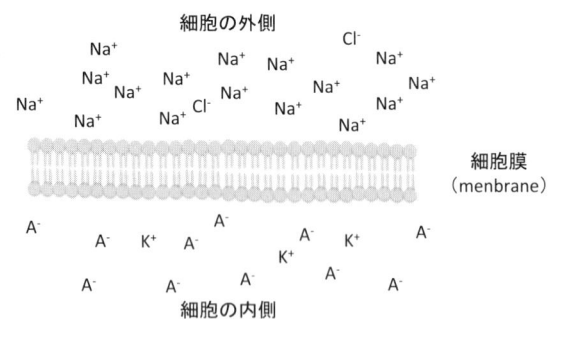

図7:通常のニューロンの電位

---

[2] ただし,その段階で樹状突起にあるシナプスがすべて活動しているわけではない。またそれぞれのシナプスで(どのニューロンと連絡しているかによって)一票の価値は異なる。したがって,ニューロンの活動を促す「十分な量の神経伝達物質」というのは,隣接したニューロンの活動を促す神経伝達物質を放出したシナプスの数であり,その数はニューロンごとに,また同じニューロンでも,そのときの状況によって異なる。

ここでニューロンの神経端末からシナプスへと，ニューロンの活動を促す十分な量の神経伝達物質が放出されると，神経伝達物質を受けたニューロンの細胞膜にイオン・チャンネル(ion channel)と呼ばれるイオンの通り道が開く。すると，そのイオン・チャンネルを通って，ニューロンの外側から内側へとプラスの電荷を帯びたナトリウムイオン(Na^+)が流れ込む。

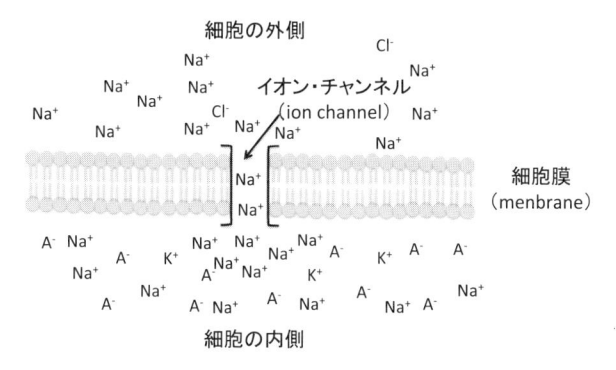

図8：イオン・チャンネル

　こうしてシナプスに開いたイオン・チャンネルから，ナトリウムイオン(Na^+)がニューロンの中に流れ込むと，その近辺にイオン・チャンネルが次々と開き，その電位差から電流が生じる[3]。この電流が，軸索を経てやがて神経端末に到達し，そこで神経伝達物質を放出する。するとその結果，その神経端末とシナプスを介して連絡している他のニューロンの樹状突起が反応し，その反応したニューロンにイオン・チャンネルが開き電流が発生し，そのニューロンがまた他のニューロンと連絡するシナプスで神経伝達物質を放出し，といった具合に次々とニューロンの活動が伝えられるという仕組みになっている。したがって，ニューロン同士は直接接触して活動を伝えあうのではなく，化学物質(神経伝達物質)を介して，それぞれのニューロンが独自に電流を発生して活動していることになる。この流れの概略をまとめたのが，以下の図である。

---

[3] ただし，ニューロン内部に電流が生じて，その電流が神経末端まで伝えられていく過程には，もっと複雑な化学的なプロセスが関係している。ここでは，ニューロンの活動が基本的に神経伝達物質を通した化学的な反応であることを示した。

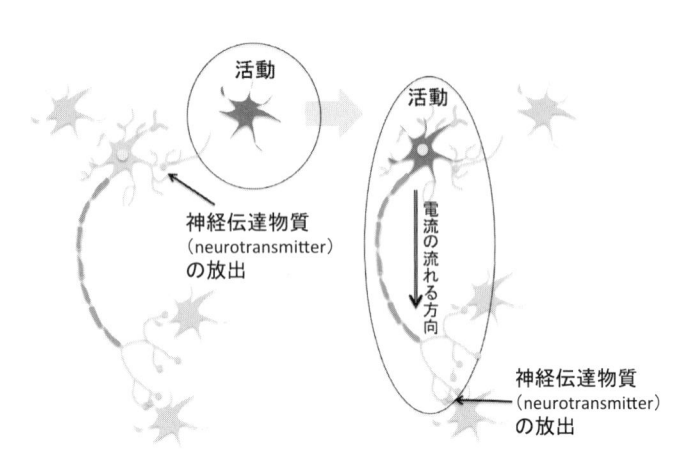

図9：ニューロンの活動と伝達

　このように，本書で「脳神経系の活動」とごく簡単に表現した現象は，実は，ニューロン内部に微弱な電流が生じる現象であり，その結果，神経端末で神経伝達物質が放出されるといった分子レベルでの複雑な化学・電子的現象である。そこで英語でもこの現象を，firing（発火・発射），discharge（放電），spike（スパイク）などと表現することが多い。firing とは銃や大砲などの火器類を発射することであり，discharge とは電気の流れ（電子の流れ）を発生させることである。また spike とは，ニューロンの電子的な活動を計測すると，ニューロンが活動したときに計器の値がふれ，まるで刺（spike）のように記録されることを捉えた表現である。日本語で書かれた本書では，このようなニューロンの中で起こる複雑な現象は，ごく簡単に「活動」と表現した。

参考文献

この参考文献では，参照した文献，及び本書の考え方が形成される過程において影響のあった文献などを中心に，アルファベット順で整理した。日本語の場合には，著者の名前を標準的なローマ字で表記した場合に従った。

Addis, Donna Rosa, Alana. T. Wong, and Daniel. L. Schacter. 2007. Remembering the Past and Imagining the Future: Common and Distinct Neural Substrates During Event Construction. *Neuropsychologia* 45. 1363-1377

Anscombre, Jean-claude C. et Oswald Ducrot. 1977. Deux *mais* en français? *Lingua* 43. 23-40

Aziz-Zadeh, Lisa, Stephen M. Wilson, Giacomo Rizzolatti, and Marco Iacoboni. 2006. Congruent Embodied Representations for Visually Presented Actions and Linguistic Phrases Describing Actions. *Current Biology* 16. 1818-1823

Bach, Emmon. 1989. *Informal Lectures on Formal Semantics*. SUNY Press

Barwise, Jon and John Perry. 1983. *Situations and Attitudes*. The MIT Press

Blakemore, Diane. 1988. Denial and Contrast: A Relevance Theoretic Analysis of *But*. *Linguistics and Psychology* 12. 15-37

Bruxelles, S., O. Ducrot, E. Fouquier, J. Gouazé, G. dos Reis Nunes et A. Rémis. 1976. Mais occupe-toi d'Amélie. *Actes de la Recherche en Sciences Sociales* 6. 47-62

Buccino, G., F. Binkofski, G. R. Fink, L. Fadiga, L. Foggassi, V. Gallese, R. J. Seitz, K. Zilles, G. Rizzolatti, and H.-J. Freund. 2001. Action Observation Activates Premotor and Parietal Areas in a Somatotopic Manner: An fMRT Study. *The European Journal of Neuroscience* 13. 400-404

Carlson, Neil R. 2013. *Physiology of Behavior 11th edition*. Pearson Education.

カーター，リタ．2012.『ブレインブック―見える脳―』（養老孟司（監訳））南江堂

Chemero, Anthony. 2009. *Radical Embodied Cognitive Science*. The MIT Press

Chierchia, Gennaro. 1998. Reference to Kinds across Languages. *Natural Language Semantics* 6. 339-405

Corballis, Michael C. 2002. *From Hand to Mouth: The Origins of Language*. Princeton University Press

___. 2011. *The Recursive Mind*. Princeton University Press

Coulson, Seana. 2001. *Semantic Leaps*. Cambridge University Press

Damasio, Antonio R. 1999. *The Feeling of What Happens: Body and Emotion in the Making of Consciousness*. Houghton Mifflin Harcourt.

Darwin, Charles. 1859. *The Origin of Species*.

De Waal, Frans. 2009. *The Age of Empathy*. Three Rivers Press

Du Bois, John W. 1980. Beyond Definiteness: The Trace of Identity in Discourse. In Wallace L. Chafe (ed.), *The Pear Stories: Cognitive, Culture, and Linguistics Aspects of Narrative Production*. Ablex. 203-274

Ducrot, Oswald. 1972. *Dire et ne pas dire*. Hermann

Fauconnier, Gilles. 1985/1994. *Mental Spaces*. MIT Press/Cambridge University Press

＿＿. 1997. *Mappings in Thought and Language*. Cambridge University Press

Fauconnier, Gilles and Eve Sweetser. 1996. *Spaces, Worlds, and Grammar*. The University of Chicago Press

Fauconnier, Gilles and Mark Turner. 2002. *The Way We Think*. Basic Books

Feldman, Jerome A. 2006. *From Molecule to Metaphor*. The MIT Press

Fillmore, Charles J. 1982. Frame Semantics. In Linguistics Society of Korea (ed.), *Linguistics in the Morning Calm*. Hanshin. 111-137

Fillmore, Charles J. and Collin F. Baker. 2010. A Frames Approach to Semantic Analysis. In Bernd Heine and Heiko Narrog (eds.), *The Oxford Handbook of Linguistic Analysis*. Oxford University Press. 313-339

Gazzaniga, Michael S. 2008. *Human The Science Behind What Makes Your Brain Unique*. Harper Perennial

Gibbs, Raymond W., Jr. 2006. *Embodiment and Cognitive Science*. Cambridge University Press

Goldberg, Adele E. 1995. *Constructions*. The University of Chicago Press

Grice, Paul H. 1975. Logic and Conversation. In Peter Cole and Jerry L. Morgan (eds.), *Syntax and Semantics 3*. Academic Press. 41-58

Hall, Stephen S. 2010. *Wisdom from Philosophy to Neuroscience*. Vintage Books

Halliday, M. A. K. and R. Hasan. 1976. *Cohesion in English*. Longman

原大介．2009．「手話言語における音韻論研究とは」『言語』38-8. 16-23

平田オリザ．2010．「対話とは何か─新しい時代に要求されるコミュニケーション力─」『日本語プロフィシェンシー研究会国際シンポジウム予稿集』日本語プロフィシェンシー研究会．1-5

本多啓．2005．『アフォーダンスの認知意味論』東京大学出版会

Hopper, Paul J. and Sandra A. Thompson. 1980. Transitivity in Grammar and Discourse. *Language* 56-2. 251-299

Iacoboni, Marco. 2008. *Mirroring People: The Science of Empathy and How We Connect with Others*. Picador

今尾ゆきこ．1994．「ガ／ケレドモ／ノニ／クセニ／テモ─談話語用論からの考察─」『日本語学』8. 92-103

Johnson, Mark. 1987. *The Body in the Mind: The Bodily Basis of Meaning, Imagination, and*

Reason. The University of Chicago Press
Karttunen, Lauri. 1971. Implicative Verbs. *Language* 47-2. 340-358
___. 1973. Presuppositions of Compound Sentences. *Linguistic Inquiry* 4-2. 169-193
Karttunen, Lauri and Stanley Peters. 1979. Conventional Implicature. In Choon-kyu Oh and David A. Dinneen（eds.）, *Syntax and Semantics 11: Presupposition*. Academic Press. 1-56
金水敏. 1989.「『報告』についての覚書」仁田義雄・益岡隆志（編）『日本語のモダリティ』くろしお出版. 121-129
___. 1990.「「役割」についての覚書」『ことばの饗宴―筧壽雄教授還暦記念論集―』くろしお出版. 351-361
___. 1993.「終助詞ヨ・ネ」『言語』22-4. 118-121
___. 2003.『ヴァーチャル日本語　役割語の謎』岩波書店
金水敏（編）. 2007.『役割語研究の地平』くろしお出版
金水敏・仁仁生美. 2000.『現代言語学入門4　意味と文脈』岩波書店
金水敏・木村英樹・田窪行則. 1989.『日本語文法セルフマスターシリーズ4　指示詞』くろしお出版
金水敏・田窪行則. 1990.「談話管理理論からみた日本語の指示詞」日本認知学会（編）『認知科学の発展 Vol. 3』講談社（金水・田窪（編）1992: 123-149 に再所収）
金水敏・田窪行則（編）. 1992.『指示詞―日本語研究資料集―』ひつじ書房
Kiparsky, Paul and Carol Kiparsky. 1970. Fact. In Manfred Bierwisch and Karl. E. Heidolph（eds.）, *Progress in Linguistics*. Mouton. 143-173. Reprinted in Danny D. Steinberg and Leon A. Jakobovits（eds.）, *Semantics: An Interdisciplinary Reader in Philosophy, Linguistics and Psychology*. 1971. Cambridge University Press. 345-369
北条淳子. 1989.「複文文型」『日本語教育指導参考書15　談話の研究と教育 II』国立国語研究所. 7-111
小泉保. 1987.「譲歩文について」『言語研究』91. 1-14
小松寿雄. 1998.「キミとボク―江戸東京語における対使用を中心に―」『東京大学国語研究室創設百周年記念国語研究論集』汲古書院. 667-685
Lakoff, George. 1987. *Women, Fire, and Dangerous Things: What Categories Reveal about the Mind*. The University of Chicago Press
___. 2009. *The Political Mind*. Penguin Books
Lakoff, George and Mark Johnson. 1980. *Metaphors We Live By*. The University of Chicago Press
___. 1999. *Philosophy in the Flesh*. Basic Books
Lakoff, Robin. 1971. If's, And's, and But's about Conjunction. In Charles J. Fillmore and D. Terence Langendoen（eds.）, *Studies in Linguistic Semantics*. Holt Rinehart and Winston. 114-149

Lambrecht, Knud. 1994. *Information Structure and Sentence Form*. Cambridge University Press

Langacker, Ronald. 1999. *Grammar and Conceptulization*. Mouton de Gruyter

___. 2001. On *any*. Paper presented at 7th International Cognitive Linguistics Conference. At University of California, Santa Barbara

___. 2008. *Cognitive Grammar: A Basic Introduction*. Oxford University Press

Lyons, Christopher. 1999. *Definiteness*. Cambridge University Press

前田直子．2009．『日本語の複文—条件文と原因・理由文の記述的研究—』くろしお出版

正高信男．2006．『ヒトはいかにヒトになったか—ことば・自我・知性の誕生—』岩波書店

益岡隆志．1987．『命題の文法—日本語文法序説—』くろしお出版

___．1991．『モダリテイの文法』くろしお出版

___．1997．『複文　新日本語文法選書2』くろしお出版

益岡隆志（編）．1993．『日本語の条件表現』くろしお出版

益岡隆志・田窪行則．1992．『基礎日本語文法—改訂版—』くろしお出版

益岡隆志・野田尚史・森山卓郎（編）．2006．『日本語文法の新地平3—複文・談話編—』くろしお出版

松岡和美・南田政浩・矢野羽衣子．2011．「日本手話の口型に見られる極性表現」『日本言語学会第143回大会予稿集』154-159

McCawley, James D. 1993. *Everything That Linguists Have Always Wanted to Know about Logic*: *But Were Ashamed to Ask* 2nd edition. The University of Chicago Press

目黒士門．2000．『現代フランス広文典』白水社

三原嘉子．1995．「接続助詞ケレドモの終助詞的用法に関する一考察」『横浜国立大学留学生センター紀要』2．79-89

南不二男．1974．『現代日本語の構造』大修館書店

Minsky, Marvin. 1975. Frame System Theory. In Philip. N. Johnson-Laird and Peter C. Wason（eds.）, *Thinking: Readings in Cognitive Science*. Cambridge University Press. 355-376

宮島達夫・仁田義雄（編）．1995a．『日本語類義表現の文法（上）』くろしお出版

宮島達夫・仁田義雄（編）．1995b．『日本語類義表現の文法（下）』くろしお出版

籾山洋介．2009．『日本語表現で学ぶ入門からの認知言語学』研究社

守田貴弘．2013．「意味的分類の科学的妥当性」『言語研究』144．29-53

森田良行．1989．『基礎日本語辞典』角川書店

明和政子．2012．『まねが育むヒトの心』岩波ジュニア新書

鍋島弘治朗．2011．『日本語のメタファー』くろしお出版

ニーホフ，デブラ．2003.『平気で暴力をふるう脳』（吉田利子（訳））草思社
日本語記述文法研究会（編）．2003.『現代日本語文法　第4巻』くろしお出版
＿＿．2007.『現代日本語文法　第3巻』くろしお出版
＿＿．2008.『現代日本語文法　第6巻』くろしお出版
＿＿．2009a.『現代日本語文法　第5巻』くろしお出版
＿＿．2009b.『現代日本語文法　第7巻』くろしお出版
＿＿．2009c.『現代日本語文法　第2巻』くろしお出版
＿＿．2010.『現代日本語文法　第1巻』くろしお出版
仁田義雄．1991.『日本語のモダリティと人称』ひつじ書房
仁田義雄（編）．1991.『日本語のヴォイスと他動性』くろしお出版
＿＿．1993.『日本語の格をめぐって』くろしお出版
＿＿．1995.『複文の研究1, 2』くろしお出版
仁田義雄・益岡隆志（編）．1989.『日本語のモダリティ』くろしお出版
野田春美．2011.「新聞における漢語副詞の"ゆれ"」『神戸学院大学人文学部紀要』31. 45-63
野田尚史・益岡隆志・佐久間まゆみ・田窪行則．2002.『複文と談話』岩波書店
小川典子・野澤元．2011.「現代日本語コ・ソ・アの二層的分析—現場指示系と観念指示系の分離とその帰結—」『日本言語学会第143回大会予稿集』88-93
小薬哲哉．2011.「身体部位名詞を伴う再帰表現の受動文とその認可条件」『日本言語学会第143回大会予稿集』100-105
岡田安代・水谷修．1985.「日本語の談話進行機能の一特色『共話的わたし』機能の積極的評価」『日本語教育の現代的課題』（（財）津田塾会設立40周年記念日本語国際シンポジウム予稿集）149-159
大槻美佳．2009.「シンタクスと記憶」『言語』38-11. 54-63
大関浩美．2013.「言語習得から日本語名詞修飾節を考える—フレーム意味論の観点から—」『日本認知言語学会第14回大会 Conference Handbook』201-204
Oppenheimer, Stephen. 2003. *Out of Eden: The Peopling of the World*. Robinson
Ramachandran, V. S. 2011. *The Tell-Tale Brain: A Neuroscientist's Quest for What Makes Us Human*. W. W. Norton & Company
Rappaport, William. J. et al. 1989. Deictic Center and the Cognitive Structure of Narrative Comprehension. *Technical Report*. Department of Computer Science: State University of New York at Buffalo. 89-101
Rizzolatti, Giacomo and Corrado Sinigaglia. 2008. *Mirrors in the Brain: How Our Minds Share Actions and Emotions*. Oxford University Press（初版は2006年にイタリア語で出版・英語訳はFrances Anderson）
Roberts, Alice. 2009. *The Incredible Human Journey: The Story of How We Colonised the*

Planet. Bloomsbury
___. 2011. *Evolution: The Human Story*. Dorling Kindersley
Rowlands, Mark. 2010. *The New Science of the Mind: From Extended Mind to Embodied Phonomenology*. The MIT Press
定延利之．2000．『認知言語論』大修館書店
斉藤くるみ．2007．『少数言語としての手話』東京大学出版会
坂原茂．1985．『日常言語の推論』東京大学出版会
___．1993．「条件文の語用論」益岡隆志（編）『日本語の条件表現』くろしお出版．185-201
酒井邦嘉．2002．『言語の脳科学―脳はどのようにことばを生みだすか―』中央公論新社
酒井智宏．2013．「認知言語学と哲学―言語は誰の何に対する認識の反映か―」『言語研究』144. 55-81
Schiffrin, Deborah. 1986. Function of AND in Discourse. *Journal of Pragmatics*. 41-66
___. 1987. *Discourse Markers*. Cambridge Universiry Press
Searle, John R. 1969. *Speech Acts*. Cambridge University Press
___. 1979. *Expression and Meaning*. Cambridge University Press
Shibatani, Masayoshi. 1990. *The Languages of Japan*. Cambridge University Press
Shibatani, Masayoshi.（ed.）1976a. *Syntax and Semantics 5: Japanese Generative Grammar*. Academic Press
___. 1976b. *Syntax and Semantics 6: The Grammar of Causative Construction*. Academic Press
島岡茂．1989．『フランス文法の入門』白水社
白井賢一郎．1985．『形式意味論入門』産業図書
___．1990．『自然言語の意味論―モンタギューから状況への展開―』産業図書
白川博之．2009．『「言いさし文」の研究』くろしお出版
Sperber, Dan and Deidre Wilson. 1986. *Relevance: Communication and Cognition*. Harvard University Press
Springer, Hisami K. 1993. *Perspective-Shifting Construction in Japanese: A Lexicase Dependency Analysis*. Ph. D. dissertation. University of Hawaii at Manoa
Starosta, Stanley. 1988. *The Case for Lexicase: An Outline of Lexicase Grammatical Theory*. Pinter
___. 1996. Lecture Note in LING 770. University of Hawaii at Manoa
Starosta, Stanley and Hisami K. Springer. 1986.「文法理論 LEXICASE の概要」（野村浩郷（訳））『言語研究』90. 1-26
杉本武．1991．「ニ格をとる自動詞―準他動詞と受動詞―」仁田義雄（編）『日本語のヴォ

イスと他動性』くろしお出版．233-250

鈴木光太郎．2013．『ヒトの心はどう進化したのか―狩猟採集生活が生んだもの―』ちくま書房

Sweetser, Eve. 1999. Compositionality and Blending. In Theo Janssen and Gisela Redeker (eds.), *Cognitive Linguistics: Foundations, Scope, and Methodology: Semantic Composition in a Cognitively Realistic Framework*. Mouton de Gruyter. 129-162

Sweetser, Eve and Gilles Fauconnier. 1996. Cognitive Links and Domains: Basic Aspects of Mental Space Theory. In Gilles Fauconnier and Eve Sweetser (eds.), *Spaces, Worlds, and Grammar*. The University of Chicago Press. 1-28

泰羅雅登・中村克樹(監訳)．2010．『カールソン神経科学テキスト　脳と行動　第3版』丸善株式会社（Carlson, Neil R. 2010. *Physiology of Behavior* 10th edition. Pearson Education）

武居渡．2009．「手話獲得の心理学」『言語』38-8. 32-39

田窪行則．1987．「統語構造と文脈情報」『日本語学』5. 37-48

＿＿．1989．「名詞句のモダリティ」仁田義雄・益岡隆志(編)『日本語のモダリティ』くろしお出版．211-233

＿＿．1993．「談話管理理論から見た日本語の反事実条件文」益岡隆志(編)『日本語の条件表現』くろしお出版．169-183

＿＿．2002．「談話における名詞の使用」野田尚史・益岡隆志・佐久間まゆみ・田窪行則『複文と談話』岩波書店．193-216

＿＿．2010．『日本語の構造―推論と知識管理―』くろしお出版

田窪行則・西山佑司・三藤博・亀山恵・片桐恭弘．2004．『談話と文脈』岩波書店

Talmy, Leonard. 1991. Path to Realization: A Typology of Event Conflation. *Berkeley Linguistics Society* 17. 480-519

＿＿．2000a. *Toward a Cognitive Semantics Volume I: Concept Structuring Systems*.

＿＿．2000.b *Toward a Cognitive Semantics Volume II: Typology and Process in Concept Structuring*. The MIT Press

寺村秀夫．1975．「連体修飾のシンタクスと意味―その1―」『日本語・日本文化』4. 大阪外国語大学留学生別科．(寺村1992に再所収．157-207)

＿＿．1982．『日本語のシンタクスと意味 I』くろしお出版

＿＿．1984．『日本語のシンタクスと意味 II』くろしお出版

＿＿．1989．「意味ノート―その1―」『阪大日本語研究』1. 89-103 (寺村1993に再所収．59-73)

＿＿．1991．『日本語のシンタクスと意味 III』くろしお出版

＿＿．1992．『寺村秀夫論文集 I』くろしお出版

＿＿．1993．『寺村秀夫論文集 II』くろしお出版

Thompson, Evan. 2007. *Mind in Life: Biology, Phenomenology, and the Sciences of Mind*. Harvard University Press

Tomasello, Michael. 2003. *Constructing a Language: A Usage-Based Theory of Language Acquisition*. Harvard University Press

Topping, Donald M. 1973. *Chamorro Reference Grammar*. PALI Language Texts: Micronesia. The University of Hawaii Press

坪本篤朗．1993．「条件と時の連続性―時系列と背景化の諸相―」益岡隆志（編）『日本語の条件表現』くろしお出版．99-130

Turner, Mark. 1996. *The Literary Mind: The Origins of Thoughts and Language*. Oxford University Press

Wade, Nicholas. 2006. *Before the Dawn: Recovering the Lost History of Our Ancestors*. Penguin Books

Ward, Jamie. 2008. *The Frog Who Croaked Blue: Synesthesia and the Mixing of the Senses*. Routledge

渡部学．1989．『談話とつなぎ言葉―しかし，but，mais をめぐって―』文学修士学位論文．大阪大学

＿＿．1995a．「ケレドモ類とシカシ類―逆接の接続助詞と接続詞―」宮島達夫・仁田義雄（編）『日本語類義表現の文法（下）』くろしお出版．593-599

＿＿．1995b．「ケド類とノニ―逆接の接続助詞―」宮島達夫・仁田義雄（編）『日本語類義表現の文法（下）』くろしお出版．557-564

Watanabe, Manabu. 1998. *A Mental Space Analysis of the Speaker's Linguistic Reality*. Ph. D. dissertation. University of Hawaii at Manoa

＿＿．2001．「接続詞の語彙的な意味と文脈的な意味―クセニとノニの記述と分析を巡って―」『日本語科学』10．34-54

＿＿．2006．「日本語と英語におけるテキスト指示」益岡隆志・野田尚史・森山卓郎（編）『日本語文法の新地平3 複文・談話編』くろしお出版．99-117

Weydt, Harald. 1983. Aber, Mais und But. In Harald Weydt（ed.）, *Patikeln und Interaktion*. Niemeyer. 148-159

山鳥重．2002．『記憶の神経心理学』医学書院

山口裕之．2013．「言語学についての哲学的序説―概念の恣意性と意味の共有可能性―」『言語研究』144．1-27

Zubin, David A. and Lynne E. Hewitt. 1995. The Deictic Center: A Theory of Deixis in Narrative. In Judith F. Duchan, Gail A. Bruder, and Lynne E. Hewitt（eds.）, *Deixis in Narrative: A Cognitive Science Perspective*. Lawrence Erlbaum Associates. 129-155

索　引

あ

アイコン性（iconicity）72, 241
イメージ・スキーマ（image schema）30, 35
ウェルニッケ野（Wernicke's area）13, 24, 31, 298
ヴォイス（voice）130, 133-134, 204
受け手　4, 20
運動野（the motor cortex）300-301
F5　16, 301
縁上回（the supramarginal gyrus）298
音声言語　3, 22, 241

か

解説のコ　106, 108
海馬（hippocampus）298, 300
概念化（conceptualization）20-26, 30-34
概念化素材（onceptual contents）20
概念者（conceptualizer）4, 26-29
格（case）132-133
角回（the angular gyrus）298
慣用表現（慣用句）195, 197-198
記憶（memory）
　意味（semantic）＿＿＿　30-32, 34, 108, 122, 298, 300
　エピソード（episodic）＿＿＿　12, 31, 117-122, 127, 300
　作業（working）＿＿＿　30-32, 100, 102, 301
　出来事＿＿＿　31
　手続き（procedural）＿＿＿　30-31, 38
きっかけ　250-252, 261
逆接　236
　推論否定の＿＿＿　265-266, 270-273, 280, 292
共話　5, 20, 117, 228, 280, 287-294
空間認識
　1次的な＿＿＿　49
　対立型の＿＿＿　49-50
　融合型の＿＿＿　51
　より高次の＿＿＿　49, 51-53
組み立て（construction）21-22, 26, 46, 48, 65, 156, 166-169, 176
継起　245-252, 293
言語化　22, 31, 33, 38
言語的な自動性・他動性　137-138, 146
言語表現　2-4
　ア系の＿＿＿　47, 49-51, 68, 73, 118-119, 122-123, 126-127
　コ系の＿＿＿　47, 50, 53, 68, 103-110, 126-128
　産出系の＿＿＿　167, 171, 182
　写実的な＿＿＿　167, 171, 175, 187
　ソ系の＿＿＿　47, 49-51, 53-55, 68, 102-103, 109-111, 113, 115-117, 126-128
現象文　213-214, 221
構成性（compositionality）147-149, 195-198
構文　133, 230
固有名詞　63, 66, 120-122

さ

時間
　処理＿＿＿　22, 28-29, 33, 38-39, 223, 237, 281
　絶対＿＿＿　55
　相対的な＿＿＿　55-56
　対象＿＿＿　28, 34, 240
指示（reference）42, 45, 58
　＿＿＿性（referentiality）58-61
　指定＿＿＿　111
　代行＿＿＿　113
指示対象（referent）42-46
指示表現　47
手話言語（sign language）3-4, 22, 31, 72, 301
事象　131, 204
事態　45, 130-131, 134, 204
述語
　＿＿＿の1次的な意味　149, 158, 195-196
　＿＿＿のより高次の意味　150, 196
照応
　後方＿＿＿　70, 103-105

315

前方＿＿ 70
　　長距離の前方＿＿ 107
条件文　253-254, 273-275, 290
　　疑似＿＿ 257-261
　　反事実＿＿ 262-264, 270-273, 276-277
省略　62, 71, 101, 209
身体化（embodiment）23-25, 48
　　超＿＿（disembodiment）25-26, 48, 158
生物学的な自動行為　135, 139-142, 145-146, 163, 205, 207
生物学的な他動行為　135-136, 142-146, 207-209
接続　226-228
　　事象の内在的な性質を基盤とする＿＿ 240, 242
　　縦型の＿＿ 229-230, 233
　　ディスコース・プランを基盤とする＿＿ 234-235, 237, 240
　　横型の＿＿ 229, 231-233
前景化　211-212
総称文　254
属性　7-9

た

ダイアログ（dialogue）5-7, 47, 238, 284
ダイクシス（deixis）68
大脳辺縁系（the limbic system）24, 31, 127, 298-300
代名詞　120-122
直示　68-69, 108
ディスコース（discourse）2
　　＿＿・プラン　234-235
転回　156, 171, 174-178, 180, 182-183, 186
同音異義語　145, 151, 156, 177
同定性（identifiability）65-70, 74, 84
独話　5-6, 123, 212, 284
捉え方（construal）20-22, 125

は

背景化　209-211
裸の普通名詞　62-64, 74, 77-78, 100

発見　250-252
般称（generic）58, 61
判断の根拠　256
フレーム（frame）29, 34-37
　　関係と名称に関する＿＿ 81
　　産出に関する＿＿ 80-81, 91-92, 151, 186-187
　　出来事の構造に関する＿＿ 79, 90
　　人や物の物理的な構造に関する＿＿ 77, 87
　　名称に関する＿＿ 92-93
フレーム名詞　191-192
ブローカ野（Broca's area）13, 24, 300-301
文　130, 226
文体　7, 125
文脈　9-11
　　記憶＿＿ 12-13, 72-74, 298
　　言語＿＿ 11-12, 70-72
　　現場＿＿ 11, 68-69, 73, 104-105, 119, 297
扁桃体（the amygdala）24, 299-300
紡錘状回（fusiform）298

ま

マテリアル・アンカー（material anchor）17, 21, 46, 94, 198
ミラー・ニューロン（mirror nueron(s)）15-16, 47, 134-136, 167, 294, 300-301
　　スーパー・＿＿ 15
メトニミー（metonymy）86-93, 151, 169, 179, 195
メンタル・スペース（Mental Spaces）36
モノログ（monologue）5-6, 47

や

誘導推論　273-276

ら

理由文　254-256, 262, 264-265, 276
連体修飾節
　　内の関係の＿＿ 188-191
　　外の関係の＿＿ 190-191

あとがきに替えて

若きときに学び，年老いて理解する。
In youth we learn; in age we understand.
Marie Von Ebner-Eschenbach（1830-1916）オーストリアの作家

＊

　本書のひな形となった原稿は，私がシンガポール国立大学に勤務していた頃に書き始められた。本書の第2章の一部と，第4章の内容の大半は，その頃英語で書かれている。その後，私は2002年に帰国し，『現代日本語文法』の作業に本格的に関わるようになり，その頃から，この本は理論とともに，日本語の豊富な記述とともに書くべきだと思うようになった。実際，本書の第3章の大半は，『現代日本語文法』の作業過程で生まれてきており，この意味で本書は私にとって，『現代日本語文法』のスピンオフという性格を色濃く持っている。

　また本書のタイトルには，寺村秀夫先生の『日本語のシンタクスと意味』が意識されている。私は寺村先生の講義や文章から，難しい内容も分かりやすく伝えることができるということを学んだように思う。本書が果たしてその私の想いに適うものになっているかどうかは分からないが，私が秘かにそれを目指して書いたことだけは，ここに明記しておきたいと思う。

　例文は引用のついていないものは，すべて実例に基づいた作例である。実例を引用すると，構文的にも内容的にも長くなってしまう傾向があるので，本書の中では議論のポイントに絞って，適宜再構成して簡略化している。その意味で，多少，人工的で不自然に感じられる場合もあるかもしれない。

＊＊

　本書は，実に多くの方々からの影響を受けている。その意味で，本書の成立にお力を賜わった方々の名前を，ここにすべて書き尽くすのは不可能である。そこで，ここでは本書の執筆・出版の最終段階でお世話になったほんの

一握りの方々の名前をここであげ，本書の謝辞とさせていただきたい。

　私の大阪大学時代の恩師の1人である仁田義雄先生には，本書のほぼ完成版の草稿を見ていただいた。短い期間ではありながらも先生には，的確で貴重なコメントをいくつもいただき，そのいくつかについては（不十分な内容ながらも）本書の中に反映させていただいた。また仁田先生には，本書の出版に向け，大きな励ましと力添えをいただいた。

　『現代日本語文法』の出版に参加した日本語記述文法研究会のメンバーの皆さんにはさまざまな知的刺激をいただいた。特に同書の談話班として語り合う機会の多かった石黒圭さん，川越菜穂子さん，黄淑燕さん，浜田麻里さんとは，本書の内容に繋がるかなり本質的な議論をさせていただいた。また福島大学で英語学（意味論）を教える機会をいただいた同校の朝賀俊彦先生にも感謝したい。福島大学での講義は，本書の執筆の過程において貴重なペースメーカーとなり，授業での参加学生とのやり取りは本書の中に確実に活かされている。特にその時の学生の1人で，現在，大阪大学大学院に在学中の板垣浩正くんには，本書の原稿を読んでもらい，学生の視点からの有意義なコメントをもらっている。くろしお出版の斉藤章明さんには今回もお世話になった。図表やルビなどの細かな注文の多い私の本はさぞ編集・校正に手間がかかっただろうが，大変丁寧に根気強く支えていただいた。

　最後に妻友子にも感謝したい。妻の日本語と英語に関する言語直観は，私の言語的直観を補充してくれ，言語以外にも脳科学や心理学などにおいて，私と関心の重なる妻は，執筆のオン・オフにおいて，最良の話し相手になってくれた。

＊＊＊

　本書を書きつつ，いろいろな時期の資料をひっくり返して読むことが多かった。私がかつて多くの方々から学んだことが，日本語や言語，そしてそれを司る心といったものの研究に対して，たとえ僅かでも寄与できれば，望外の幸せである。

2015年　桜の花びらが舞うのを眺めながら
渡部　学

◆著者紹介

渡部　学（わたなべ　まなぶ）

1962年秋田県生まれ。秋田大学教育学部英語科卒業。大阪大学大学院文学研究科日本学専攻博士後期課程単位取得退学。1998年ハワイ大学大学院言語学科より言語学でPh.D.取得。専門は認知言語学・意味論。ミネソタ州立大学機構秋田校，ハワイ大学マノア校，シンガポール国立大学を経て帰国。帰国後は，富山大学，富山県立大学，福島大学で教え，現在は東北大学及び東北学院大学で非常勤講師（英語・日本語学）。アルストロムアンドアソシエイツ有限会社（秋田市）顧問。

　著書に『辞書を引いてもうまく訳せない人のための英単語イメージノート』（ベレ出版　2010），共著に「現代日本語文法第2巻」（くろしお出版　2009）「現代日本語文法第7巻」（くろしお出版　2009）

日本語のディスコースと意味
──概念化とフレームの意味論──

2015年6月10日　第1刷発行

著　者　　渡部　学

発　行　　株式会社　くろしお出版
　　　　　〒113-0033　東京都文京区本郷3-21-10
　　　　　電話：03-5684-3389　FAX：03-5684-4762

装　丁　　庄子結香（カレラ）　　印刷所　　藤原印刷株式会社

©WATANABE, Manabu 2015. Printed in Japan

ISBN978-4-87424-660-3 C3081
本書の全部または一部を無断で複製することは，著作権法上の例外を除き禁じられています。